国家发展和改革委员会产业经济与技术经济研究所◎编

中国产业发展报告

THE REPORT ON INDUSTRIAL DEVELOPMENT IN CHINA(2009)

2009

——国际金融危机背景下的中国产业发展研究

图书在版编目(CIP)数据

中国产业发展报告．2009/国家发展和改革委员会产业经济与技术经济研究所编．—北京：经济管理出版社，2010.1

ISBN 978－7－5096－0880－7

Ⅰ.①中… Ⅱ.①国… Ⅲ.①产业－经济发展－研究报告－中国－2009 Ⅳ.①F124

中国版本图书馆CIP数据核字(2009)第242723号

出版发行：经济管理出版社

北京市海淀区北蜂窝8号中雅大厦11层

电话：(010)51915602　　邮编：100038

印刷：三河市海波印务有限公司　　经销：新华书店

组稿编辑：谭　伟　　责任编辑：杜　菲

技术编辑：黄　铄　　责任校对：超　凡

787mm×1092mm/16　　17.75印张　　226千字

2010年1月第1版　　2010年1月第1次印刷

定价：48.00元

书号：ISBN 978－7－5096－0880－7

《中国产业发展报告(2009)》编委会

主　编: 王昌林

副主编: 王岳平　杨玉英

编　委: (按姓氏笔画排名)

王云平　王亚平　李金峰　杨合湘

宓　欢　姜长云　胡春力　黄汉权

曾智泽　蓝海涛

前　言

2008年以来爆发的国际金融危机对世界经济产生了深远的影响。在应对危机中，世界各国纷纷实施产业救助计划，同时大力培育战略性新兴产业，努力抢占新的经济繁荣期制高点。种种迹象表明，国际金融危机正在引发世界经济政治格局的重大变化，催生新的先进生产力的出现，世界经济增长模式面临调整，全球产业发展正进入大调整、大变革、大重组的时期。如何把握世界产业结构变动的新动向、新趋势，研究提出有针对性的对策措施，对于我国走新型工业化道路、全面建设小康社会具有重要意义。

国际金融危机对我国产业发展也带来严重冲击。2008年下半年以来，受世界经济衰退、国内经济发展周期性调整等因素影响，我国工业增速大幅回落，服务业和农业增速放缓。面对国际金融危机带来的挑战，我国采取积极的财政政策和适度宽松的货币政策，大力推动重点产业振兴。在国家宏观政策的刺激下，我国产业发展在2009年下半年出现企稳回升态势。同时也出现了一些新的矛盾和问题，主要是结构调整的压力进一步加大、高耗能高污染行业反弹压力加大、部分行业产能过剩问题突出等。如何把握保增长与调结构的关系，化危为机，标本兼治，促进我国产业又好又快发展，是当前迫切需要研究的重大问题。

为此，2009 年我所设立了“金融危机下中国产业发展研究”课题，力求以国际视野和战略思维，整合全所研究力量，深入分析金融危机背景下国际产业发展的趋势和特点，研究国际金融危机对我国产业发展的影响，在此基础上提出推进我国产业发展的思路与政策措施。本报告包括总论和七个分报告。执笔人分别是：总论部分，执笔人王昌林、王岳平、杨玉英、黄汉权、姜江等；分报告一，执笔人王云平；分报告二：蓝海涛、涂圣伟；分报告三：执笔人杨合湘；分报告四：执笔人姜长云；分报告五：执笔人曾智泽、郭丽岩；分报告六：执笔人郑胜利；分报告七：执笔人刘中显。

需要指出的是，在本报告写作过程中，我们组织了多次集中讨论，并反复修改，全所研究人员积极参与。但由于我们研究水平所限，有些问题研究还不够深入，有的看法难免有偏颇之处，请方家指正。

王昌林

2010 年 1 月

目 录

总　论

国际金融危机背景下中国产业发展的对策建议

2008年爆发的国际金融危机对全球经济产生了深刻影响，给中国产业发展带来重大挑战，也提供了新的机遇。为应对国际金融危机，国家出台了一系列政策措施，经济增长企稳回升，产业发展出现了积极向好的态势，但结构性问题更加突出，增长的不确定和不稳定因素仍然存在。要继续巩固产业发展的良好势头，必须把结构调整放在更加突出的位置，加强自主创新，大力培育战略性新兴产业，推进传统产业的结构升级，加快"走出去"步伐，使产业发展可持续、有后劲、上水平。

一、国际金融危机下世界产业发展出现新的动向和趋势

2008年以来，国际金融危机对全球产业发展带来严重冲击，为应对挑战，各国把产业结构调整升级作为应对危机的重要举措，使世界产业发展出现了一些新的动向和趋势。

（一）大力发展低碳经济，促进经济增长模式的转型

低碳经济是以低能耗、低污染、低排放为基础的经济模式，向低碳经济转型已经成为世界经济发展的大趋势。[①] 金融危机凸显了转型的迫切与压力，美国、欧盟、英国、日本等世界发达国家和地区都以推动节能减排、开发低碳能源技术，作为应对危机、实现产业发展模式低碳化、寻求新经济增长点、推动可持续发展的突破口。美国先后颁布的《美国复苏与再投资法案》、《2009年美国绿色能源与安全保障方案》[②] 报告中，均明确提出发展低碳经济的战略部署。欧盟发起的"欧洲经济复苏计划"中，25亿欧元用来资助低碳项目，10.5亿欧元用于碳捕获和储存项目。[③] 英国政府认为低碳产业将是英国经济复苏的关键，也是未来英国经济发展的立足之本，先后颁布了《英国低碳转换计划》、《英国可再生能源战略》，是世界上第一个

---

① 中国科学院能源领域战略研究组：《中国至2050年：能源科技发展路线图》，科学出版社2009年版。

② *The American Recovery and Reinvestmeng Act of 2009*，www. recovery. gov about/pages/The Act. aspx；*The American Clean Energy and Security Act of 2009*，http://www. opencongress. org/bill/111－h2454/show.

③ 赵刚：《欧盟大力推进低碳产业发展的做法与启示》，《中国科技财富》（http://finance. sina. com. cn/leadership/mroll/20091123/16367003591. shtml）2009年11月。

在政府预算框架内特别设立碳排放管理规划的国家。[①] 日本凭借其长期积累的新能源和再生能源开发利用方面的雄厚技术，提出要打造成全球第一个低碳社会的目标，明确重点采取环境、能源措施刺激经济。[②] 韩国的“绿色工程”计划的主要内容之一即为开发低碳技术，之后出台的《低碳绿色增长战略》明确将发展低碳经济作为韩国未来经济的主导方向。[③]

（二）各国积极培育战略性新兴产业，努力抢占国际经济制高点

国际金融危机对发达国家金融、汽车等行业造成严重冲击，为避免经济大幅下滑、减少失业，发达国家纷纷对重点行业实施救助计划。如2008年10月，美国政府通过了7000亿美元的不良资产救助方案，用于购买金融机构问题资产以及帮助金融机构注资. 同年12月，美国政府公布了《汽车业重组及资产盘活方案》，对通用汽车和克莱斯勒公司提供174亿美元的政府资助。英国向苏格兰皇家银行等三大银行注资370亿英镑。法国向六大私营银行注资105亿欧元，制定了“汽车救助计划”。2009年3月，日本出台了为期3年的信息技术（IT）紧急计划，计划增加投资3万亿日元，促进IT技术在医疗、行政等领域的应用。

同时，发达国家也认识到，要从根本上走出国际金融危机的影响，必须培育新的经济增长点。为此，各国纷纷出台措施，大力培育新兴产业，努力抢占后危机时代国际经济技术竞争制高点。如美国制定了《奥巴马—拜登新能源计划》，提出在今后10年内将投资1500亿美元，重点发展混合动力型汽车、下一代生物燃料、洁净煤技术等，力争使美国成为世界新能源产业发展的领导者。在《美国创新战略：促进可持续增长和提供优良的

---

① 王宇：《绿色经济政策渐渐流行》，《中国经济时报》2009年10月13日。

② 陈志恒：《日本构建低碳社会行动及其主要进展》，《现代日本经济》2009年第5期。

③ 赵刚：《韩国推出绿色新政确立低碳增长战略》，《中国科技财富》（http://financeh.sina.com.cn/roll/20090923/18046785386.shtml）2009年9月。

工作机会》报告中，提出要发动清洁能源革命、支持先进汽车技术、推动健康技术创新；[①] 欧洲决定在2013年之前投资1050亿欧元用于“绿色经济”发展，为经济增长带来新动力。在金融危机的冲击下，英国意识到过度依赖金融或者与金融相关的服务业的弊端，决定提高制造业在经济中的比重，并制定了“制造业战略”，提出要重点发展超低碳汽车、生命科学和医药以及尖端制造业。法国政府宣布建立200亿欧元的“战略投资基金”，主要用于对能源、汽车、航空和防务等战略企业的投资与入股。日本于2009年4月退出了新增长战略，重点发展环保型汽车、电力汽车、医疗与护理、文化旅游和太阳能发电等产业。巴西、墨西哥等发展中国家也都以前所未有的政策力度和资金投入，大力培育新兴产业。

（三）全球对外直接投资总额下降，国际产业继续向发展中国家转移

一是转移的速度和规模降低。受国际金融危机影响，跨国公司利润和市值下降，扩张动力减弱，导致全球外国直接投资大幅下降。据《2009年世界投资报告》，2008年全球外国直接投资流入量约1.7万亿美元，同比下降14.2%，其中，欧盟降幅高达40.2%。2009年，全球外国直接投资进一步下滑，预计将下降30%～40%。同时，受金融市场紧缩和跨国公司现金短缺影响，跨国并购数量大幅减少。2008年，全球跨国并购交易额为6732亿美元，同比下降34.7%，2009年上半年降至1231.5亿美元，仅为2008年全年的18.3%。预计2009年全年跨国并购额同比下降将超过60%，其中，欧盟将下降45%，美国将下降80%。二是国际产业继续向发展中国家转移。2008年，发展中国家的FDI流入量达到6207.3亿美元，同比增长17.3%，占全球比重显著上升。据联合国贸易发展会议（UNCTAD）调查，

① Executive Office of the President of the United States，“A Strategy for American Innovation: Driving Towards Sustainable Growth and Quality Jobs”, Sep. 2009. http://www.whitehouse.gov/administration/eop/nec/StrategyforAmericanInnovation/.

未来两年，最受跨国公司青睐的前十大投资国依次为中国、印度、美国、俄罗斯、巴西、越南、德国、印度尼西亚、澳大利亚和加拿大。[①] 三是发展中国家对外投资扩大。在金融危机背景下，一些发展中国家加快了走出去步伐，作为全球投资来源国的地位不断增强。据经济合作组织（OECD）报告，2008 年非 OECD 国家跨国公司在 OECD 国家的并购增长 25%。四是国际产业转移的领域发生了新的变化。UNCTAD 调查表明，在电信、运输、水电气等领域，70%的跨国公司将增加其对 FDI 支出。此外，生物、装备、信息、能源、环保等领域也将成为外国直接投资的热点。

（四）国际贸易保护主义抬头，反倾销、反补贴摩擦案件大幅上升

在全球经济衰退背景下，不少国家和地区为保护本地市场和就业，纷纷通过世界贸易组织（WTO）中某些模糊性规则设置贸易壁垒，世界范围内反倾销案件数量急剧增多，贸易壁垒方式出现从反倾销等传统领域向反补贴、绿色壁垒、技术壁垒、原产地规则等多种方式延伸，贸易保护主义的领域从货物贸易向服务贸易、知识产品和投资领域扩展，争端的内容从主要集中于关税壁垒的削减向非关税壁垒的拆除转移，贸易摩擦的争执点也从单个产品逐渐扩散到整个产业。WTO 有关数据显示，[②] 2008 年 7 月～2009 年 6 月，WTO 成员报告了共计 217 项反倾销调查措施，与前一年相比增长了 15%，预计 2009 年全球反倾销案件可能要达到 437 件，是 2008 年的 2.1 倍。

（五）更加重视科技创新，新科技革命和产业革命正孕育新的重大突破

美国政府批准了历史上最大幅度的基础研发投入增长，提出要确保美

---

① 《2009 年世界投资报告》，http://www.unctad.org/en/docs/wir2009_en.pdf。

② 《2009 年世界贸易报告》，http://www.wto.org/english/Res_e/anrep_e/world_trade_report09e.pdf。

国在基础研究领域的领导地位，创建世界级的劳动力队伍，建立领先的科技基础设施。欧洲议会将欧盟 2009 年的预算向创新与就业等方面倾斜，其中用于科研和创新方面的预算增长了 10%以上。欧委会 2008 年底提出的《欧洲经济复苏计划》指出，“困难时期增加研发与教育开支”将可为“创新中的强有力地位”奠定坚实的基础，为此，成员国应考虑通过财政补贴、赠款，扩展产业的研发投资途径，提高教育质量、开发汽车业和建筑业的清洁技术，加强制造业的“未来工厂行动”，实施宽带战略。德国政府推出了刺激经济增长和保障就业岗位的“一揽子景气计划”，将创新项目研发的贷款幅度从 2007 年的 72 亿欧元增加到 2009 年的 100 亿欧元。芬兰科技政策理事会于 2008 年底通过关于芬兰教育、科技和创新政策的战略报告，提出为应对经济衰退，到 2011 年，芬兰要把 R&D 投入增加到 GDP 的 4%。法国政府认为科技创新对经济发展具有重要的影响力，并出台系列鼓励新能源发展和科技创新的政策，有望在未来重振经济的过程中发挥积极作用。俄罗斯政府在 2008 年 11 月指出，俄罗斯经济的重点是知识产业和新技术产业。在世界各国政府的大力推动下，全球将进入空前的创新密集和产业振兴时代。历史经验表明，全球每一次大的经济危机都会伴随着科技的新突破，进而推动产业革命。

二、国际金融危机背景下中国产业发展态势

2008 年，受国际金融危机影响，中国经济增速急剧回落。为应对国际金融危机冲击，中国政府果断决策，实施了刺激经济的“一揽子”计划及相关政策措施。在国家宏观政策的作用下，经济增速大幅下滑的势头在 2009 年第一季度得到遏制，出现了企稳回升的态势。

(一) 工业增长经历大幅回落后回升趋势基本确立

1. 工业经济受金融危机冲击严重，增速大幅回落

受国际金融危机影响，2008年7月份以后，工业生产呈现出一路下滑的趋势。2008年10月份增速回落到个位数增长区间，为8.2%，是自2002年以来工业增长首次出现个位数增长。2008年11～12月工业生产增速又进一步回落，分别为5.4%和5.7%。2009年1～2月，工业增速达到金融危机影响以来的最低点3.8%，也是1991年以来工业生产月度增长的最低水平。在8个月的时间里，工业经济增速回落了12.2个百分点，其时间之短、回落幅度之大十分罕见。能源、原材料工业等强周期性行业以及外贸依存度高的纺织服装、船舶制造等行业遭受金融危机的冲击最为严重。由于生产增速急剧下降，导致工业企业经营极其困难。到2009年1～2月，不少企业停工停产，出现亏损的企业同比上升25.6%，企业亏损面超过1/4，亏损额上升36.6%。

2. 政策力保工业经济增长触底回升

为应对金融危机严重冲击，国家及时调整宏观经济政策，实施了积极的财政政策和适度宽松的货币政策。特别是果断制定并实施十个重点产业调整和振兴规划，为工业早日走出低谷创造了条件。在国家刺激经济政策的作用下，工业增速下滑势头在2009年第一季度得到遏制。其中，第一季度增长5.1%，第二季度增长9.1%，增速加快4个百分点。2009年上半年，全国规模以上工业增加值同比增长7%，7月工业增速进一步提高到10.8%，这是工业生产自2008年10月份进入个位数增长区间，历时8个月之后，又重新回到了两位数的增长平台。2009年10～11月份工业增长速度已达到15%以上，多数工业品产量环比增长不断加快，表明中国工业经济增长回升的态势基本确立。

3. 未来工业发展形势的初步判断

影响工业经济的因素是多方面的。从积极因素看，一是支撑中国工业持续增长的基本面因素，诸如发展中大国的后发优势、潜力巨大的国内市场、较为完整的工业体系、日益改善的基础设施和产业配套条件以及稳定的政治社会环境等，并不会因为金融危机而改变，这是推动中国工业较快发展的重要基础条件。二是从人口和劳动力结构看，农业仍然占很高的比重，农业劳动力向非农产业转移的过程远未完成，工业化、城市化进程仍将继续。三是工业经济经过2008年下半年到2009年初的急剧回落，中国主要工业领域供给能力得到了一定程度的消化，这有利于需求能量和发展动力的积蓄。四是人才、能源、原材料供应相对宽松，要素成本降低，这有利于工业企业的成本控制和效益提升。

从不利因素看，首先是投资持续增长的难度较大。一方面，今后中国政府投资的产业领域和投资规模都将受到一定制约；另一方面，由于不少工业领域产能过剩问题严重，缺乏投资亮点，加之许多投资主体对经济增长前景仍存疑虑，民间资本投资启动效果并不明显，这将严重影响固定资产投资的持续增长。其次，刺激住宅、汽车等消费需求的政策效应递减对工业经济增长的带动力逐步下降，新的消费热点与消费群体的培育壮大需要一个过程。最后，外部需求增长缓慢、国际贸易保护主义抬头，使得中国工业经济面临的国际经济环境依然严峻。

综合判断来看，工业经济增长回升态势基本确立，但产能严重过剩行业、外贸依存度高的行业生产经营仍将困难，支撑持续较快增长的条件并不充分，需要加快工业结构调整升级和培育新增长点。

（二）服务业运行相对平稳，行业差异明显

自国际金融危机以来，服务业发展受到一定冲击，但总体运行态势较

为平稳。从2009年第二季度开始，服务业增加值出现增长速度止跌回升的态势。服务业投资增速经历了危机初期的短期回落，2009年以来呈现逐月加快的态势。相对于工农业，服务业增加值的增长势头较好。①从2008年第四季度开始，中国服务业增加值出现了同比增长速度下滑的现象；但是，相对于工业，服务业增加值同比增长速度的下滑较轻；甚至从2008年第四季度开始，服务业增加值的同比增长速度就一直快于农业和工业。②与上年同期相比，服务业增加值同比增长速度的差距远远小于工业；且从2009年第二季度开始，服务业增加值同比增长速度的差距已明显缩小。

但是，服务业发展的行业差异和地区差异均比较明显，甚至多样化、差异化格局在加快形成。如从2009年3月份开始，批发和零售业零售额的同比增长速度出现了逐月回升的态势，成为带动整个社会消费品零售额止跌回升的重要因素。同期，住宿和餐饮业零售额的同比增长速度仍处于逐月下滑状态。在国际金融危机的背景下，中国文化消费服务业、金融服务业和部分信息服务业在总体上呈现了逆市飞扬的特征。服务业外包迅速崛起、服务业密集区建设明显加快。但为外向型制造业服务的海运、航运等物流、会展、商务服务业和某些专业市场的发展以及入境旅游等受到较大冲击。

国际金融危机引发了中国服务业发展环境的重大变化，也给服务业发展带来了重大机遇和挑战。从发展趋势看，随着工业结构调整力度的加大、工业经济的整体向好以及国内消费需求的进一步扩张和国际服务业的转移，中国服务业发展的外部环境将不断改善。今后一个时期，中国服务业发展将会继续保持快速发展的势头，不同行业之间服务业发展的差异化格局将进一步强化。

（三）农业发展回升速度放缓，进出口依存度高的农产品受到影响

改革开放以来，中国农业总体呈波浪形增长态势。2004～2008年上半

年，中国农业增速进入新一轮回落阶段，农业增加值增长率从2004年的6.3%逐年下降到2007年的3.7%，到2008年上半年，增长率同比减少0.5个百分点。进入2008年第三季度后，农业进入增速回升通道，全年增加值增长率比2007年高出1.8个百分点。但是，自2009年以来，受国际金融危机影响，中国农业增长势头受挫，第一季度、上半年和前三季度农业增加值增长率分别比2004～2007年同期平均增长率低1个百分点、1个百分点和1.7个百分点。国际金融危机主要通过农产品进出口影响中国农业发展。出口比重高的农产品内外需紧缩“双碰头”，出口严重受阻、内销趋缓。进口比重高的农产品价格大幅下跌，农业生产收益下降明显。外向型农产品加工企业效益严重下滑，农业产业转型和农民增收放缓。①

中国农业外向度不高，受国际金融危机直接影响较小，农业发展主要取决于国民经济发展趋势。今后几年，随着全球经济逐渐复苏，中国经济渡过国际金融危机的各种难关，逐步进入快速回升轨道，中国农业发展也会随之摆脱国际金融危机的束缚，重新开始加速发展，中国特色的农业现代化道路进程将会加快。

（四）高技术产业发展受到严重影响，回升缓慢

自2003年以来，中国高技术产业增速逐年放缓。受国际金融危机的影响，自2008年以来，增速急剧回落。2009年1～2月，中国高技术产业总产值、工业销售产值和出口交货值全面大幅下降到最低点，同比分别下降8.42%、8.80%和18.26%。进入2009年3月份以来，中国高技术产业开始回升。但是其增速大大低于工业、服务业的回升幅度，增速十分缓慢。从3月份到9月份，多数月份当月增速均在0.5%～7%，累计增速均在−4.0%～1.5%。

占高技术产业比重60%以上的电子信息产品制造业由于出口依存度较

① 参见分报告二：《国际金融危机背景下中国农业发展的思路及对策研究》。

高，受国际金融危机的影响最为严重。2008 年 8 月份，规模以上电子信息产品制造业主营业务收入同比增长 17.7%，此后各月同比增速大幅减缓，9 月份为 9.5%，10 月份为 1.9%，11 月份变为负增长，增速为－0.1%。自 2009 年以来，规模以上电子信息产品制造业增加值当月增速小幅增长，2 月份为 0.3%，3 月份为 1.2%，4～8 月份分别为 1.1%、4.3%、6.5%、5.3% 和 4.8%，9 月份达到 6.3%，比同期全国工业增速低 6.9 个百分点。

未来几年，电子信息产业由于受国际金融危机的影响，外需带动乏力，将继续低速增长的态势。而生物医药、新材料、新能源等行业随着国内需求的增加，由于外向度不高，加上国内政策支持，将保持快速增长的态势。总体上由于电子信息产业所占比重较高，而新的增长点在短期内难以形成，高技术产业实现快速增长的难度仍然较大。

三、当前中国产业发展面临的突出问题和挑战

中国产业发展长期以来存在结构层次低、产能盲目扩张和低水平重复建设等问题。在国际金融危机背景下，上述问题更加突出，并表现出新的特点。

（一）保增长和调结构面临两难选择，产业结构调整升级进程放缓

“保增长”和“调结构”两者之间并不存在完全对立的关系，如果处理得好，可以实现以结构调整促发展、在保增长中调结构的目标。然而，从全国情况看，目前这种依赖投资带动增长的做法会延缓产业结构调整优化进程。2009 年前三季度，全社会固定资产投资增长 33.4%（考虑价格因素后增长更快），是改革开放以来最快的。尽管从投资结构来看，呈现出结构

有所改善的特点，如第三产业投资比重上升，装备制造业所占比重提高，而重化工业如黑色金属冶炼及压延加工业、有色金属冶炼及压延加工业投资所占比重有所下降；但扩大近期需求的比重大，着眼于长期性目标如结构调整方面的力度偏小。特别是有的地方为了实现“保增长”目标而忽视甚至放弃“调结构”的要求，让一批本来应该破产、关闭的企业死灰复燃，继续维持低水平发展，重蹈以往牺牲环境、资源的覆辙。一些技术落后、本应关闭淘汰的小煤窑、小水泥厂、小钢铁厂、小火电厂等企业都借“保增长”、“保就业”而被保留下来，给中国今后的产业结构调整带来更大的困难。

（二）部分行业产能过剩问题更加突出

从20世纪90年代中后期中国经济进入买方市场以来，产能过剩现象就成为中国产业发展中的一种常态。一般竞争性行业的产能过剩可以通过市场机制来解决，但对于地方政府介入程度高、外部性较强的行业特别是资源、原材料等行业的产能过剩问题难以通过市场解决，需要加强宏观调控。最近几年比较突出的是钢铁、水泥、平板玻璃、电解铝等原材料工业。国际金融危机爆发以来，受外部需求急剧下降的影响，部分依赖于外需拉动的行业产能过剩问题进一步凸显。同时，国家4万亿投资计划虽然对促进经济企稳回升发挥了关键作用，但强大的投资动力和巨额的货币信贷，也使部分产业本该淘汰的落后产能又恢复生产，这在一定程度上加剧了这些行业的产能过剩现象。如钢铁行业，受国家加大基础设施建设投资、加快灾后重建步伐等短期性需求的影响，列入淘汰目录的大量低端粗钢生产又复燃生产；造船业出口订单虽然大幅度减少，但2009年1～6月份中国造船业投资却增长了50%；产能过剩3亿吨的水泥行业，2009年新项目投资也大幅增长。值得注意的是，风电、多晶硅等新兴产业也出现重复建设的倾向。目前全国有17区市都在打造新能源基地，把新能源培育为支柱产业，接近

100个地市把太阳能、风能作为支柱产业，大批企业纷纷上马新能源项目，致使产能迅速扩张。这种“一哄而上”的做法，有可能造成新一轮产能过剩。

(三) 中小企业生存困难，发展空间受限

自2008年下半年以来，受国内外两方面因素的影响，国内很多中小企业特别是外向型中小企业经营环境恶化，生存面临诸多困难。一是国外订单减少，生产萎缩，加上产品价格普遍下跌，企业经营效益下降。二是企业之间的竞争加剧，开拓新市场难度加大。三是适度宽松货币政策在实际运行中，重点用于支持房地产企业、重大基础设施建设项目等，对中小企业贷款支持不够，中小企业融资难问题没有得到缓解。四是民营企业进入国企控制的领域尤其是垄断行业更加困难，发展空间受到较大的限制。

(四) 中国战略性新兴产业发展面临严峻挑战

在应对这场国际金融危机中，各国正在积极培育和发展战略性新兴产业，努力抢占经济科技制高点，全球将进入空前的创新密集和产业振兴时代。如果选对了战略性新兴产业，并能尽快实现产业化，就能产生“跨越式”发展，否则就会贻误时机。这既给中国发展战略性新兴产业带来机遇的同时，也带来很大压力。尽管中国在新兴产业发展方面具有诸多有利条件，但总体经济技术基础与发达国家还有较大差距，发展环境还不完善。一是对新兴产业发展缺乏统筹规划。由于战略性新兴产业发展时间比较短，相关研究比较薄弱，而且这些产业发展初期往往存在很多不确定性，短时间内出台这样的规划比较困难。二是支持新兴产业发展的政策有待加强。目前中国还没有形成一套完整的政策支持体系。三是市场培育不足。新兴战略性产业在发展初期其产品成本往往比较高，对消费缺乏吸引力，需要

国家采取相应措施大力培育新兴产业的市场需求。四是基础研究和自主创新能力不强。如虽然中国太阳能、风电产业发展很快，但大风机制造、硅提纯等重要核心技术仍掌握在别国手中，说明中国新兴产业的自主创新能力急需提高。

（五）国际贸易环境恶化，产品出口难度加大

自国际金融危机爆发以来，世界经济增长放缓，各国政府面临着更大的国内经济、政治的双重压力。以美国为代表的发达国家开始调整以往债务型消费拉动的增长模式，更加重视发展制造业，以扩大出口，增加国内就业机会，缩小贸易逆差，国际市场竞争加剧。同时，人民币升值压力加大，降低中国出口产品竞争力。此外，全球贸易保护主义有所抬头，中国作为以低端产品出口和低价格参与竞争为主的贸易大国，成为国际贸易保护的最大受害者。据 WTO 统计，中国已连续 14 年成为被发起反倾销最多的成员，连续多年成为美国“337”调查最多的国家。据有关资料统计，2009 年 1～8 月，共有 17 个国家和地区对中国发起 79 起贸易救济调查，涉案总金额约为 100.35 亿美元，涉案数量和涉案金额同比分别增长 16.2%和 121.2%。贸易摩擦涉及领域众多，其中出口额比较多的纺织、皮革、家电等行业成为重灾区。

四、进一步推动中国产业发展的对策建议

国际金融危机给中国产业发展带来重大挑战的同时，也提供了新的机遇。国际经济格局变化和发展模式转型，对中国产业结构调整升级形成了“倒逼机制”；世界新科技革命正在孕育新的突破，中国战略性新兴产业和

发达国家基本上处于同一起跑线上，面临跨越发展的机遇；中国国际经济地位不断提升，工业化、城镇化、市场化进程不断加快，有利于进一步承接国际产业转移和加快“走出去”步伐。要化危为机，按照“调结构、稳增长、抓创新、促转型”的总体思路，坚持控制增量和优化存量相结合、分类指导和有保有压相结合、培育新兴产业和提升传统产业相结合、市场引导和宏观调控相结合，将结构调整放在国民经济发展更加突出的位置，进一步巩固现有产业发展势头，加强自主创新，着力培育新兴产业，推动产业结构转型升级，促进国民经济走向内生增长、创新驱动的轨道。

（一）把调结构作为重中之重，加快产业结构优化升级

每一次大的经济危机都是产业结构深度调整的有利时机。在当前应对国际金融危机的过程中，保增长已经取得了实质性成效，必须更加注重结构调整。解决中国产业发展中的结构性矛盾，其核心和着力点并不是产业之间、部门之间比例关系的调整，而主要表现为从产业链、价值链的角度突破制约产业结构升级的关键环节，改变过度偏重加工制造并处于价值链低端，由此带来过度竞争，对能源、资源、环境产生严重压力，贸易条件恶化和贸易摩擦加剧的状况。因此，加快产业结构优化升级就是要坚持科学发展观统领全局，切实推进新型工业化，围绕提升国际分工地位，提高资源再配置效应、分配效应、社会效应和环境效应，着力突破研发、设计、营销、品牌培育、技术服务、供应链管理、专门化分工等制约产业结构优化升级的关键环节，加快发展生产性服务业，实现由价值链中低端向中高端提升，努力构筑四大格局。一是传统产业新型化和新兴产业规模化的产业结构优化格局；二是培育具有国际竞争力、拥有自主知识产权和自有品牌的大型企业与中小企业协调配套、共同发展的企业组织合理化格局；三是内源性发展与外源性发展相结合的协同带动格局；四是工业新型化、农

业产业化及三次产业相互支撑、共同促进的融合化发展格局。

（二）着力培育战略性新兴产业，努力抢占国际经济制高点

一是加快制定国家战略性新兴产业中长期发展规划。为抓住稍纵即逝的战略机遇必须及早部署、加强统筹规划和协调。既要立足当前，更要着眼长远，分清轻重缓急，统筹规划科技研发、产业发展、结构调整、发展规模和建设时序，明确国家战略性新兴产业发展的总体思路、目标、重点和保障措施。

二是加快培育新兴产业发展的市场需求。新兴产业发展，关键在于创造良好的市场环境。要积极培育市场需求，加快完善有关领域技术标准，加大政府采购对自主知识产品的购买比例。要建立市场准入和退出机制、防止盲目发展和重复建设，引导新兴产业健康发展。

三是加强核心技术研发和自主创新成果产业化。为打破国际垄断、保障国家安全、提升产业核心竞争力，必须加强核心关键技术攻关。要制定重点新兴产业技术发展路线图，加强重大技术的产业化示范，大力推进产学研结合，加强技术转移，强化企业的创新主体地位，加强自主创新成果工程化、产业化条件和平台建设。

四是加强对新兴产业发展的政策扶持。新兴产业发展是新技术产业化，新产品、新企业不断涌现和成长壮大的过程。由于发展初期企业规模小、技术不成熟、成本较高等方面的原因，需要政府在税收和融资等方面给予政策扶持。为此，要加大中央财政对新兴产业的投入，建立健全有利于新兴企业成长壮大的融资渠道，制定对新兴技术企业的税收优惠政策。

五是加快培养和聚集人才。新兴产业发展，核心是人才。目前中国具有创新能力和产业化、国际化经营的高素质人才十分缺乏。必须加强国内专业人才的培养，积极引进国外人才尤其是海外留学生和华人专业人才回

国参与研发或创业，并有效整合人才资源，更好地调动和发挥各类人才的积极性和创造性。

六是大力推进体制机制创新。新兴产业发展需要打破传统分工的壁垒、改革管理体制，如三网融合、手机电视、新能源汽车、转基因农作物等产业化都涉及传统分工的壁垒或垄断的阻隔，成为新兴产业发展不可逾越的障碍。为此，必须大力推进体制、机制创新，建立有利于新兴产业发展的新的管理体制。

(三) 积极调控部分产能过剩行业

一是以法律形式严格规范市场准入标准。对钢铁、水泥、平板玻璃、煤化工、多晶硅、风电设备等严重产能过剩的行业，国家应在技术条件、节能环保、安全生产等方面制定更加严格的市场准入条件，并以法律的形式加以确立，为相关部门的项目审批管理提供法律依据，增强对产能过剩行业进行调控的规范性和权威性。

二是加快建立健全落后产能退出的保障和补偿机制。首先，建立由政府有关部门、企业及工会、行业协会等机构的代表组成的落后产能退出评价机构，主要负责企业退出条件、当地政府和企业应承担的责任、义务等提出评价意见，为有关部门决策提供参考，以规范企业关闭破产或淘汰落后产能的程序。其次，建立落后产能退出的保障和补偿机制。国家相关部门要加紧研究并建立产业结构调整基金，主要用于对被关停企业的经济补偿、人员安置和转产等提供资金。

三是加强国家的政策扶持。鼓励各地区通过进一步完善财政、税收、金融等手段，统筹解决淘汰落后产能中的资产补偿、人员安置等问题。对于消化落后生产能力的跨地区、跨行业的兼并重组，国家在项目核准、信贷支持、企业债券发行、原料和运力保障方面应给予优先考虑。进一步制定鼓励企业“走出去”的政策措施，适当向国外转移一批过剩的生产能力特别是过剩的冶炼能力。

（四）积极应对国际贸易保护主义，不断扩大产品出口

一是加快与国际贸易摩擦相关的产业损害预警机制建设，健全应对国际贸易摩擦的快速反应机制。借鉴国外成熟的贸易救济机制，进一步完善中国应对反倾销、反补贴、保障措施及技术性壁垒的法律法规，建立符合国际惯例的贸易救济体系。灵活运用WTO规则，尽快拟定出一个短期的反制措施预案清单，对那些滥用贸易保护的国家起到威慑作用。

二是积极开展政府间双边和多边贸易谈判，争取主要发达国家早日承认中国的市场经济地位。

三是重视和发挥行业组织的作用，规范出口企业的市场行为。政府主管部门和行业组织要引导企业加强协作，积极应诉各种贸易保护主义案件。加强行业自律，防止出口企业的恶性竞争，杜绝低价倾销行为。

四是实施市场多元化的战略，开拓新兴市场。要推进“中国—东盟自由贸易区”的发展，多层次、多形式地开展区域经济合作。

（五）促进中小企业和民营经济发展

一是要放宽中小企业和民营经济的市场准入，加快体制创新。按照“非禁即准”和公平、公正、公开的原则，放宽民营经济和中小企业的市场准入。把推进中小企业行业协会、民营经济商会的体制创新，建立产业重大基础设施和科技信息资源共享机制，作为加快体制改革的重要内容。鼓励中小企业和民营经济兴办各类科技创新公共服务平台，参与产业园区或中小企业孵化器的管理或运营，推进高新技术的研发、孵化、转移和产业化，推介新的商业模式。

二是完善引导和激励机制，加强对中小企业、民营经济发展的财税支持。整合资源、突出重点，支持创建以中小企业为主的产业集群转型升级示范区。设立中小企业科技成果转化基金，引导科技成果在中小企业、民营经济中实现熟化和转化。引导中小企业、民营经济依托行业协会、商会或通过成立各种战略联盟、产销合作平台、创新合作平台等，联合争取财政支持项目或参与政府采购；共同进行信息化建设和市场拓展、原材料采购等；联合开发新产品和进行品牌建设。设立中小企业还贷周转金，帮助其解决借新（贷）还旧（贷）过程中的资金周转困难。设立民营企业应急互助资金，帮助重点民营企业解决临时性资金周转困难，避免资金链断裂形成对其他企业的连锁影响。对小企业和微型企业进一步加大税费减免力度。

三是加强对中小企业和民营经济的金融支持，完善其发展的金融环境。选择不同类型地区加快试点，实行对中小企业、民营经济信贷业务的差异化监管政策，完善财产抵押制度和贷款抵押物认定办法。尽快出台扶持融资租赁或经营租赁业发展的政策措施。鼓励大银行同中小银行合作，积极开展对中小银行的信贷批发业务，提高中小银行对中小企业、民营经济提供融资的能力。鼓励银行在行业协会或龙头企业担保下，开展产业链融资和应收款融资等业务。鼓励中小企业联合创办互助担保机构，鼓励大、小规模的担保公司加强分工协作，共同开展面向中小企业、民营经济和服务业的担保贷款业务。

（六）积极承接国际产业转移，加快“走出去”步伐

一是调整中国外资政策导向，提高引进外资的质量。严格限制耗能多、耗水多、占地多和污染大的“三多一大”型产业向中国转移。修订和完善外商投资产业指导目录。落实和完善外商投资项目的资源与环境审查制度，建立外资项目的资源和环境评价问责制。吸引现代服务业向中国转移，提升中国现代服务业水平。鼓励跨国公司在华设立研发中心、后台服务中心和地区管理中心；积极稳妥地进一步开放铁路运输、航空运输、国际货运代理、金融、电信等领域，借助服务业国际转移促进中国服务业向更高水平发展。发挥低成本优势，承接国际劳动密集型行业转移。鼓励国际产业向中西部地区转移，促进区域协调发展。在鼓励外资向中西部地区转移劳动密集型产业的同时，引导跨国公司在中西部地区建立国内第二甚至第三研发基地和生产基地。

二是加强对国际资本在华并购活动的监管，保障中国产业安全。要完善规范中国战略性产业外资并购行为的相关法律法规，建立外资并购的审议制度，严格规范中国战略性产业的控股权转让行为，防止行业排头兵企业被并购。要加强对战略性产业领域外资进行垄断性收购的法律约束。

三是继续大力实施走出去战略，加大国际市场开拓力度。尽快制定企业海外投资促进法，为企业“走出去”提供全面的法律支持与保障。大力支持中小企业“走出去”，为中小型企业提供信息和资讯服务。通过建立境外经贸合作区方式，支持中小型企业集中在海外投资。加强对企业海外投资的金融支持和税收支持。大力发展为海外并购服务的中介机构组织。应积极培育金融、法律、会计、咨询等市场中介组织，为中国企业的海外并购提供规范的中介服务。完善企业海外投资的风险保障机制，建立健全相关的风险评估与保障体系，鼓励相关保险机构加大对海外并购的中国企业提供风险保障的力度。加强和东道国政府的交往和沟通，为企业创造良好的并购环境。

分报告一

国际金融危机背景下中国产业发展态势及对策研究

内容提要：当前的中国产业发展态势，是长期以来形成的中国产业发展方式的调整和国际金融危机叠加的结果。国家宏观政策的调整促使中国经济和产业发展企稳回升，2010 年中国产业发展将继续保持较好态势。但是，不能忽视在产业发展中出现的“国进民退”、新一轮“产能过剩”等一些新问题和新现象。需要国家出台相关政策来保持中国产业发展的良好势头。

从2008年8月国际金融危机在全球爆发开始到2009年8月整整一年，国际经济经历了2008年年底的最低谷，之后开始出现缓慢回升的一个过程，目前，国际金融危机已经进入了后期阶段。在这个背景下，中国国民经济和产业也在国际金融危机过程中进入增长低谷后，缓慢回升。如何在国际金融危机尚未结束的条件下促进中国产业实现高速健康发展，以及如何保证在国际金融危机结束后中国产业继续保持良好的发展态势，是本报告研究的出发点。

一、国际金融危机下中国产业发展态势

（一）近年来，中国经济持续高速增长，但传统的发展方式使得中国的经济增长和产业发展难以为继，需要进行调整

表1—1　2003～2007年中国GDP及三次产业增长速度　　单位：%

年　份	GDP	第一产业	第二产业	第三产业
2003	10.0	2.5	12.7	9.5
2004	10.1	6.3	11.1	10.1
2005	10.4	5.2	11.7	10.5
2006	11.6	5.0	13.0	12.1
2007	11.9	3.7	13.4	12.6

中国在2003年开始进入了新一轮高速增长周期。但在这一轮增长周期中，中国产业主要是以工业为主的第二产业快速增长带动经济增长而形成的，而第二产业又是由重化工业特别是高耗能产业持续保持高速增长来带动的。受资源、环境、土地等制约，以工业（重化工业）为主的第二产业

可持续高速发展受到挑战，中国经济增长需要由第二产业带动向第一产业、第二产业、第三产业协同带动转变。而从产业发展方式看，在这一轮高速增长周期中，主要是由投资和出口拉动的高投资、高出口也缺乏可持续性。从世界各国的发展经验看，中国产业发展方式迫切需要从由投资、出口拉动向出口、消费、投资共同作用转变。

（二）国际金融危机使得中国快速进入了产业发展的调整期

产业发展进入一个调整期，主要是指在这个时期无论是从产业增长速度，还是各产业之间的关系以及产业发展方式等方面都和前一段时期有所调整。国际金融危机使得中国产业发展出现了一个短时的调整期。

1. 受各种因素影响，2008 年已经有部分高增长产业特别是重化工业发展开始理性回归，增长速度有所降低

在中国 2003～2007 年的这一轮高增长周期中，包括房地产、装备制造、煤炭、钢铁等高增长行业（主要是重化工业）是拉动中国经济快速发展的主动力。这些行业在经过近 5 年的高速发展，存在比较严重的产能过剩，就出现了一个高增长理性回归问题。

在国家宏观政策引导下，某些行业全国性的产能过剩导致了产业投资力度弱化，从而受投资需求拉动的产业增长缓慢。加上房地产业在经历了多年的高增长后在 2008 年进入调整，受投资拉动的相关产业如钢铁（黑色金属及延压）、通用设备制造业增长受到抑制；而出口型产业在国家出口政策的调整后也受到很大的冲击。与此同时，近年来的上游产业价格上涨的冲击，特别是从 2007 年开始原材料如石油、能源成本不断上升，化学原料和化学制品制造业、交通运输设备制造业、电气机械及器材制造业、通信设备计算机及其他电子设备制造业，因原材料价格高企、产品价格下调而受到冲击。

2. 国际金融危机加速中国产业发展的调整步伐

(1) 工业领域受国际金融危机的影响比较明显。

主要体现在两方面:一是外需减弱直接导致了中国出口型产业增长速度快速下滑。国际金融危机导致了国际市场需求萎缩,从而对中国以出口为主的产业发展产生冲击。比较典型的行业包括电子信息制造业、纺织服装业等。[①] 二是通过出口型产业向非出口型产业的传导间接引发产业衰退。

(2) 第一产业受国际金融危机影响不大,第三产业在国际金融危机中继续保持较快增长态势。

第一产业受金融危机影响并不大,产业保持平稳增长。中国第一产业受国际金融危机影响主要体现在部分地区、部分农产品出口方面。由于中国农业发展基本上还是以内需为主,加上农产品基本上属于生活必需品,收入弹性系数小,为此,总体上中国第一产业继续保持稳定增长态势。2008 年全年实现了 5.5%的较高增速,2009 年上半年增速比 2008 年的同期高 0.3 个百分点。2009 年的夏粮总产达到 2467 亿斤,实现新中国成立以来首次连续 6 年增产;夏收油菜总产和单产均创历史新高。

在 2008 年的第四季度中,虽然物流、房地产业、旅游、金融业等第三产业的部分行业受国际金融危机的冲击较大,中国第三产业在 2008 年全年仍然保持了 9.5%的增长速度,增速高于 GDP0.5 个百分点,高于第二产业 0.2 个百分点。自 2009 年以来,第三产业增长速度仍然保持较高增速,在第一季度以高于 GDP1.3 个百分点、第二产业 2.1 个百分点,第一、二季度高于 GDP1.2 个百分点、1.8 个百分点的速度增长。

① 值得指出的是,根据我们的研究,对于出口型产业而言,不同类型企业所受到的冲击也不相同。以纺织服装业为例,骨干大企业出口要好于中小企业出口;三来一补企业和贴牌企业出口减少比较严重,具有自己品牌和一般贸易型企业受到的影响要小得多;高档产品受冲击比较大;但一般消费品受冲击较小。参见王云平:《当前中国纺织服装业发展态势及对策建议》,《国家发展改革委信息》2009 年第 27 期。

表 1—2　GDP 和第三产业增长速度比较　单位：%

年　份	GDP	第三产业	第二产业
2003	10.0	12.1	12.7
2004	10.1	8.1	11.1
2005	10.4	12.6	11.7
2006	11.6	13.7	13.0
2007	11.9	12.6	13.4
2008	9.0	9.5	9.3

资料来源：根据《中国统计年鉴》（2008）和《2008 年中国国民经济和社会发展统计公报》整理。

第三产业具体各行业受国际金融危机的影响存在差异。整体来看，为居民提供生活必需品的消费服务业所受影响较小。但满足居民享受需求的服务业所受影响较大。生产性服务业的发展如物流等受到比较大的冲击，在会展服务业、商务服务业和某些专业市场也有突出表现。由于企业投资活动低迷，特别是中小企业投资信息不足，许多地方面向企业，特别是中小企业的企业管理服务、法律服务、会展服务、咨询与调查服务，甚至广告业务严重萎缩。①

3. 2009 年第二季度以来中国经济呈现企稳回升态势，但不同产业表现不一

从 2008 年下半年开始，受国际金融危机和国内其他因素的综合影响，中国经济和产业发展增速放缓。各季度的国民经济增长速度数据显示，中国国民经济在 2008 年第四季度增长速度为 6.8%，在 2009 年的第一季度下滑到 6.1%。可以基本判断为中国经济增长和产业的增长速度的低谷时期为 2008 年年底和 2009 年的第一季度这一时间段。但数据显示，具体到不同的产业和行业而言，恢复较快增长态势的时间则存在差异。

① 徐春林：《会展业在低谷中奋然前行》，《国际商报》2009 年 7 月 29 日。

表 1—3　2008 年以来季度累计增长速度　　单位:%

	2008 年				2009 年		
	第 1 季度	第 1～2 季度	第 1～3 季度	第 1～4 季度	第 1 季度	第 1～2 季度	第 1～3 季度
GDP	10.6	10.4	9.9	9	6.1	7.1	7.7
第一产业	2.8	3.5	4.5	5.5	3.5	3.8	4.0
第二产业	11.5	11.3	10.6	9.3	5.3	6.6	7.5
第三产业	10.9	10.7	10.5	9.5	7.4	8.3	8.8

表 1—4　规模以上工业单月增长速度变化　　单位:%

	2008 年					2009 年							
	8 月	9 月	10 月	11 月	12 月	2 月	3 月	4 月	5 月	6 月	7 月	8 月	9 月
工　业	12.8	11.4	8.2	5.4	5.7	11	8.3	7.3	8.9	10.7	10.8	12.3	13.9

从作为影响国民经济增长最主要的工业增长速度单月数据可以发现，中国工业增长速度在 2008 年 11 月份为最低值，仅为 5.4%，工业增长在经历了 2008 年第四季度快速回落后，进入 2009 年开始缓慢回升。工业内部，2008 年第四季度轻工业开始快于重工业增长；2009 年 5 月重工业在经历了 2008 年的快速回落后在缓慢回升。2009 年 6 月重工业增长重新开始快于轻工业。

表 1—5　2008 年 8 月份以来单月规模以上工业增加值增长速度　　单位:%

	2008 年					2009 年							
	8 月	9 月	10 月	11 月	12 月	2 月	3 月	4 月	5 月	6 月	7 月	8 月	9 月
工　业	12.8	11.4	8.2	5.4	5.7	11.0	8.3	7.3	8.9	10.7	10.8	12.3	13.0
轻工业	11.7	11.2	10.3	10.1	8.1	14.4	8.5	8.2	9.7	10.2	9.2	9.8	8.7
重工业	13.2	11.5	7.3	3.4	4.7	9.6	8.3	6.9	8.6	10.9	11.3	13.2	8.7

大多数传统出口型制造业[1]受国际金融危机影响增速下滑，从2009年第二季度开始增长缓慢回升。根据投入产出表（2002）计算，主要依靠出口拉动的产业包括纺织业，服装皮革羽绒及其制品业，通信设备、计算机及其他电子设备制造业，仪器仪表及文化办公用机械制造业等几个行业。应该说，在国际金融危机爆发以前，出口对这些行业的影响同样是巨大的。而随着国际金融危机的影响，传统的出口型产业受到冲击最大。而随着企业将市场转向国内以及国际市场的逐步恢复，出口型产业的增长也在逐步从国际金融危机的阴影中走出来。

表1—6　消费、投资、出口对行业增长的拉动作用系数比较

	消费	投资	出口
纺织业	0.38	0.07	0.55
纺织服装制造业	0.45	0.06	0.49
通信设备、计算机及其他电子设备制造业	0.21	0.33	0.46
仪器仪表及文化办公用机械制造业	0.20	0.29	0.51

资料来源：根据投入产出表（2002年）计算。

表1—7　2008年8月份以来单月规模以上工业行业增加值增长速度 单位：%

	2008年					2009年						
	8月	9月	10月	11月	12月	2月	3月	4月	5月	6月	7月	8月
工业	12.8	11.4	8.2	5.4	5.7	11.0	8.3	7.3	8.9	10.7	10.8	12.3
纺织业	8.9	10.2	7.8	6.2	5.5	16.5	8.3	7.8	8.3	9.3	8.6	9.8
纺织服装制造业	9.4	15.1	10.3	11.9	7.4	22.0	11.2	9.8	11.5	13.1	11.3	9.6
通信设备、计算机及其他电子设备制造业	15.7	9.3	6.9	−0.2	−2.4	0.3	1.2	1.1	4.3	6.5	5.3	4.8

① 根据需求对拉动产业增长的作用大小进行分类，可以把产业分为出口型产业和内需型产业（消费型产业、投资型产业和中间需求型产业）。

续表

	2008年					2009年						
	8月	9月	10月	11月	12月	2月	3月	4月	5月	6月	7月	8月
仪器仪表及文化、办公用机械制造业	10.9	9.2	11.2	1.9	6.8	7.5	0.3	1.7	1.2	4.7	3.8	2.5

而从2009年前8个月的数据显示，纺织业，通信设备、计算机及其他电子设备制造业，仪器仪表及文化办公用机械制造业等传统出口型产业的增长速度仍然低于全部工业增速。纺织服装制造业由于在国内市场消费也是其重要增长因素，虽然国际金融危机使得出口受到影响，但大多数企业把市场转向国内，从而使得该行业仍然保持比较高的增长速度。

需要指出的是，随着国际金融危机的蔓延，第三产业中的部分满足享受和发展需求的服务业出现了加快发展甚至“逆市增长”的态势，在房地产业、旅游业和文化、体育产业等方面表现得尤其突出。根据中国文化部2009年6月初的测算，2009年以来，包括电影、电视、新闻出版、动漫游戏等在内的文化产业平均增长17%，其中电影、图书和舞台剧收入增长都在20%以上，呈现强劲增长态势。

二、国家宏观政策的调整是中国经济和产业发展企稳回升的主要动力

（一）促进产业发展的扩大内需政策效果明显

1. 扩大消费政策对汽车、以家电为主的轻工产品及部分第三产业具有明显的推动作用

近年来，中国一直在实施扩大消费需求的政策。在国际金融危机到来

后，扩大消费的政策进一步推行细节。比较典型的政策措施如家电（汽车）下乡政策；家电和汽车以旧换新政策；鼓励汽车消费的政策（对1.6升以下的汽车的购置税减半征收）；房贷政策优惠；等等，还有部分地方政府为了刺激消费而发放各种消费券。近几年，中国一批消费需求拉动型产业如房地产、汽车在2008年国际金融危机到来时同样出现了增速放缓问题。在国家消费政策的驱动下，交通运输设备制造业中的汽车产业、房地产业等行业在2009年第二季度开始重新呈现比较高的增长速度。

2. 高强度的投资扩张拉动了装备制造业的快速发展，稳定了能源、原材料行业的市场需求

2008年底，为应对国际金融危机，保证国家经济和产业快速发展，中国新增了1000亿元中央投资项目。之后，国家出台政策计划用三年时间实施4万亿元投资计划。

表1—8 国家4万亿元投资方向和资金测算 单位：亿元

重点投向	资金测算
廉租住房、棚户区改造等保障性住房	约4000
农村水电路气房等民生工程和基础设施	约3700
铁路、公路、机场、水利等重大基础设施建设和城市电网改造	约15000
医疗卫生、教育、文化等社会事业发展	约1500
节能减排和生态工程	约2100
自主创新和结构调整	约3700
灾后恢复重建	约10000

在中国的投资计划中，除了生态环境建设方面外，其他内容包括保障性住房建设方面；农村民生工程和农村基础设施建设方面；重大基础设施建设方面（哈大、武广、南广、贵广等一批重大铁路项目加快建设，高速公路路基桥涵工程加快施工）；医疗卫生、教育、文化等社会事业方面；自

主创新和结构调整方面都和建筑工程项目有密切关系，对于拉动中国的建材工业包括钢材、水泥等行业发展有重要作用。部分投资需求拉动型产业出现了高速增长或者恢复性增长（见表1—9），国家的扩大内需政策对产业增长速度有明显效果。

表1—9　2009年以来投资需求拉动的典型行业增长速度　　单位：%

	2月	3月	4月	5月	6月	7月	8月
工业	11.0	8.3	7.3	8.9	10.7	10.8	12.3
非金属矿物制品业	17.8	11.5	11.7	14.7	13.9	14.0	17.3
黑色金属冶炼及压延加工业	3.3	1.1	−1.7	2.3	5.8	10.1	13.3
有色金属冶炼及压延加工业	7.2	9.1	3.6	6.5	14.9	10.0	13.4
专用设备制造业	21.5	14.4	13.6	14.8	14.0	12.1	10.4
电气机械及器材制造业	21.5	12.5	11.1	11.2	12.0	11.0	13.0

（二）刺激出口政策对于中国产品出口具有一定的稳定作用，尽管出口增速下降，但市场份额上升

自国际金融危机以来，在立足于扩大内需的同时，针对外需急剧萎缩的情况，采取了一系列稳出口、保份额的政策措施，包括7次提高劳动密集型和机电等出口产品退税率，取消或降低部分产品出口关税，继续限制“两高一资”产品出口等；还采取调减加工贸易限制类禁止类目录、扩大外贸发展基金、清理出口环节收费等措施，稳定外贸出口。

表1—10　2008年8月份以来中国出口退税率调整一览表

1	2008年8月1日起调整纺织品等商品出口退税率
2	2008年11月1日起调整纺织品等商品出口退税率

续表

3	2008年12月1日起调整劳动密集型产品出口退税率
4	2009年1月1日起提高部分机电产品的出口退税率
5	2009年2月1日起提高纺织品、服装的出口退税率
6	2009年4月1日起提高轻纺等商品的出口退税率
7	2009年6月1日起部分商品出口退税率进一步上调

从当前的数据看，虽然国家制定了一系列的鼓励出口政策，但出口的形势仍然不太好。2009年前7个月，中国出口6271亿美元，下降22%；尽管出口降幅依然较大，但在国际市场上的份额有所上升。轻纺产品出口降幅明显低于其他产品，服装、箱包、鞋类和家具出口额分别下降9.1%、8.2%、5.2%和9.8%，远低于22%的整体出口降幅。机电和高新技术产品出口分别下降20.8%和19.8%。

(三) 国家产业调整振兴规划在长短结合中促进重点产业调整和升级

自国际金融危机爆发后，从2008年11月开始，根据国务院部署，由国家发展和改革委与工业和信息化部会同国务院有关部门开展了钢铁、汽车、船舶、石化、纺织、轻工、有色金属、装备制造、电子信息以及物流十个重点产业调整和振兴规划的编制工作，2009年7月国务院又审议通过了《文化产业振兴规划》，文化产业成为国家后续产业调整和振兴规划的重要内容。作为应对国际金融危机，保增长、扩内需、调结构的重要措施的这些产业振兴规划，从某种意义上看，各产业振兴规划是和国家4万亿元投资相配套的。但产业振兴规划更有明显的产业指向性，产业规划目标是立足国际金融危机背景，着眼于后金融危机，对于产业结构调整具有引导作用。以钢铁产业为例，着眼于国际金融危机后国际钢铁产业发展态势和中国钢铁产业发展的市场需求。《钢铁产业振兴规划》提出了目标和有关政策措施，从技术、规模、环境保护方面来规范现有钢铁企业发展，提高产业集中度，提高产品附加值，具有明显的立足长远的结构因素引导作用。

三、2010 年中国产业发展趋势判断

（一）2010 年产业发展影响因素分析

1. 国际经济形势有一定的改善，外需增长将有所提高，但难以恢复到近年来高速增长态势

随着全球各国的救市政策的实施，截止到 2009 年第三季度，全球经济已经呈现复苏迹象。虽然从目前的发展形势看，2010 年国际金融危机的阴影难以完全走出，但可以预计 2010 年国际经济形势相比 2009 年还是有所好转。整体上看，中国出口形势虽然难以回到 2007 年的高度，相比 2008 年、2009 年还是有所好转。

对于具体产业而言，特别是劳动密集型产品和原材料产品的出口将受到比较多的限制，出口难度仍然较大；而发达国家采取扶持低碳经济发展的政策使国际需求增加，加上中国在和新能源有关的产业具有一定的竞争优势，相关产品出口将更为乐观。

2. 国内需求继续保持较高增长态势，但投资需求仍然是国内需求快速增长的主体

整体上看，在投资需求的拉动下，2010 年中国国内需求将继续保持较高增长态势。

（1）国内消费需求保持稳定增长，但难以有大的提高。

应该说，这次国际金融危机对中国整体消费需求能力没有大的损伤，

国内消费将继续保持稳定增长：一是2003～2008年间（主要是2008年上半年）中国经济保持了连续5年的高速增长，人们整体收入水平有大的提高，对于抵抗国际金融危机的冲击有一定的经济实力。二是国际金融危机对中国产业产生冲击的对象主要是出口型产业，并没有波及全部；国际金融危机中收入受影响的主要群体是农民工和职业层次比较低的群体，而他们不是中国消费的主体。三是中国经济在2009年继续保持较高增长速度，国民收入持续增长。2009年上半年被调查农户人均现金总收入3005.6元，比上年同期增加165.1元，增长5.8%，扣除物价因素，实际增长7%左右。2009年第一季度全国城镇在岗职工平均工资为7399元，虽然比去年同期增幅回落了4.9个百分点，但仍然增长了13.4%（未扣除价格因素）。2009年上半年城镇人均可支配收入实际增长11.2%（不扣除价格因素同比增长9.8%）。

表1—11　中国居民收入变动情况

单位：%

	城镇居民家庭人均可支配收入增长速度	农村居民家庭人均纯收入增长速度
2003年	9.00	4.30
2004年	7.70	6.79
2005年	9.60	6.21
2006年	10.42	7.40
2007年	12.17	9.50
2007年绝对数	13785.8元	4140.4元
2008年增长速度	8.40	8.00

资料来源：2007年以前数据来源为《中国统计年鉴》（2008）计算；2008年数据为《2008年中国国民经济和社会发展统计公报》。

但是，消费需求增长和收入增长密切相关，由于人们对于未来收入增长的不确定性，[①] 加上当前中国还存在大量阻碍消费需求增长的因素存在，依靠短时的刺激性政策还是难以有大的突破。[②]

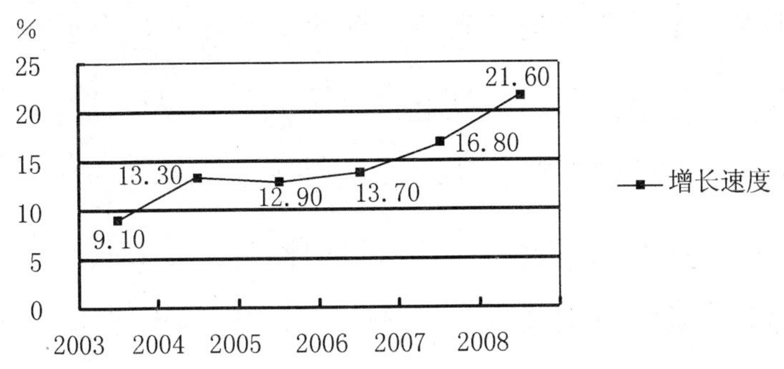

图 1—1　2003 年以来中国消费品零售总额增长速度（名义）

（2）投资需求在国家"4 万亿元投资"政策的推动下继续快速增长。

2009 年以来，中国投资需求在国家政策推动下保持了快速增长态势。虽然对于产业发展前景还不看好，民间投资并没有完全启动，但 4 万亿元投资项目中大量的基础设施项目已经开工，2010 年虽然难以继续保持 2009 年的高位增长，总体上看，投资需求仍然保持比较旺盛的势头。

3. 企业资金紧张的态势难以改变

2008 年以来，由于市场需求萎缩，产品销售难度大，加上 2008 年上半年以前原材料涨价等因素导致了企业效益不佳，而银行的"惜贷"在短时

---

① 根据中国人民银行发布的一项调查显示，2009 年第二季度城镇居民当期收入感受指数为－8.6%，比第一季度大幅下降 20 个百分点，是 1999 年开展调查以来的最低水平。居民对未来收入预期也不乐观，未来收入信心指数仅为 3.4%，比上季和 2008 年同期分别降低了 14.3 和 16.9 个百分点。2009 年 5 月中下旬，中国人民银行在中国 50 个大、中、小城市进行了城镇储户问卷调查。调查结果显示，伴随着居民收入减少范围的逐渐扩大和对未来收入的不确定性感受，城镇居民消费更加谨慎。47%的城镇居民在安排支出时选择"更多地储蓄"，此比例比上季提高 9.5 个百分点，升至历史最高；仅有 15.1%的城镇居民选择"更多地消费"，比上季下降 14.6 个百分点，降至历史最低。45.4%的居民认为当前"形势严峻，就业难"，比第一季度提高 2.6 个百分点，而认为"形势较好，就业容易"的居民占比则降至 7.8%，比上季减少 5.7 个百分点。居民对下季就业形势的预期较上季有所好转，就业预期指数为－2.5%，比上季提高 10.2 个百分点。

② 这也是当前中国家电下乡政策效果不明显的一个重要原因。

间难以有大的改变（根据有关资料分析，2009 年以来的大幅增长信贷资金的去处有相当部分进入了股市、楼市以及制造业企业的短期资金），企业发展资金紧张问题难以在短时期内得到改观。

4. 资源制约问题暂时有所缓解，重化工业发展的成本有所降低

主要体现在两个方面：一是电力资源充足。尽管中国经济在逐步恢复较高增长速度，而其中保持较快增长的轻工业和第三产业持续对经济拉动作用比较大，高耗能的重化工业增速整体上则还未实现高增长，中国在 2009 年的电力资源表现充足，在 6 月、7 月用电高峰期未出现拉闸限电，这在 2003 年经济高速增长以来还是第一次。按照这个趋势，2010 年，中国产业发展也将有足够的供电量支持。二是石油价格保持平稳。而国际石油价格在经历了 2008 年前期的高位后，在 2008 年下半年出现大幅回落，截止到 2009 年 10 月份纽约石油价格仍然保持在 80 美元/桶以下。即使世界经济在 2010 年开始复苏，石油价格也难以达到 2008 年的高位。

5. 技术积累难以在短时期取得突变

长期以来，中国产业技术升级主要依靠外资，产业自主创新能力不强，技术积累弱。在国际金融危机来临时，本来有动力潜心提升自身的技术水平（根据我们对企业的实地调研发现，在经济形势好的情况下企业的动力往往是扩大再生产而不是技术创新），但由于中国缺乏长期的技术积累，大多数企业难以实现技术上的突破。

6. 国际金融危机导致了企业的赢利能力下降，降低了产业转型升级的能力

经过 2008～2009 年的经济衰退和产业调整，大多数企业的赢利水平有大幅度下降，2009 年 1～7 月份，全国 22 个地区工业实现利润 11107 亿元，同比下降 17.3%。企业资金积累减少，造成了转型升级能力减弱，从而即使有转型升级的需求，也难以在短时期实现。

7. 市场环境变化，市场竞争更加激烈

一是由于国际市场难以扩大，国内大量的出口型企业将产品转向国内市场；二是国际跨国公司的目光更加重视经济形势较好的中国市场，外资企业为了抢占国内市场而加大投入，国内市场将面临外资的争夺。资料显示，2009年上半年中国汽车产销两旺，销量达到609万辆，同比增长近18%，暂时成为全球最大的汽车生产国和汽车市场。在上半年中国609万辆汽车销量中，乘用车占了74.3%。而在乘用车销量中，跨国汽车公司投资的合资企业占了七成左右。

8. 产业发展的政策继续比较宽松

当前，国际金融危机已经进入了后期，国际经济形势开始好转，中国经济也已经企稳回升。但从目前发展态势看，国际金融危机对世界经济的影响到2010年还难以完全消除。国家也一再强调稳定当前经济好转势头，要保持政策稳定性。而且从2008年底开始国家先后出台了“十大产业振兴规划”，2009年7月22日国务院又通过了“文化产业振兴规划”，这“10+1”产业规划期为时3年。因此，可以判断2010年产业发展政策应该将继续延续2009年的宽松的特点。

（二）2010年中国产业发展态势判断

1. 总体上看，国民经济和产业继续保持较高增长态势，三次产业协同带动经济增长的态势进一步明显

受国内需求较快增长的拉动以及国际形势好转从而出口衰退的止缓，2010年中国经济发展速度将继续保持较高增长态势。

中国目前已经进入了工业化中后期的工业化阶段转型时期。这个阶段属于第三产业快速发展时期，工业内部则进入了高加工度化时期。国家以及各级政府高度重视第三产业发展，纷纷制定了促进第三产业发展的政策。在国际金融危机背景下，许多地方更是把发展第三产业作为未来产业发展的新增长点。2008年中国国民经济出现了第三产业快于第二产业增长的格局，从2009年前三季度国民经济和产业发展态势看，2009年全年将继续保持第三产业快于第二产业增长的态势，2010年中国将继续保持这个态势，第三产业占GDP的比重将进一步提高。

2. 传统型主导产业继续保持高增长态势

2009年，中国经济和产业主要依靠投资拉动。而在2009年的投资处于高速增长，而且主要是基础设施领域，重化工开始呈现快速增长态势。[①] 当前中国仍然是城市化和工业化交织推进时期，围绕城市化推进房地产、交通物流、家电、汽车、化工等传统的主导产业，依然在2010年乃至2011年继续成为中国产业增长点的主要带动力。

表1—12　国内乘用车企业近期扩产建厂计划一览表[②]

企业	产能规划	预计产能
东风日产	于7月中旬宣布在华扩产计划后，最近又对扩产计划进行了进一步调整和披露。东风日产新建工厂将坐落广州，预计投资达50亿元人民币，年产能为24万辆。工厂建设预计于2012年完成，届时产能将提升至70万辆	70万辆
东风本田	7月14日宣布，其湖北武汉工厂将于2009年7月底进行扩产，扩产后产能将由原来的16.5万辆提升至20万辆；本田在华全部产量将提升至61万辆	20万辆
上海大众	由于上海三个工厂已没有多余的产能，上海大众初步计划将“NMS”项目设置在南京工厂（第四工厂），整个项目将新增产能20万辆左右，新增以后，上海大众的产能将突破100万辆	100万辆
一汽大众	在2011年将对成都工厂进行产能扩充。据了解，按照原定的计划，一汽大众新工厂原定于2010年投产，初始年产能为20万辆捷达和速腾	
北京现代	北京现代第二工厂二期建设将在年内竣工，这使得企业产能从50万辆提高至60万辆	60万辆

① 在1998～2002年中国在经历东南亚金融危机冲击时，采取了扩大内需政策，重工业呈现明显高于轻工业增长态势。

② 郑雪芹：《车企大举扩张　汽车产能究竟是过剩还是不足?》，http://ublog.daqi.com/bbs/04/12851597.html。

续表

企业	产能规划	预计产能
广汽丰田	5月25日，广汽丰田第二工厂正式投产，同时新车型汉兰达下线。第二工厂投产后，广汽丰田的产能将从年产20万辆提高到36万辆	36万辆
一汽马自达	新工厂预计在2010年底落成，届时产能将提高到12万辆	12万辆
天津一汽	整车第三工厂即将在2010年竣工，最终产能为15万辆	15万辆
长安汽车	7月启动了河北基地的扩建，这是继新建重庆鱼嘴基地后，长安汽车在一个月内两度扩张产能，目的就是为2012年实现产销量突破200万辆目标注入新实力	200万辆
比亚迪	目前具有40万辆的产能，其中20万辆在西安、20万辆在深圳，收购美的三湘客车后，计划在长沙规划建设其国内第三产业基地，届时总产能将达到80万辆	80万辆
长城	在天津的50万辆整车及配套零部件生产项目，总投资84.7亿元，一期在2010年投产。目前，其在保定的轿车生产线产能在20万辆、SUV生产线为10万辆，皮卡生产线产能在5万辆左右，再加上天津基地，总产能将达到85万辆	85万辆

3. 在国际金融危机中出现了部分“逆势增长”的产业将成为继续保持较高增长态势

根据国际上历次经济危机背景下第三产业发展的经验，文化产业往往能够在经济危机中“逆势”增长。可以判断，在文化产业振兴规划的推动和当前需求的作用下，文化产业将成为中国第三产业新的增长点。另外，第三产业的一些其他行业和新兴业态如现代物流、网络信息、服务外包和创意设计、品牌会展等新兴服务业继续成为新的增长点。

4. 战略性新兴产业将在国家政策支持下有所发展

中国已经把新能源产业、生物产业、环保产业等作为新兴战略性产业来培育扶持。应该说，从国家战略角度看，中国发展新能源产业、生物产业大有必要，而且中国在技术上也基本具备了发展的条件。但一个国家新的经济增长点一方面是需要新的技术，更重要的还是要有新的需求。以20

世纪90年代中国汽车产业为例，当时汽车工业技术很先进，可是在当时汽车工业却不能成为中国的增长点，因为中国根本就没有这样的市场购买力，没有足够的需求来支撑发展规模。基于当前中国处于工业化中期，需求更多的还是传统消费。中国对于新能源等产业的投资主要是依靠政策推动，而不是真正的市场需求作用，短时期还难以真正成为经济增长点。但在国家政策的推动下，加上需求的逐步培育，还是有所发展的。

四、如何看待当前中国产业发展中存在的新现象和问题

（一）“国进民退”对经济增长和产业发展的作用问题

关于“国进民退”问题，目前有两个流行的观点：一是国家4万亿元投资计划正在对民营经济产生挤出效应；[①] 二是国有资本在大量扩大在各产业的比重，民间资本则是在相应地退出。[②] 这两个观点一定程度可以集中为一点：就是所谓的“国进民退”对经济增长和产业发展的作用存在阻碍作用。

1. 当前实施的扩大投资需求政策不会引起国有资本挤出民间投资，要保证中国产业资本投资旺盛的关键是要使产业发展前景明朗

数据显示，中国从2009年以来投资增长速度应该是比较高的，而且比2008年同期高速增长，从2009年7月份开始投资增速开始放缓（但仍然保持高速增长）。投资增速放缓主要是国有投资放缓（非国有投资的增

---

① 全国工商联出版的《中国民营经济发展报告（2008～2009）》认为，当前多数中央投资只是带动了地方政府和国有企业投资，进而带动了银行大规模的信贷投放，广大中小民营企业很难参与其中。而且对于民间投资有挤出效应。

② 山东钢铁集团并购日照钢铁公司（民营企业）就是一个案例。

速还是在不断提高），在2008年底的大量基础设施建设开工后，在产业投资还没有多大启动的情况下，增速放缓是必然的结果。但无论是何种结果，都和国有投资挤出民间投资没有多大关系。4万亿元投资的主要领域是基础设施（主要是铁路、公路、机场），这些领域民间资本投资意向本来就不高或者具有国有控制的必要性而限制民间资本进入。而产业投资领域，在当前国际金融危机背景下，由于发展前景还不明朗，无论是国有投资还是民间投资都不太愿意（当然，对于民间资本而言，还存在某些行业领域的管制问题）。

值得注意的是，当前中国的投资高速增长缺乏可持续性，基于以下几个方面的因素：一是中国已经开始进入了投资推动和消费拉动共同作用的产业发展时期，继续过去的高投资增长速度是很难保持的。目前中国基础设施领域存在大量的“重复投资”和“超前投资”说明了中国的高投资缺乏可持续性。二是投资拉动产业发展的作用是需要其他因素共同作用的，关键是需要政策引导新的增长点。国家产业增长点的引导政策还不明朗，且对产业发展引导少。

表1—13　城镇固定资产投资增长情况[①]　　单位：%

2008年	1～2月	1～3月	1～4月	1～5月	1～6月	1～7月	1～8月	1～9月
投资完成额	24.3	25.9	25.7	25.7	25.7	27.3	27.4	27.6
国有及国有控股	12.3	17.1	16.9	16.9	16.9	20.9	21.1	21.8
2009年	1～2月	1～3月	1～4月	1～5月	1～6月	1～7月	1～8月	1～9月
投资完成额	26.5	28.6	30.5	32.9	32.9	32.9	33	33.3
国有及国有控股	35.6	37.7	39.3	40.6	40.6	40.1	39.9	38.8
非国有资本	19.4	21.8	23.8	27.1	27.8	27.5	27.8	29.1

① 未考虑价格变动因素。

2. “国进民退”要考虑行业的差异性

归纳当前人们对“国进民退”问题的看法，包括三个方面：一是当前中国一些行业出现国有企业“吃掉”民营企业问题；二是十大产业振兴规划和金融体制环境对国企“更为有利”，民间资本难以获得资金；三是国有资本进入基础设施领域，民间资本退出。[①]

在国际金融危机背景下，国家支持政策往往是有重点选择的。目前的国有企业基本上都是大型企业，在国民经济中具有重点带动作用，选择作为支持重点是无可非议的。实际上也存在大量的非国有骨干企业获取国家政策支持（如山东魏桥集团作为全国最大的纺织企业就获取了国家政策和资金的支持）。在当前国际金融危机背景下，哪怕是全世界自由经济最典型的美国政府在支持本国经济发展中，采取的政策也还是“国进民退”，如通用公司申请破产保护后，美国政府注资通用公司，美国财政部拥有新通用公司 60.8%的股份。

国有经济经过多年的战略性调整和重组，主要集中在资源性、基础性行业和大型国有企业。从产业特性来看，一般竞争性行业已经完全放开，中国经过 30 年的国有企业改革，大多数国有企业已经成为市场经济的主体，其行为和民间资本相同，都是按照市场机制行事，通过市场竞争实现资本自由进出，如果能够创造一个平等的资金获取环境和平等的市场竞争环境，“国进民退”问题就不用讨论了。而当前中国资源性行业特别是煤炭行业出现很多社会问题，主要原因是非国有资本进入过度。从社会责任和加强资源保护来看，还是需要国有资本的进入。但“民退”需要充分考虑对其退出的补偿性；高科技行业还是鼓励需要大量的民营资本进入；对于一些能够放开的垄断性行业，应该建立公平竞争的市场环境，逐步消除垄断性行

① 在 4 万亿元经济刺激方案重点照顾的基础设施建设领域，2009 年以来，上海、浙江等长三角地域都相继宣布，高速公路建设放弃之前“经营性公路”的投融资模式，转而全部改为政府“收费还贷型”公路，这意味着民营资本将被排斥出局。

业的所有制限制。

（二）如何看待和解决“产能过剩”问题

1. 产能过剩问题有新表现

需要指出的是，扩大投资需求的政策不会导致所谓的“结构固化”问题。在上一轮经济高速增长周期（2003～2007年），中国重化工业高速增长。但目前的扩大投资需求的政策虽然拉动中国重化工业继续保持较高增长态势，但从中国工业化进入中后期阶段和中国现有经济恢复态势看，重工业化快速增长不一定会导致上一轮增长周期重化工业所占比重持续上升的现象。当然，由于重化工业存在“投资和产业发展的自我循环”问题，加上前段时期中国部分行业存在的“产能过剩”问题并没有根除，在地方政府加快发展的驱动下，对于政策的执行存在放松的可能，从而导致了产能过剩问题重新出现。

根据目前各界讨论的观点，这一轮产能过剩问题除了原来的某些重点行业如钢铁、水泥等出现了新一轮过剩外，还体现在三个方面：一是高端产业或产品出现投资过剩的隐患进一步显现。2009年8月26日国务院常务会议提出比较典型的行业如多晶硅、风电装备等，存在产能过剩。资料显示，截至2009年上半年，四川、河南、江苏、云南等20多个省有近50家公司正建设、扩建和筹建多晶硅生产线，总建设规模逾17万吨，总投资超过1000亿元。倘若这些产能全部实现，相当于全球多晶硅年需求量的两倍以上。二是某些产业的高附加值产品出现了产能过剩问题。以钢铁产业为例，中国钢铁产能过剩问题虽然严重，[①] 细分钢材的过剩内容可以发现，对技术和设备要求相对较低，产品附加值较低的钢材，产品附加值较高，多

① 《中国今年粗钢总量将超过5亿吨　产能过剩问题严重》，http://www.chinanews.com.cn/cj/cj－cyzh/news/2009/07－31/1799838.shtml，2009年7月31日。

用于家电、船舶和汽车行业的加工制造的板材都过剩，但两者相比，板材过剩更为突出。三是基础设施建设“过度超前”问题。各级地方政府推出了刺激经济的投资计划，其重点投资方向大多数指向了基础设施建设，从而造成了“过度建设”基础设施问题。①

2. “产能过剩”问题需要进行分类看待

从理论上讲，中国从1997年开始进入了“过剩经济”时代，之后“产能过剩”已经是中国市场经济的一个常态问题。从2003年国家对原材料工业如钢铁、氧化铝、汽车等行业提出“产能过剩”以来，“产能过剩”问题真正成为中国宏观经济和产业发展关注的热点问题。从严格意义上讲，在市场经济条件下，严重的“产能过剩”问题才是造成市场资源配置大量浪费的原因。而“产能是否严重过剩”不能简单地以某一时点的产能和市场需求关系来判断，因为市场需求也是一个变动的因素，需要考虑不同产业的特性、不同的经济背景等因素来判断。有些产业具有明显的增长特性，可以经过几年的时间而消化所谓的某一时点的“过剩产能”，而有些产业的增长特性比较缓慢甚至存在需求衰退，则会导致“过剩产能”更加严重；而对于经济背景而言，在处于经济高速增长期和处于经济衰退期出现的“产能过剩”问题也是需要区别的，经济衰退期的“产能过剩”问题在进入经济恢复后往往能够消化一定的“过剩产能”问题。为此，基于不同的标准考察，对于“产能过剩”的判断应该存在差异，如产业特性（衰退性产业和成长性产业）、市场背景和产业前景等。由于存在市场“优胜劣汰”机

① 内蒙古呼和浩特、包头、鄂尔多斯这3座相距不过百余公里的城市，都建设了机场。沪蓉高速黄石长江大桥上游不到1公里处又在兴建新的长江大桥。交通运输部近日公布的“2009年上半年公路水路交通运输经济运行情况”显示：全国新开工高速公路建设项目111个，建设里程1.2万公里，计划总投资约7000亿元，同比分别增长3.6倍、5.9倍和6倍。而根据2009年8月9日《广州日报》一文《中国高速公路里程接近美国 被指处于失控危险中》报道，如果把现在各省规划都算上，高速公路总里程将有差不多18万公里。世界高速公路里程最多的国家美国，也只有8万公里。而到2009年6月，中国已建成的高速公路就已经达到7.5万公里。

制，往往落后的产能在市场竞争中被淘汰，使得某一产业是否存在"产能过剩"难以准确判断，而且也使得静态地判断某一产业的"产能过剩"是不准确的。加上市场判断存在国际和国内两个方面，从而使得判断上更加困难。

国家（政府）和市场（企业）对于"产能过剩"的判断存在比较大的差别。这也是往往国家（政府）判断出现"产能过剩"而还有大量企业（特别是民间资本）进入的原因。[①] 但是，也不是说"产能过剩"问题就无法判断和不需要政府干预。在市场经济条件下从产业发展特性看，可以参考以下几方面解决：一是落后的产能应该限制和淘汰；二是资源性行业和原材料工业不能出现大量的"产能过剩"，需要政府出台政策解决，防止造成资源的浪费；三是民间资本（国有资本往往存在不计成本的投入）进入某一行业而导致"产能过剩"不必要限制，可以通过市场机制淘汰；四是高技术行业不必要严格限制，可以通过有关政策引导；五是基础性领域的过度投资问题需要通过科学规划，适当控制。

这一轮所谓的"产能过剩"问题是在国际金融危机背景下出现的，对这一问题的判断要更为谨慎。[②] 政府要做的事情是严格环境准入标准和技术准入标准，要从土地、投资强度、环境保护等控制增量，通过政府补贴等方式降低退出障碍，调整存量，完善优胜劣汰的机制。

---

① 根据2003年底国务院办公厅转发的《关于制止钢铁行业盲目投资的若干意见》，"到2003年底，中国钢铁生产能力将达到2.5亿吨，目前在建能力约0.8亿吨，预计到2005年底将形成3.3亿吨钢铁生产能力，已大大超过2005年的市场预期需求"。实际上，2005年中国粗钢生产量和表观消费量均为3.5亿吨。而目前中国所谓的光伏产业投资基本上都是民间资本的企业行为。

② 1998年国家在出现内需不足的条件下，判断电力行业过剩，限制了电力产业发展从而导致了在经济复苏后的2003年出现了电力严重不足的问题。

五、国际金融危机背景下促进中国产业发展的对策建议

当前国际金融危机已经处于后期，各国经济在逐步恢复，中国经济增长和产业发展也在企稳回升。制定促进中国产业发展政策的出发点，一是要保持经济增长和产业发展的良好势头；二是立足国际金融危机后，保持中国经济增长和产业的可持续快速增长。为此，政策的制定要包括短期效应和长期作用两方面，要立足当前，着眼于长远，关键还是要加快产业结构调整，提高中国产业竞争力。

（一）建立内生的投资增长机制，实现中国投资需求的可持续快速增长

1. 中国的4万亿元投资计划中对于支持产业发展的资金比重偏小，需要调整

要“微调”4万亿元投资计划的重点领域结构，把资金更大的比例放到产业结构调整方面。新增投资除了保障性安居工程、农村民生工程、社会事业、自主创新、环境保护和灾后恢复重建等领域外，考虑到投资大量的基础设施存在超前过剩问题，需要把有限的资金调整到增强产业竞争力和促进产业结构调整，放在培育和支持新兴战略产业上来。

2. 为民间资本发展创造平等竞争的环境，保证“国有资本、民间资本平等进退”

一是放松进入行业管制，重点是服务业领域。凡是法律法规没有明令禁入的服务领域都要向社会资本开放；凡是向外资开放的领域都要向内资开放。加快金融、保险、民航、电信、交通运输、铁路等行业的改革和开

放步伐，培养多元化的竞争主体。二是加强对中小企业的信贷支持。中小企业的主体是民间资本。国家已经多次下调存贷款利率，调低存款准备金率，增加流动性，加大了对农业和中小企业的信贷支持力度。下一步需要健全各地小额担保机构，着重支持中小企业的发展，促进中小企业创造更多的就业机会。发挥中小企业在自主创新方面的优势，提供创新担保服务。

（二）不断完善扩大国内消费的政策，消除阻碍扩大消费的各种因素

从理论上看，消费需求的增长和收入增长是呈正相关的。扩大消费需求应该是立足于提高收入的基础上，消除阻碍消费需求的因素，把潜在的消费需求充分发挥出来。一是完善刺激消费政策。要不断完善“家电下乡”、“汽车摩托车下乡”、家电和汽车“以旧换新”等政策措施，[①] 要在全国全面推行“公车”改革。二是培育消费金融，将潜在消费转化为现实消费。三是保护劳动者权益，防止收入分配在劳动—资本之间进一步向资本倾斜。四是完善医药卫生体制改革，要进一步完善社会保障体系，鼓励各地区之间的失业保险、养老保险建立通用账户，等等。

（三）积极应对国际贸易保护主义，不断扩大产品出口

一是加快与国际贸易摩擦相关的产业损害预警机制建设，健全应对国际贸易摩擦的快速反应机制。借鉴国外成熟的贸易救济机制，进一步完善中国应对反倾销、反补贴、保障措施及技术性壁垒的法律法规，建立符合国际惯例的贸易救济体系。当中国企业遭遇国外贸易救济调查时，在积极准备磋商解决的同时，灵活运用WTO规则，尽快拟定出一个短期的反制措施预案清单，给那些对中国滥用贸易保护的国家起到威慑作用。在特殊情

① 中国还存在一些阻碍家电（也包括汽车下乡）下乡政策执行的障碍，甚至存在居民不知道家电下乡政策的问题。

况下，不应排除使用个别贸易报复手段以获得一定的威慑效果。

二是继续争取市场经济地位，合力应对贸易保护。积极开展政府间双边和多边贸易谈判，争取各国早日承认中国的市场经济地位。

三是重视和发挥行业组织的作用，规范出口商的市场行为。行业组织规范出口商的市场行为，协调本行业产品在国际市场上的价格，防止出口商之间的恶性竞争，尤其是杜绝个别企业的低价倾销行为，降低国外对中国反倾销指控的几率。

四是实施市场多元化的战略，开拓新兴市场，规避某些贸易保护主义强烈的国家的堵截。要立足东亚、东南亚，推进“中国—东盟自由贸易区”的发展，多层次、多形式地开展区域经济合作。

（四）积极承接国际产业转移，加快走出去步伐

1. 调整中国外资政策导向，促进中国承接国际转移的产业结构优化

一是要严格限制耗能多、耗水多、占地多和污染大的“三多一大”型产业向中国转移。二是鼓励现代服务业向中国转移，提升中国现代服务业水平。近期可以将重点放在现代物流、贸易代理、金融、保险、信息技术服务、人力资源管理、会计审计、后勤保障、客户服务等多个服务领域。借助服务业国际转移促进中国服务业向更高水平发展。三是继续鼓励劳动密集型产业国际转移，作为解决中国就业问题的一个重要出路。四是鼓励国际产业向中西部地区转移，促进区域协调发展。在鼓励外资向中西部地区转移劳动密集型产业的同时，有选择地引导国外高附加值的知识技术密集型产业向中西部地区转移（如集成电路、生物医药等），引导跨国公司在中西部地区建立国内第二甚至第三研发基地和生产基地，建设面向中西部和全国市场的应用性研发高地。

2. 规范国际资本对中国战略性产业的并购活动，保证中国产业安全

要完善规范中国战略性产业外资并购行为的相关法律法规，建立外资

并购的审议制度，严格规范中国战略性产业的控股权转让行为。要加强对战略性产业领域外资进行垄断性收购的法律约束。

3. 继续大力实施走出去战略，加大国际市场开拓力度

尽快制定企业海外投资促进法。日本、韩国、新加坡等国均制定了海外投资促进法。中国要制定相应的法律，为企业“走出去”提供全面的法律支持与保障。

把对外投资与国家产业振兴计划及地方产业升级结合起来。引导对外投资企业将并购重点放在产业振兴计划中涉及的行业上，从而使企业的跨国投资并购行为符合国家产业发展的战略性安排和国民经济的可持续发展。与此同时，相关部门应当引导企业将并购发达国家实体企业与地方的“产业升级”结合起来，从而调动各地政府积极性，推动国外先进企业的并购，引导产业升级。

大力支持中小企业“走出去”，为中小型企业提供信息和资讯服务。要探索中小企业走出去的有效途径。中国在海外通过建立境外经贸合作区方式，支持中小型企业集中在海外投资。要总结境外经贸合作区的经验，并将其作为中国中小企业“走出去”的一条重要途径。

加强对企业海外投资的金融支持和税收支持。要设立“境外收购基金”，加大融资支持力度。银行要加大对跨国投资并购企业的资金支持。商业银行可以在中国银监会关于并购贷款风险指引的原则下，发放海外并购贷款，鼓励更多有条件的企业加入到“走出去”的行列中；国家开发银行和中国进出口银行可进一步加大对中国企业境外并购的贷款支持力度。要为“走出去”投资的企业制定专项税收减免政策，允许企业利用海外已上缴的纳税金来冲抵国内所得税金额，加大对企业境外收入所得的倾斜力度，通过亏损退税、关税优惠等方式降低企业的海外税收。

大力发展为海外并购服务的中介机构组织，包括积极培育金融、法律、会计、咨询等市场中介组织，为中国企业的海外并购提供规范的中介服务。

完善“走出去”企业的风险保障机制，鼓励相关保险机构加大对海外并购的中国企业提供风险保障的力度。

加强和被投资国政府的交往和沟通，为“出海”企业创造良好的并购环境。

（五）完善产业发展的分类指导，继续大力扶持支柱产业和积极培育新兴产业

一是把握产业发展规律，扶持真正具有增长潜力的产业和培育新的增长点。在这次国际金融危机背景下，中国有些“逆市增长的产业”，但其增长是否具有可持续性，需要科学判别（特别是第三产业领域的文化产业如图书出版业、影视业等出现快速增长态势）。从工业化进程看，中国已经进入了第三产业快速增长时期，应该选择具有发展前景的产业作为产业振兴的重要方向。另外，当前中国仍然处于城镇化和工业化交织推进的时期，部分传统产业在中国仍然大有潜力。要继续对传统产业中的支柱产业如化工、钢铁等行业进行适度的政策支持。要大力实施产业重组，淘汰落后产能，提高产业集中度和资源配置效率；鼓励企业技术进步，提升产业发展的质量和水平。

二是要加快出台新兴战略性产业如新能源、生物产业等的培育规划，为抢占国际战略性产业高地和培育新的增长点指明方向和实现政策支持。要从薄弱环节加强对新能源等行业的政策引导；要加强新能源、节能环保等产业的技术研发和应用。目前中国新能源领域虽然“制造环节过热”，但基础性研发、终端应用环节的投入与政策安排明显滞后。特别是要对新能源等行业的薄弱环节加强政策引导。要规范发展风电，推进太阳能电站建设，支持生物质能利用，搞好新能源汽车研发和应用，显著提高新能源和可再生能源在中国能源消费中的比重。

三是抓紧治理部分产业的“产能过剩”问题。要提高产业进入标准，鼓励产业升级。考虑到各产业已经出台了相应的振兴规划。为了保证政府政策的权威性，可以在政策实施细则上进行调整。

（执笔人：王云平）

参考文献

1. 国家统计局网站（http://www.stats.gov.cn/）。

2. 江泽民：《新时期中国信息技术产业的发展》，《上海交通大学学报》2008 年第 10 期。

3. 江泽民：《中国能源问题研究》，上海交通大学出版社 2008 年版。

4. 李克强：《保持经济平稳较快发展》（政协第十一届全国委员会常务委员会第六次会议开幕式上的报告），《求是》2009 年第 15 期。

5. 王昌林：《推动第一、第二、第三产业协同带动经济增长的思路和政策建议》（国家发改委宏观院学习十七大重点课题），2008 年。

分报告二

国际金融危机背景下中国农业发展的思路及对策研究

内容提要：在此次国际金融危机形成与转化过程中，中国农业总体表现稳健，取得了持续向好的发展局面，但其增速回升势头也明显受到抑制。国内部分开放程度高的农产品出口严重受阻、内销趋缓；部分进口比重高的农产品价格持续下跌，农业生产效益明显下滑；外向型农产品加工业发展放缓，企业亏损严重。未来一段时期，中国农业发展既面临耕地、淡水资源约束趋紧、气候变化加剧等传统因素的制约，还将面临金融危机带来的诸多新挑战，稳定农业生产、促进农民增收的难度明显加大。但是，金融危机背景下中国农业发展的机遇也是前所未有的。当前，应把迎接金融危机挑战与着眼产业长远发展结合起来，在政策取向上坚持“大稳定、小调整”，以政策微调为主，短期内要加快建立中国农产品技术贸易措施体系，完善农产品最低收购价办法，培育和发展农村经纪人，建立国家农业安全保障体系；中长期内要继续完善农业补贴制度和农产品价格形成机制，建立农产品加工、流通科技服务体系和农资损害赔偿制度，大力发展生物农业。

2008年下半年以来，由美国次贷危机引发的国际金融危机快速席卷全球，给中国经济发展带来诸多负面影响，对农业的冲击不断加深。为应对国际金融危机冲击，防止农业经济出现较大波动，党中央、国务院审时度势，在准确判断国内外形势的基础上，及时出台了一系列有针对性的政策措施，取得了积极成效。当前，中国夏粮已经实现连续六年增产、部分农产品价格开始止跌回升、农产品出口降幅逐渐收窄，农业经济运行出现积极变化。但是，国际金融危机的影响仍在延续，外围经济走势尚不明朗，中国经济发展面临的不确定、不稳定因素还很多，加之土地、淡水资源约束趋紧，自然灾害加重发生，农业不排除未来遭受更大冲击的可能。为此，必须充分认识国际金融危机对中国农业发展的潜在威胁，做好长期应对危机的准备，进一步采取针对性更强、更有力的政策举措，稳定农业发展，促进农民增收。

一、当前国际金融危机对中国农业发展的影响

农业是国民经济的基础产业，农产品收入需求弹性总体较低，与其他产业相比，抵御经济周期波动的能力较强。在此次危机形成与转化过程中，中国农业总体表现比较稳健，取得了持续向好的发展局面，但其增速阶段性回升势头受到一定抑制。部分行业和产品受到较大冲击，产品出口严重受阻、内销趋缓，价格持续下跌，农业生产效益明显下滑，加工企业亏损严重，继续保持农业稳定发展、农民持续增收的难度加大。

（一）农业发展受到一定冲击，增速回升势头受到抑制

近年来，在国家“一揽子”强农惠农政策的有力推动下，中国农业保

持了持续稳步发展态势（见图 2—1）。到 2008 年，中国第一产业增加值达 34000 亿元，同比增长 5.5%，较 2001 年增加 18218.7 亿元，年均增长率达 4.2%（按 1978 年价格计算）。尽管农业增速总体保持平稳，但年度间差异较为明显。自 2004 年以来，中国农业增速进入新一轮周期的回落阶段，增长率从 2004 年的 6.3%逐年下降至 2007 年的 3.7%，到 2008 年上半年，增长率仍同比减少 0.5 个百分点。2008 年第三季度后，农业进入增速回升通道，全年增加值增长率比 2007 年高出 1.8 个百分点（见表 2—1）。但是，2009 年以来，受国际金融危机影响，中国农业增长势头受挫，第一季度、上半年和前三季度农业增加值增长率分别比 2004～2007 年同期平均增长率低 1 个、1 个和 1.7 个百分点。由此可见，尽管此次金融危机对中国农业的总体冲击不大，但农业增速回升的势头明显受到抑制。

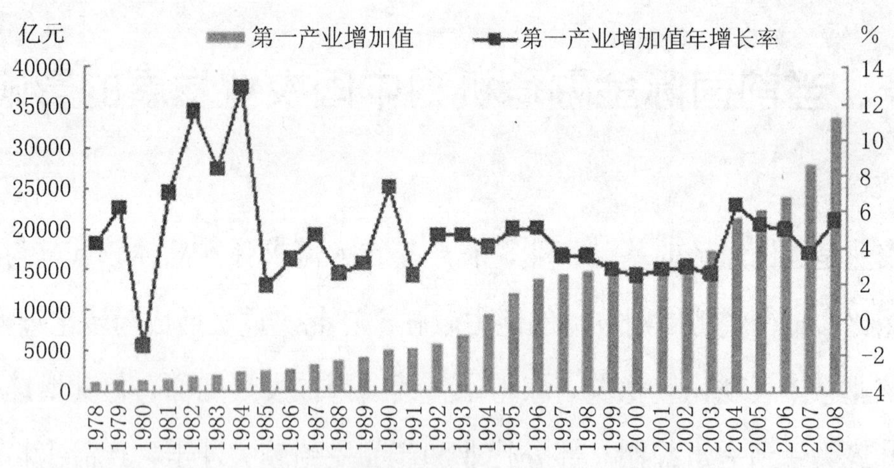

图 2—1　1978～2008 年中国第一产业增加值及指数

注：生产总值按现价计算，增长率按不变价格计算。

资料来源：中国统计信息网、国家统计局（表 2—1 同）。

表 2—1　2004～2009 年中国第一产业增加值按季比上年同期实际增长

单位：%

年份	第一季度	上半年	前三季度	全　年
2004	4.5	4.9	5.5	6.3
2005	4.5	5.0	8.0	5.2
2006	4.5	5.1	4.9	5.0
2007	4.4	4.0	4.3	3.7
2008	2.8	3.5	4.5	5.5
2009	3.5	3.8	4.0	

（二）出口比重高的农产品内外需紧缩“双碰头”，出口严重受阻、内销趋缓

2008 年第四季度以来，受金融危机收入效应、价格效应以及贸易保护主义“抬头”等因素共同叠加影响，中国部分出口比重较高的农产品外需急剧萎缩，出口严重受阻。2008 年，中国农产品出口额 405.0 亿美元，同比增长 9.4%，增速比上年回落 8.5 个百分点。扣除价格因素，2008 年中国农业（按国民经济行业分类）实际出口量降幅大于 20%，11 月份和 12 月份降幅更是超过 30%。[①] 2009 年以来，中国农产品出口降幅呈收窄趋势，但出口总体下滑态势仍没有发生根本性逆转。1～10 月，中国农产品累计出口额 310.2 亿美元，同比下降 5.9%。其中，2 月份出口额 21.6 亿美元，环比下降 31.3%，同比下降 16.8%，创近两年来新低（见图 2—2）。分产品看，2009 年 1～9 月，中国谷物出口 96.6 万吨，同比下降 37.4%；大米出口 56.1 万吨，同比下降 31.1%；玉米出口 8.6 万吨，同比下降 48.3%；棉花出口 8311.5 吨，同比下降 45.5%；食用油子出口 85.7 万吨，同比下降

① 中华人民共和国海关总署：《2008 年中国农产品出口增幅明显回落短期内出口刺激政策提振作用有限》，中国海关（http://www.customs.gov.cn）2009 年 2 月 11 日。

7.6%；食用植物油出口7.1万吨，同比下降62.5%。[①]

在传统农产品出口呈现增长放缓或负增长的同时，中国部分优势农产品的出口增长也明显乏力。2008年，中国蔬菜出口额64.4亿美元，同比增长3.7%，增速回落10.8个百分点；水果出口额42.3亿美元，同比增长12.8%，增速回落38.6个百分点；畜产品出口额43.9亿美元，同比增长8.5%，增速回落0.2个百分点。2009年前三季度，部分优势农产品出口增速下滑的势头仍在持续。1～9月，中国水果出口额26.2亿美元，同比下降15.2%；畜产品出口额28.3亿美元，同比下降13.5%。

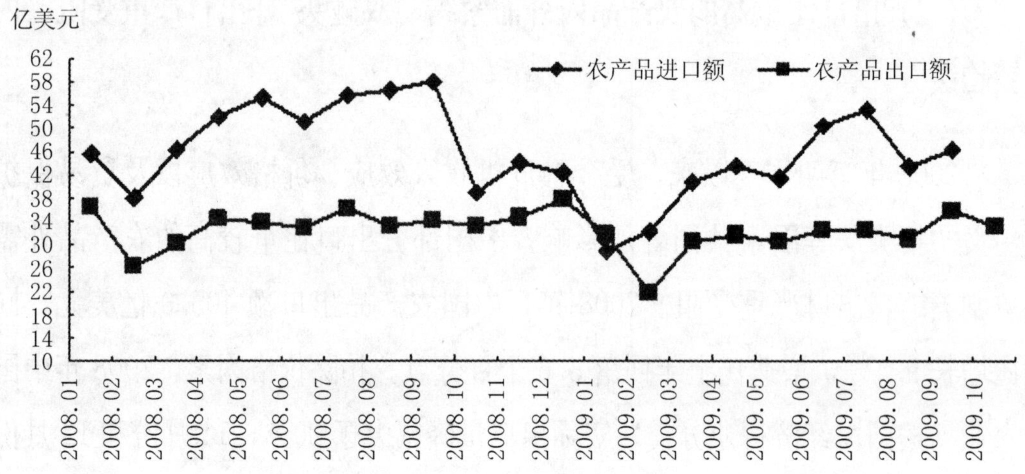

图2—2　2008年1月～2009年10月中国农产品月度进出口额

资料来源：根据国家海关相关数据计算所得。

国际金融危机对农产品出口的影响主要有三个方面：首先，金融危机使世界主要发达经济体陷入衰退，进口收入需求效应显现，中国农产品外需减弱。随着金融危机的扩散和深化，主要发达国家经济先后经历了不同程度的衰退过程。据相关数据显示，2009年美国第一季度GDP按年率计算

① 农业部：《2009年1～9月中国农产品进出口情况》，中国农业信息网（http://202.127.45.50）2009年11月4日。

下滑 6.1%，第二季度下滑 1%，连续四个季度出现负增长；欧元区经济 2009 年第一季度同比下降了 4.9%，第二季度虽然出现向好迹象，但同比仍然下降了 4.7%。[①] 日本经济 2008 年第四季度增长－12.1%，2009 年第一季度环比又下降了 15.2%，下滑幅度之深创战后纪录。由于经济增长减速，居民家庭收入减少、购买力下降，消费者信心减弱，影响到以农产品为主的食品消费支出，导致中国农产品出口企业订单减少、推迟或取消，出口受到严重抑制。其次，金融危机推动人民币升值，产生出口价格效应，中国出口农产品竞争力下降。在此次金融危机爆发前，人民币已经处于持续升值中，金融危机加速了人民币升值步伐。据国际清算银行（BIS）公布的数据，2007 年人民币实际有效汇率升值 5.1%，2008 年升值幅度高达 12.7%，2009 年 2 月份人民币实际有效汇率指数为 117.8，环比升值 6.8%。进入 3 月份以来，人民币实际有效汇率持续微贬，但人民币自 2008 年 6 月以来实际汇率升幅仍超过 10%，如果从 2007 年 12 月开始计算，升幅几乎达到了 18%。[②] 人民币快速升值，削弱了中国农产品的国际竞争力，挤压了农产品出口企业利润空间，给出口企业造成巨大压力。最后，国际贸易保护主义抬头，农产品贸易壁垒增加，出口外部环境恶化。随着金融危机的蔓延，一些国家以经济安全和保护本国产业为由，对国外进口农产品设置了各种贸易壁垒，国际贸易保护主义渐显抬头之势，造成中国农产品出口环境进一步恶化。据商务部统计，2009 年前三季度，共有 19 个国家（地区）向中国发起 88 起贸易救济调查，涉案总额约 102 亿美元，同比分别增长 29%和 125%。3 月份，美国通过了 2009 年综合拨款法案，其中第 727 条款规定任何拨款不得用于进口中国的禽肉产品；欧盟在 1 月份恢复了奶产

---

① 尚军：《欧元区经济下滑速度第二季度明显放缓》，新华网（http://news.xinhuanet.com）2009 年 9 月 2 日。

② 马骏骎：《3 月人民币实际有效汇率贬值 0.75%》，每日经济新闻（http://www.nbd.com.cn）2009 年 4 月 17 日。

品出口补贴，在中止一年半后又重新向奶农提供补贴。中国农产品出口的难度明显加大。

此次金融危机不仅造成中国农产品外需减弱、出口受阻，对农产品内需的影响也不容忽视。受金融危机影响，中国经济增长明显减速，居民收入增速减缓、不确定性增大，居民消费意愿有所减弱。2008 年 9 月以来，中国居民消费信心指数、满意指数、预期指数均经历了一个比较明显的下降过程（见图 2—3），近期虽然企稳回升势头明显，但消费者信心完全恢复仍有待时日。面临收入与支出的不确定性，居民消费需求缩减，势必选择更多地储蓄而减少即期消费。以城镇居民为例，据央行“第一季度全国城镇储户问卷调查”显示，在当前物价和利率水平下，认为“更多消费（包括借债消费）”最合算的居民人数占比仅为 28.6%，较上季和上年同期分别下降 0.9 个百分点和 1.8 个百分点。农产品大多属于生活必需品，收入消费弹性较小，受到的冲击相对有限，但内需缩减产生的负面影响仍不能小视。自 2008 年下半年以来，中国不少地区的主产农产品均出现了卖难问题，如浙

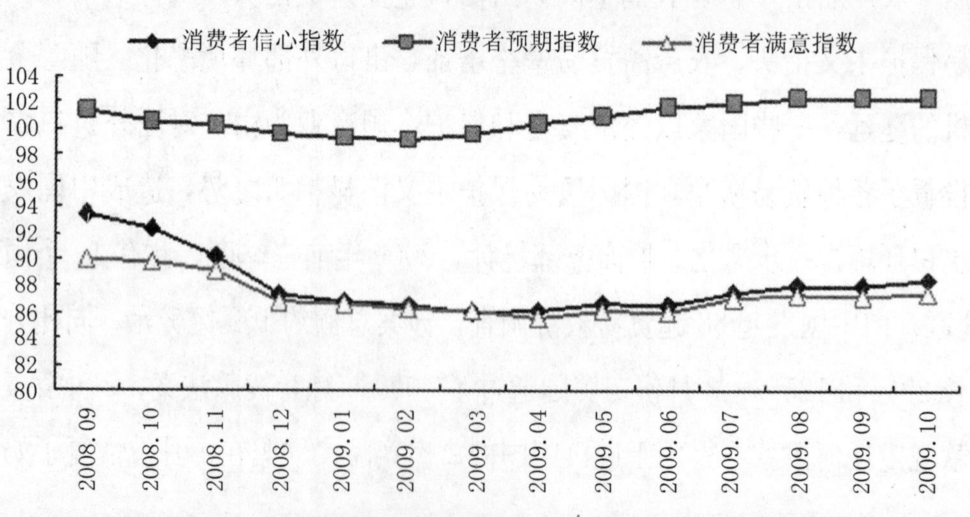

图 2—3 中国消费者信心指数、满意指数、预期指数

资料来源：国家统计局。

江的柑橘、山东的白菜、贵州的西红柿、宁夏的马铃薯都出现了不同程度的积压滞销现象，给农民造成巨大的损失。

（三）进口比重高的农产品价格大幅下跌，农业生产收益下降明显

受国际金融危机影响，国内外市场需求不振，中国部分农产品价格持续下跌。据农业部监测，2008 年 9 月份以来，国内多数农产品价格均由前期的持续上涨转为掉头下行。10 月份全国 31 种农产品中有 30 种价格出现不同程度下跌，11 月份又有 27 种进一步下跌。进入 2009 年后，部分农产品价格开始止跌回升，[①] 但价格整体走低的趋势仍没有根本扭转，一些进口比重高的农产品价格下行压力较大。到 8 月份，在农业部重点监测的 58 种农产品中，有 28 种价格比年初有所上升，但有 30 种价格均出现不同程度下降。另据国家统计局数据，2009 年前三季度，中国农产品生产价格总指数同比下降 5.0%。其中，第一季度下降 5.9%，第二季度下降 6.6%，第三季度下降 2.7%。林业、畜牧业和渔业产品生产价格分别下跌 8.8%、12.3%、2.2%（见图 2—4）。

分品种看，大豆和油料价格大幅下滑。自 2008 年第四季度以来，中国大豆和油料价格开始出现大幅下滑。虽然近期价格在长时间低迷后有所回升，但目前的价格水平仍较 2008 年同期低。2009 年 10 月，全国主要粮油批发市场三级大豆平均价格为 3634.21 元/吨，同比下跌 3.7%；二级花生仁平均价格为 7167.5 元/吨，同比下跌 3.9%；一级菜子油平均价格为 8000 元/吨，同比下跌 12.9%；一级豆油平均价格为 7700 元/吨，同比下跌 14.6%（见图 2—5）。

---

① 近期，中国猪肉价格连续数周持续上涨，从而引发了市场关于新一轮通胀的担忧。需要注意的是，生猪产业外向度较低，生猪及其猪肉制品的进出口占国内市场需求的比重很低，生猪价格主要受国内供求平衡的影响，国际金融危机对生猪价格很少有直接影响。目前猪肉价格的上升只是前期连续下跌后的恢复性上涨，市场供大于求的局面还没有根本缓解，因此，不会推动 CPI 大涨甚至引发通胀。

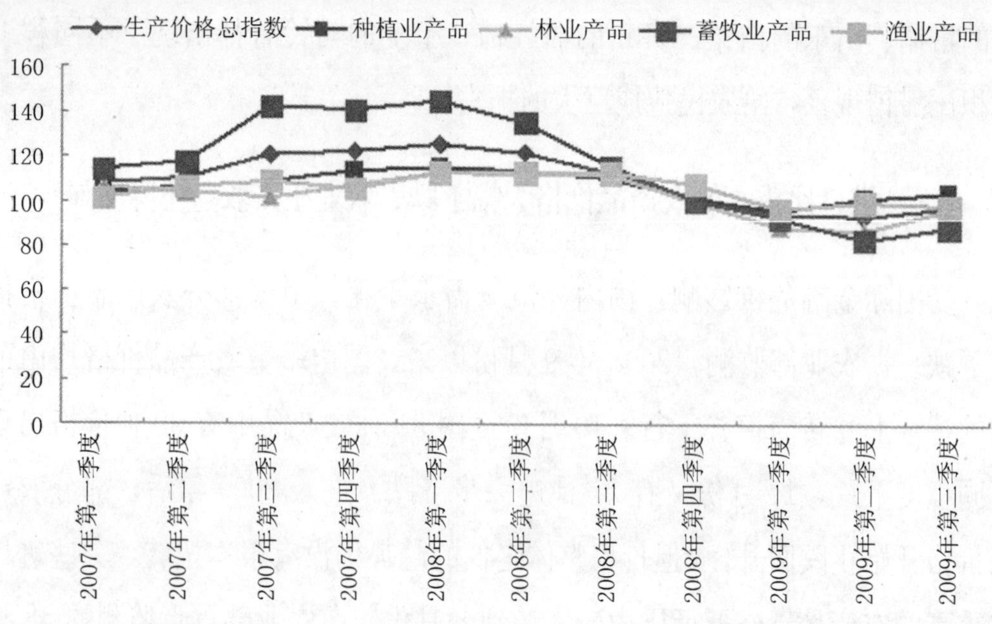

图 2—4 中国农产品生产价格指数（上年同期＝100，当季）

资料来源：国家统计局。

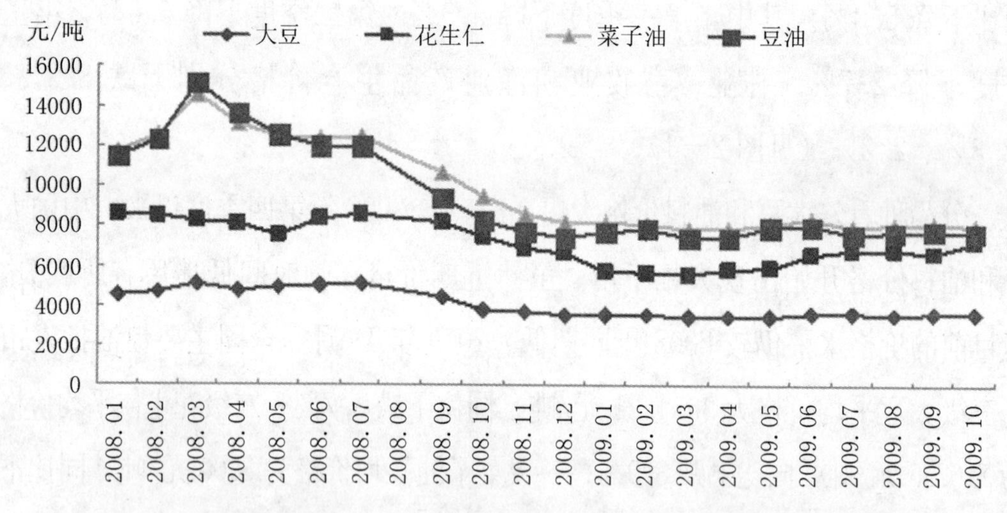

图 2—5 2008 年 1 月以来中国大豆、花生仁和油料价格

资料来源：郑州粮食批发市场中国粮油市场分析报告（2008 年 1 月～2009 年 10 月）。

棉花价格出现明显下跌。受国际金融危机影响，下游纺织业出口受阻、产销低迷，国内棉花价格在 2008 年第四季度出现明显下跌（见图 2—6）。

到2008年12月，中国棉花价格指数（CC Index）为10845元/吨，较2007年同期下降2685元，较同年8月份下降2740元。2009年以来，在国家宏观调控下，棉花市场止跌回稳，棉花价格逐步回升。截至10月份，中国各级棉花价格已经高于2008年同期水平。

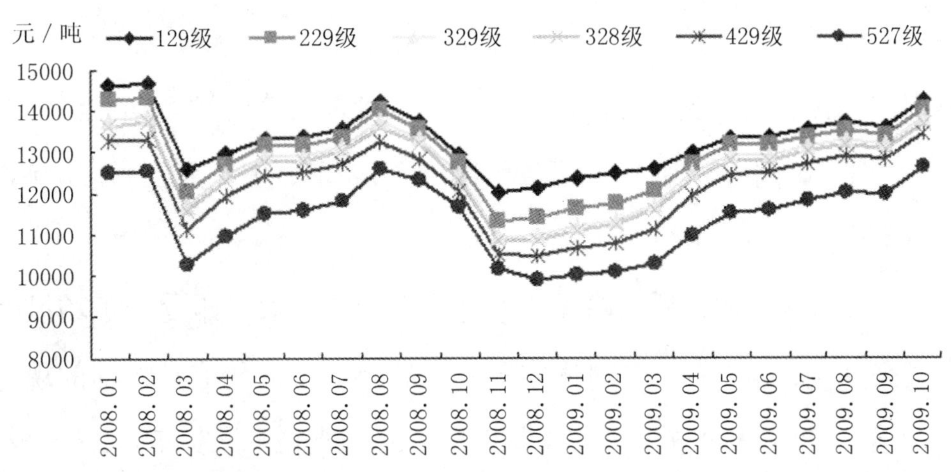

图2—6　2008年以来中国棉花价格走势图

资料来源：2008年以来各月《中国棉花价格指数月度报告》。

果汁价格大幅下行。第一季度，中国浓缩苹果汁出口价格由2008年最高时的2000美元/吨下降到了600美元/吨，跌幅达70%。同期，水浓缩果汁类商品出口量同比增长2.1%，但出口金额却同比大幅下降48.1%。海水贝类价格普遍下跌。2009年上半年，中国贝类产品综合平均价格较上年同期下降了11.5%，监测的7个品种的贝类产品价格全部低于上年同期，5个品种价格跌幅超过了10%，其中，鲍鱼、扇贝和杂色蛤价格同比分别下降了29.9%、18.7%和17.1%。[①]

中国部分农产品价格大幅下行，既有金融危机、“猪流感”炒作、质量

① 农业部渔业局市场与加工处：《2009年上半年全国水产品批发市场运行情况》，中国星火计划网（http://www.ahsp.org.cn）2009年8月10日。

安全事件等突发因素的影响，也有技术进步、供求关系转变等长期性、趋势性因素的作用，对多数农产品而言，国际金融危机的影响是主因。其一，金融危机造成中国农产品消费需求萎缩，加工制品需求减少，国内农产品市场供大于求的矛盾加剧，推动农产品价格下行。其二，农产品外销市场萎缩，一些外贸企业纷纷加大内销力度，挤占国内市场，企业间相互压价，导致市场价格走低。其三，生物质能源消耗的部分大宗农产品需求减少与多数农产品普遍增产叠加，国际市场大宗农产品价格持续暴跌，低价农产品不断冲击国内市场，对国内市场份额的挤占和市场价格的打压明显，导致部分农产品国内价格快速下跌。

农产品价格大幅下跌，挤压了农业生产收益，农民承受的市场风险和压力越来越大。据农业部农村固定观察点调查，2008 年农户植棉的现金收入为 681.3 元/亩，每亩比上年减少 298.7 元，同比减少 30.5%。受收益下滑影响，农户生产积极性受挫，部分农产品的生产意向明显下降。据农业部农情调度，预计 2009 年全国大豆意向种植面积 1.32 亿亩，比 2008 年减少 400 万亩，下降 2.94%，大豆生产恢复发展的势头可能难以为继；棉花意向种植面积比 2008 年减少近 1000 万亩，降幅达 11.5%；糖料意向种植面积 2710 万亩，比 2008 年减少 67 万亩，下降 2.4%。[①] 由于奶价持续下跌，中国部分地区出现了宰杀奶牛等严重破坏奶业未来生产能力的现象，奶牛非正常淘汰率骤升。据宁夏乳业协会不完全统计，2008 年底，该自治区奶牛存栏量高达 38 万头，但目前已不足 30 万头，非正常淘汰奶牛占 60%以上。[②] 2009 年及今后一个时期，中国农业生产出现较大滑坡的可能性加大，保障农业稳定发展、农产品有效供给面临更加严峻的挑战。

---

① 农业部调研组：《金融危机对中国农业农村经济的影响》，内部资料，2009 年 4 月。

② 郭新志：《西部奶牛宰杀真相调查 收购价低奶农难保本》，中国网（http://www.china.com.cn）2009 年 4 月 23 日。

（四）外向型农产品加工企业效益严重下滑，农业产业转型和农民增收放缓

受金融危机影响，国内外市场需求趋淡、竞争加剧，导致中国农产品加工企业产品销售价格持续走低，经营风险加大，发展严重受阻，部分外向型农产品加工企业效益更是出现大幅下滑。据统计，金融危机发生以来，中国满足工业统计条件[①]的农副食品加工企业主要经济指标增速同比下降。2008年8月，企业产品销售收入14402.56亿元，同比增长41.0%，到2009年5月，企业产品销售收入下降到9454.2亿元，增速回落到13.7%；同期，企业利润总额由622.92亿元下降到了386.9亿元，降幅达37.9%，亏损企业数增加了387个，企业资产增速也明显放缓（见图2—7）。另据调查，目前甘肃省227家出口企业中过半出现亏损，盈利的仅占三成左右，农产品出口企业普遍感到市场萎缩、需求减少、价格下降、销售困难。[②] 吉林省农委统计数据显示，目前该省玉米深加工企业普遍亏损，每加工1吨酒精大约亏损200元，每加工一吨淀粉亏损200～350元，省内较大的深加工企业大多处于半停产状态，实际开工率不足70%。[③]

在国际金融危机背景下，资金短缺是外向型农产品加工企业发展面临的“瓶颈”。由于产品销售困难，资金回笼周期延长，企业库存积压增加，资金占用量明显增加，加之原材料、大宗农产品和人工工资等普遍上涨，企业生产成本增加，企业生产流动资金严重不足；同时，由于企业效益下滑，信贷部门出于放贷风险考虑，进一步缩小贷款额度，严格贷款标准，导致企业贷款周期延长，融资的难度明显加大。据2009年初国家统计局湖

---

① 包括全部国有企业和年销售收入500万元以上的非国有企业。

② 田玥：《受金融危机影响 甘肃省过半农产品出口企业亏损》，每日甘肃网—兰州晨报（http://lzcb.gansudaily.com.cn）2009年8月20日。

③ 郭春爱：《政策与需求博弈 玉米市场谁主沉浮》，中华粮网（http://www.cngrain.com）2009年5月11日。

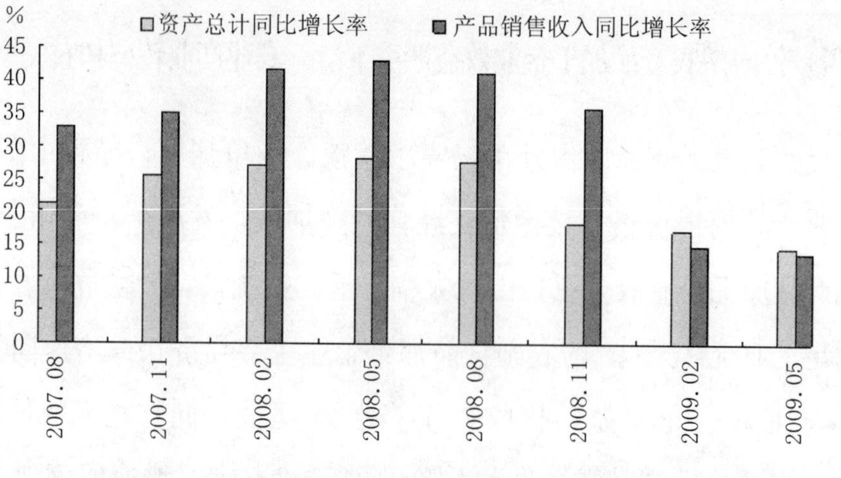

图 2—7　中国农副食品加工业资产和产品销售收入增长率

资料来源：中经网统计数据库。

州调查队的抽样调查，2008 年，该市 31 家农产品加工企业中，有 48.4%的企业出现流动资金紧张，有 87.0%的企业反映融资困难，41.9%的企业认为资金短缺是企业最迫切需要解决的问题。①

农产品加工业发展受阻，直接影响到中国农业产业转型和农民增收。一是企业投资意愿和能力下降，导致现代要素投入减少。在市场前景看淡、成本上升、效益下滑的情况下，投资者的信心不足，不少农产品加工企业投资意愿和能力下降，在技术改造投资上更加谨慎，被迫放缓或停止既定的技改或基地建设项目，对产品生产、销售环节的投资也有所减少，造成产能利用率低，也影响新产品的开发。以江苏省泰州市为例，2008 年该市 20 家重点农业龙头企业完成技改投入 2.42 亿元，同比增长 23%，增幅同比回落了 7 个百分点；2009 年 1 月份完成技改投入 1072 万元，同比下降 32%，回落了 50 个百分点。② 二是龙头企业带动能力减弱，契约

① 湖州市统计局：《湖州市农产品加工企业调查分析》，湖州人民政府网（http://xxgk.huzhou.gov.cn）2009 年 5 月 4 日。

② 全国农村经济动态监测点江苏省泰州市发展改革委：《泰州市关于金融危机对农业产业化重点龙头企业影响》，国家发改委农村经济司网站（http://njs.ndrc.gov.cn）2009 年 4 月 15 日。

农户农业经营收入下降。农户是农业产业化经营的利益主体。受金融危机影响，龙头企业效益下滑，危机很快沿着产业链向签约农户传递。龙头企业发展遇阻，对农产品的加工需求减少，履约能力下降，企业违约风险加大，影响到签约农户的产品销售；加工农产品价格下滑，拉低了农产品收购价格，造成农户农业收入下降。三是企业减薪裁员，农民的工资性收入减少。由于效益下滑，许多加工企业开工不足甚至关停倒闭，用工总量下降，影响到农民工就业，造成农民工资性收入减少。江苏泰州市20家重点农业龙头企业2008年农产品收购总额、支付工资总额与2007年基本持平，但10月份以后开始回落，2009年1月份同比分别下降了12%和16%。[①]

二、金融危机背景下主要国家和中国农业发展的政策经验

1637年发生于荷兰的郁金香投机泡沫，是人类历史上第一次有记载的金融泡沫。随后，金融危机不断发生，成为各国经济发展始终无法摆脱的“梦魇”。农业是国民经济的基础产业，为应对金融危机对农业发展的冲击，各国政府长期致力于通过反周期措施来刺激农业经济复苏，积累了一些成功的经验，认真总结这些经验，对准确评估当前中国各项农业政策措施的效果具有重要意义。

① 全国农村经济动态监测点江苏省泰州市发展改革委：《泰州市关于金融危机对农业产业化重点龙头企业影响》，国家发改委农村经济司网站（http://njs.ndrc.gov.cn）2009年4月15日。

（一）重视发挥政府在反经济周期中的关键性作用，通过政府干预和救助促进农业恢复性发展

历史经验表明，市场本身并不具有绝对的自我调整能力，在金融市场和经济体系发生危机时，政府干预是恢复市场功能、重建资源配置机制和促进经济复苏的必要手段。农业是基础产业，同样也是相对弱质产业，在历次金融危机中，不论是发达国家还是发展中国家，都非常重视对农业的干预和救助。其中，最为典型的是美国的“罗斯福新政”。大萧条时期，美国农产品价格暴跌，农民损失惨重，农业遭受了沉重打击。从1928年9月到1932年9月，美国农产品生产者价格平均降低58%，其中，谷物下跌69%，棉花下跌61%，肉畜下跌58%。[①] 农场主平均净收入从1929年的692美元降到了1933年的288美元。[②] 面对严重的农业危机，罗斯福政府放弃了自由放任政策，在上台执政后就促使国会通过了《农业救济与通货膨胀法》，该法案主要针对农产品过剩问题，通过缩减播种面积和牲畜总数，限制农产品产量，并由联邦剩余商品公司负责收购全部未能售出的农产品，以恢复农产品的平等价格，提高农民的购买力。同时，罗斯福政府还制定实施了一系列其他保护和支持农业的政策法规，包括建立农业信贷支持体系、农业保险体系等。这些危机应对措施取得了明显的效果，使农产品价格逐步提高，农民净收入不断增加。1932年美国农业收入为45亿美元，1935年上升到69亿美元，农场主的生活水平依据平价水准衡量提高了1/3。[③]在亚洲金融危机中，泰国政府及时采取了一系列措施来刺激农业复苏，使农业部门在遭遇较大冲击后很快得以恢复发展。这些政策包括：改革农业部门债务结构，建立出口导向的综合农业区，加强农业技术的研究

① 童有好：《美国三十年代农场主收入下降问题与对策》，《桂海论丛》2000年第2期。
② 蔡东丽、谢加书：《论罗斯福新政时期的农业立法》，《安徽农业科学》2008年第36期。
③ 余志森：《美国史纲——从殖民地到超级大国》，华东师范大学出版社1992年版。

和推广，加大对进口化肥和农药的价格补贴，实施农产品价格保护政策，促进农业生产发展；实施多元化市场策略，大力发展高附加值农产品加工业，加强农产品出口标准化，促进农产品及农产品加工品的出口；制定促进外资利用的优惠政策，着力解决农产品加工企业资金短缺问题。在亚洲金融危机后，中国农业能够继续保持平稳较快发展，也与政府的支持分不开。为了应对亚洲金融危机的冲击和国内需求不足的局面，1998 年起中国开始实行以增发国债为主要手段的扩张性财政政策，大幅增加财政对“三农”的投入。据统计，1998 年中国财政支农支出从 1997 年的 1289.2 亿元猛增至 1601.7 亿元，增加了 312.54 亿元，增长了 24.24%；1999 年财政支农支出与 1998 年基本持平，为 1639.9 亿元，2000 年继续高速度增长，达到了 1854.1 亿元。同时，国家还于 2000 年率先在安徽省进行农村税费改革试点，随后推广至全国。这些支农政策，使中国农业成功地渡过了亚洲金融危机。在此次金融危机中，各国政府也纷纷加大对农业的扶持，以期帮助农业尽快走出困境。如欧盟委员会近日就宣布，将出资 1780 万欧元帮助欧盟成员国在中国等海外市场推销农产品。从各国农业应对金融危机的政策措施以及效果看，政府的干预和扶持是金融危机背景下实现农业发展最直接、最有效的选择。

（二）加强农业产业结构调整和农产品供给调控，着力提高资源要素的配置效率

从本质上说，金融危机是产业结构性矛盾长期积累和演化而来的。加快产业结构调整，提高生产要素的配置效率，成为各国应对金融危机的重要手段。由于调整需求的难度更大、时间更长，面对金融危机后加剧的农产品供销矛盾，大多数国家选择从调控农产品供给入手，加快农业产业结构调整，以减小金融危机对本国农业的负面冲击，提高农业综合效益。在

大萧条时期，美国主要是通过限制基本农产品产量来调整农产品结构的。针对部分农产品严重过剩的问题，罗斯福政府与农场签订缩减耕地面积的合同，对小麦、玉米、大米、棉花、烟草、牛奶和猪肉7种基本农产品（1934年扩大到裸麦、亚麻、肉类、奶牛、糖等一切主要农产品）的产量加以严格控制。凡是按照政府“按户分配耕地面积计划”自愿减少耕地、限制产量的农户，可以获得农场租金和货币奖金，拒绝签订合同的农场，不得享受政府的贷款和帮助。在亚洲金融危机中，韩国政府大力推动本国农业结构的调整，从而使其农业在遭受较大冲击后很快就呈现恢复性增长。危机发生后，韩国政府极力扩大优势产品的出口，减少劣势农产品的生产。如大力发展优质高效和进口替代的蔬菜、水果和花卉，适当控制畜牧业中饲料报酬率较低的肉牛和奶牛，重点发展饲料报酬率相对较高的肉猪和鸡。政府鼓励农户杀牛，不仅免征屠宰税，还按其淘汰牛的头数给予一定的补贴。1999年，韩国的肉牛和奶牛的饲养量分别比1996年分别减少了31.4%和31.8%，肉猪和鸡的饲养量分别增加了20.7%和14.2%。[①] 为了应对亚洲金融危机对农业的冲击，1998年以后，中国政府明确要求将战略性结构调整作为农业和农村经济工作的中心任务，把提高农产品质量、发展适销对路的优质专用农产品作为农业结构调整重点，取得了明显的成效。据农村固定观察点跟踪调查数据，1999～2002年的4年间，全国小麦、稻谷和棉花播种面积调减幅度分别达到了21.4%、15.7%、20.1%，玉米、大豆、油料、糖料和烟草播种面积分别增长了10.4%、3.7%、23.6%、17.4%和101.1%；水产品、奶类、禽蛋、牛羊肉产量大幅度增长，其中，牛羊肉产量由调整初期的人均2.3公斤，增加到3.3公斤，增幅为45%。[②] 国家及时有效地调整农业产业结构，使中国农业成功克服了金融危机的不利影响，

① 张忠根、方志伟：《市场开放中的韩国农业结构调整及其对中国的启示》，《农业经济问题》2002年第5期。

② 关锐捷、魏旭：《农业结构调整八大成效》，《经济参考报》2003年2月14日。

实现了平稳较快发展。

（三）加大政府转移支付力度，努力提振农产品国内消费

不论是古典危机还是当代危机，都是一种生产过剩危机。但是，在相当程度上，生产过剩都是相对的，是收入分配不合理导致社会成员的消费需求相对于社会总供给能力过低。为此，在金融危机背景下，加强政府转移支付，增加低收入人群的收入，成为不少国家提振农产品消费，缓解社会危机的常见做法。美国向低收入人群发放食物和食品券的做法就是这方面的典型。在大萧条时期，美国农产品严重过剩，农场主被迫销毁过剩的农产品，大量的粮食、棉花被就地销毁，牛奶被倒入河海。但同时，国内却有千百万的贫困人口处于忍饥挨饿状态。为了解决这一矛盾，罗斯福政府于1933年10月专门成立了联邦剩余产品救济公司，负责向低收入家庭和穷人发放食物。1939年5月，开始推行食品券计划。食品券的发行持续了四年，一次性或多次性受惠的人累计达到2000万人，覆盖了美国将近一半的县（郡），总计耗资2.62亿美元。食品券计划不仅缓和了美国国内社会矛盾，而且使许多农场主免予破产。在此次金融危机中，为了救助受经济衰退冲击最大的人群，在奥巴马政府出台的经济刺激计划中，就包含提供200亿美元用于向低收入者发放食品券的资金支持。从2009年4月份开始，食品券福利临时提高13%，每个四口之家每月可获得80美元。政府发放食品券、现金补贴等，加大转移支付力度，有利于扩大农产品需求，缓和国内社会矛盾。但是，这些措施只是短期的尝试，其作用不应过分放大。要从根本上提振农产品消费，还在于大力创造就业机会，加快医疗、教育、养老体制改革，减少居民收入与消费支出的不确定性。

（四）加强农业信贷和保险服务，降低农业经营的风险和压力

在金融危机背景下，部分农业生产者获得贷款更加困难，债务负担加

重，势必相应减少农业生产投资，造成生产的波动性加剧。为了减小金融危机对农业生产的负面冲击，保持农业的稳定性，加强农业信贷和保险服务，降低农业生产者的负担和经营风险成为各国常见的做法。以大萧条时期的美国为例，1933 年 6 月，美国国会通过了《农场信贷法》，该法授权建立 12 家地区合作社银行和 1 家中央合作社银行，专门向合作社提供贷款；建立 12 家生产信贷公司，以便农场主通过它们从联邦中间信贷银行获得生产贷款。同年，成立了农产品信贷公司，主要向广大的农场主发放无追索权的农业贷款（即农作物抵押贷款）。1935 年，成立了农场主家庭管理局，为农业生产者提供低息贷款，包括农场经营、防灾和救灾、土地改良、水土资源保护和灌溉设施建设等所需贷款。在农业保险方面，美国政府于 1938 年颁布了《农作物保险法》，并拨款 1 亿美元组建了联邦作物保险公司，最初被保险的农作物只有小麦，随后扩大到棉花、玉米、亚麻等。亚洲金融危机后，泰国政府实施了债务减免计划，并向每一个村庄提供超过两万美元的小型贷款；韩国政府颁布了《农业农村基本法》，采取延长贷款偿还期、降低农业贷款利率等措施，加大对农业生产者的扶持。这些措施的实施，使泰国和韩国农业在短期内就得到了较快恢复。

（五）加快科技创新培育新的经济增长点，抢占后金融危机时期农业发展高地

金融危机是挑战也是机遇。人类发展的历史表明，每一次大的危机，都会催生重大科技创新。面对经济发展减速、失业人口增加、社会动荡加剧的经济社会形势，许多国家纷纷加大新技术研发力度，培育新的经济增长点，以此推动金融危机出现转机，促进经济的恢复和发展。1857 年的全球经济危机，推动了以电气革命为标志的第二次技术革命，19 世纪 60 年代后，有线电报、电话、无线电话等一大批新技术相继问世；1929 年的世界经济危机，引发了以电子、航空航天和核能等先进技术为标志的第三次技术革命，新技术的迅速推广应用极大地提高了人类社会劳动生产率；20世纪70年代的石油危机，催生了节能、环保型技术的出现，使新兴的节能环保型产业迅速崛起。这些新技术在农业领域的应用先后推动了石油农业、生态农业、生物农业等农业新兴产业形态的出现，成为带领农业走出金融危机困境、加快现代化转型的重要动力。在此次国际金融危机中，生物产业成为各国经济发展的一个亮点。当前，由生物技术引领的新科技革命正在加速形成，生物产业有望成为新的经济增长点。大力发展包括生物农业在内的生物产业已成为当前世界主要国家应对金融危机、抢占未来经济发展制高点的重要措施。

三、当前金融危机背景下中国农业发展面临的机遇和挑战

在当前金融危机背景下，中国农业发展面临着诸多机遇和挑战，认清这些机遇和挑战，对我们准确研判未来中国农业发展走势，并出台新的、针对性更强的农业政策，促进农业的恢复性发展十分必要。

（一）机遇

1. 国家密集出台“一揽子”强农惠农政策，农业发展的政策环境空前宽松

巩固和加强农业是应对金融危机和其他困难的基础。此次金融危机爆发以来，为了保持农业的稳定发展，国家出台了一系列强农惠农政策。2008年10月，党的十七届三中全会召开，农业改革成为会议的主题，“三农”问题被提到了前所未有的高度。2008年11月，国务院出台了扩大内需

的十项政策，在确定的4万亿元投资计划中，有过半涉农。2009年中央一号文件再次锁定“三农”，从加大农业支持保护、稳定农业生产、建设现代农业物质支撑和服务体系等方面，提出了一系列强农惠农措施，这些措施在惠农的广度和深度上都是空前的。3月27日，国务院召开全国农业和粮食生产工作电视电话会议，决定在2009年预算安排“三农”投入5625亿元的基础上，再增加252.5亿元的投入，主要用于直接补贴给农民，支持农业和粮食生产。4月22日，国务院常务会议又通过了八项扶持农业生产的措施。“一揽子”强农惠农政策的密集出台为中国农业有效应对金融危机、保持稳定发展营造了良好的环境，当前中国农业发展所面临的宽松政策环境是空前的。

2. 金融危机形成市场“倒逼机制”，有利于加速农业产业结构的深度调整

从20世纪70年代末开始，为改变因片面强调“以粮为纲”造成的农业内部结构失调的状况，政府开始有意识地调整农业产业结构。1979年9月党的十一届四中全会通过的《关于加快农业发展若干问题的决定》就明确指出：“要有计划地逐步改变中国目前的农业结构和人们的食物构成，把只重视粮食种植业、忽视经济作物种植业和林业、牧业、副业、渔业的状况改变过来。”要“在抓紧粮食生产的同时，认真抓好棉花、油料、糖料等各项经济作物，实行粮食作物与经济作物并举，农、林、牧、副、渔五业并举。”从此，调整农业产业结构逐渐成为农业政策的关键词。经过30年来的努力，中国农业结构调整取得了积极的成效，农业产业结构渐趋优化。但是，中国长期以来进行的农业产业结构调整基本是在政府主导下进行的，带有浓厚的政府色彩。不少地区的农业结构调整并不是基于农民意愿进行的，而是政府依据自己的意愿，采用行政命令方式展开。这是部分地区农业产业结构调整多有反复或进展缓慢的重要原因。此次金融危机造成中国部分农产品需求萎缩，生产效益下滑，由此倒逼农民按照市场需求调整农产品品种和品质结构，农民作为农业结构调整主体意愿的增强，为政府主导性的农业结构调整向政府与市场手段结合调整转变提供了难得的契机，为中国农业产业结构的深度调整提供了强劲的动力。

3. 金融危机迫使国内外风险投资转向，有利于农业利用内外资的增长

当前全球经济前景尚不明朗，风险仍偏于下行，投资者的投资策略趋于保守，更倾向于选择具有较强防御能力、抗周期性强的行业进行投资。相比其他产业而言，农业生产周期长，大多数农产品需求是刚性的，农业具有较强的抗周期性，因此，投资农业的收益比较稳定，相对比较安全，这为金融危机背景下境内外的投资提供了一个“避风港”。全球金融危机发生后，主要发达国家经济都出现了不同程度的衰退，中国受到的冲击相对较小、经济基本面良好，农业发展较为稳定，加之国家为应对金融危机出台了许多支农、惠农政策，对农业的扶持力度进一步增强，从而使中国农业领域受到国内外资金的青睐。未来包括化肥、农药等生产资料的生产、农业观光、农业食品加工业等领域，都将可能成为境内外投资的热点。据ChinaVenture数据统计，2009年第一季度中国私募股权投资市场披露的12起案例中，农、林、牧、渔业投资案例数为2起，仅次于制造业，投资案例金额11171万美元，超过制造业投资金额，占比达27%。[①]

4. 金融危机推动农民工回流，有利于农村劳动力队伍整体素质的提升

20多年来，农村劳动力的城乡转移有效地改善了中国劳动力利用状况，对中国农村经济乃至整个国民经济的发展都产生了巨大的促进作用。但不容忽视的是，农村劳动力特别是青壮年农民的大量外流，造成一些地区农村劳动力整体素质下降，农业生产力降低。不少地区因劳动力存量不足，出现耕作粗放、弃田撂荒现象，造成土地资源的极大浪费。有知识、懂管

---

① 薛冰：《2009年第一季度中国私募股权投资市场研究报告》，投资中国（http://report.chinaventure.com.cn）2009年4月8日。

理、会经营的新型农民缺乏，直接制约了中国农业的现代化转型。近年来，中国农村劳动力城乡转移已经接近拐点，部分农民工退出城市劳动市场返乡，但总体规模不大。此次金融危机导致部分沿海地区企业裁员甚至倒闭，用工需求减少，返乡农民工数量短期内快速增长。大量返乡农民工无法顺利就业，造成农民收入减少，农村社会管理压力加大。但是，返乡农民工也为中国农业发展提供了机遇。虽然返乡农民工中不乏年龄偏大、缺乏技能者，但也不缺少创业人才。这部分农民工经过闯荡的历练，开阔了视野、增长了见识、转变了观念、学到了技术，他们不仅弥补了农村劳动力缺口，而且在返乡的同时将技术、资本、知识、观念等带回家乡，还有利于提升了农村劳动力的整体素质，为中国新农村建设注入新活力。如果能合理引导这部分农民工投身于现代农业发展，他们就有可能成为改造传统农业、建设社会主义新农村的宝贵人力资源。①

5. 金融危机使各种生产要素重新洗牌，有利于中国引进核心技术和高端人才

金融危机是对包括资本、技术、人力等在内的各种生产要素的一次刚性调整，这为中国引进国外先进技术和优秀人才提供了难得的机遇。长期以来，发达国家出于各种目的对技术出口进行严格管制，一些核心关键技术很难通过正常的贸易得到。这是因为，核心技术意味着技术霸权、市场霸权甚至是话语霸权，已经成为许多国家控制市场和资源的主要手段。虽然全球化进程在日益加快，国际间的技术交流日益增多，但发达国家的技术管制不仅没有放松，反倒更加强化。金融危机发生后，发达国家科研资金出现紧张，出于提振经济、扩大内需的诉求，出售技术的意向增强，技

① 近年来，返乡农民工已经成为各地农村经济发展的重要力量。据 2006 年农业部乡镇企业局统计，全国累计有 1.2 亿农村劳动力外出务工，同时有近 500 万农民工回到农村发展现代农业、开办工商企业，兴办的企业总数约占全国乡镇企业总数的 1/5。此次国际金融危机发生以来，中国各地也出现了不少返乡农民工投资发展现代农业的典型。具体可以参阅相关文献报道，在此不再赘述。

术出口管制有所松动，这为我们掌握和控制一批国外核心关键技术提供了可能。当前中国农业科技自主创新能力明显不足，许多农业核心技术、关键技术仍需要从国外大量引进，一些农产品品种和重大农业装备还主要依赖进口，此次金融危机为中国以更低的代价获得这些农业技术和设备创造了难得的机遇和条件。同时，国际金融危机还为我们提供了吸引人才特别是欧美高端农业人才的重要契机。危机使世界主要经济体增速放缓甚至出现衰退，一些大企业纷纷裁员或倒闭，国际就业市场萎缩，大量高端技术人才需要寻找新的出路，由于中国经济所受的冲击相对较小，而且长期以来对高端农业人才存在较大的需求，更多的海外人才把目光投向中国，这为我们吸纳国外高端农业技术人才提供了机会。如果能够在当前危机中多吸引和储备一些优秀农业人才，将有利于加速中国农业的恢复性增长并大幅提升国际竞争力。

（二）挑战

1. 金融危机增加了全球粮食供求形势和价格走势的不确定性，中国粮食宏观调控和粮食安全面临的形势更加复杂

受金融危机影响，当前中国粮食供求和价格形势面临的不确定因素增多，未来走势存在很大的不确定性。一方面，金融危机导致短期内粮食供大于求的矛盾更加突出，粮食价格下行压力加大。由于国际和国内粮食产量普遍增产，市场供求关系由产小于需转变为产大于需，阶段性供过于求的特征比较明显。同时，金融危机导致能源价格和消费者信心下降，国际市场对粮食特别是其加工制成品需求的减少，投机性资金大量撤离国际粮食市场，投资炒作因素推动粮价上涨的作用弱化，加之粮食贸易商融资难度加大，导致其推迟粮食采购，上述因素共同推动市场粮价下跌。另一方面，金融危机导致信贷收紧，粮食生产者获得生产所需贷款难度加大，这

会影响下一年度粮食生产的投入，给粮食生产前景增加了很大的不确定性。国家为了保护种粮农民利益，促进粮食生产稳定发展，大幅度提高了稻谷和小麦的最低收购价格，这是支撑粮价上涨的政策面因素。当前，中国粮食调控既要抑制粮价大幅下行，避免出现“谷贱伤农”，在连续5年增产的高基数上，进一步做到稳粮增收，还要防止因国内外粮食价格倒挂引发的过度进口对国内市场产生严重冲击，粮食宏观调控的难度很大，保障粮食安全面临更加严峻的挑战。

2. 国内农产品价格下行压力持续加大，维持农业高投入成本与高产出价格的“两高”组合发展模式的难度越来越大

改革开放以来，为了弥补农资价格上升而增加的成本支出，调动农民生产积极性，增加农民收入，国家曾几次大幅度提高农产品的收购价格。1979年，国家同时提高了18种农副产品的收购价格，平均提价幅度达24.8%；1994年和1996年，国家又两次提高了农副产品收购价格，提价幅度达40%。但是，在每次国家提高农产品收购价后，中国农业生产资料价格也会相应出现上涨，从而推动农业生产成本不断升高。农产品提价带给农民的收益，大部分被生产成本上涨所侵蚀。农产品收购价格上升的增收效益抵不过农业投入上涨的减收效益。为了保证农民的基本收益，农产品收购价格被迫不断推高。农业发展陷入“成本上升—提价—成本再上升—再提价”的死循环。此次国际金融危机爆发后，一度被国际投机资金热炒的粮食、油料等大宗农产品价格顺势快速下跌，加之美元贬值，许多国际农产品价格在低位运行。同时，中国却先后提高了小麦、稻谷、油菜子等农产品的最低收购价。其中，白麦、红麦和混合麦最低收购价比上年分别提高0.10元/斤、0.11元/斤和0.11元/斤，稻谷最低收购价提高约16%。经过多次提价后，当前中国多数农产品的国内价格已经处于高位运行区间，高于国际市场价格。在国际金融危机背景下，今后政府继续大幅度提高农产品收购价的操作空间已经很小，继续维持农业高投入成本与高产出价格的“两高”组合模式难度越来越大。

3. 金融危机导致农产品进口冲击和外资并购加剧，对中国农业产业安全构成严峻挑战

受金融危机影响，国际农产品价格短期内持续走低，这对丰富中国农产品供给、稳定国内价格起到了十分重要的作用，但是，部分外向依存度高的农产品进口激增，打压了农产品国内市场，加大了国内相关产品价格下跌的压力，导致农民生产积极性下降，同时也打乱了国内农业生产布局，对农业产业安全构成了一定威胁。除此之外，外商经营农产品和外资并购境内涉农企业，也对中国农业产业安全构成严峻挑战。金融危机背景下，中国农业领域成为外资关注的焦点，这为中国农业扩大利用外资提供了难得的机遇，但是，一些国家和外资机构借机加快对中国粮油、生猪和乳制品流通加工企业的并购步伐，使中国保护农业产业安全的难度加大。以种子业为例，自2000年中国颁布《种子法》以来，不到十年的时间里，国外公司就控制了中国高端蔬菜种子50%以上的市场份额，几乎涉及所有蔬菜作物。目前，在中国注册的外资（含合资）种子企业已经超过了70家，这些企业正逐步进军大田作物种子市场，这对中国种业安全构成了严峻挑战。

四、国际金融危机背景下中国农业发展的思路及对策措施

当前，国际金融危机的影响仍在延续，世界经济走势尚不明朗，中国经济虽然率先回暖，但回升的势头仍不稳定、不稳固、不平衡。在此背景下，应该充分发挥农业对国民经济的基础性贡献，为抗御金融危机、促进

经济更快更好发展提供支撑。为此，要在准确判断分析当前形势和问题的基础上，以解决农业经济运行中的各种突出矛盾为突破口，合理确定中国农业发展的思路与对策，在保持农业平稳较快发展的同时，加快促进农业产业转型升级。

（一）当前中国农业政策需要处理好的几个突出矛盾

在金融危机背景下，各种矛盾集中凸显和爆发，这无疑大大增加了政府宏观调控的难度。当前，在继续保持各项惠农政策的连续性和稳定性的前提下，应该着力解决好以下几个政策面存在的突出矛盾，进一步完善现有农业政策体系。

1. 补贴粮食作物保障粮食安全与扶持经济作物促增收的矛盾

近年来，为了提高农民种粮积极性，保障国家粮食安全，政府持续加大对粮食种植的补贴，推动了中国粮食连续多年增产。但不容忽视的是，受资金、技术等要素制约，当前农业补贴的增产效应有下降的趋势，部分地区补贴的非农使用还造成财政资金的极大浪费。通过收购和储备环节的补贴间接补贴农民，既造成粮棉油等临时库存不断增加，陈化损失上升，农民实际得到的补贴比重又比较低。然而，在国家不断加大粮食生产补贴的同时，对经济作物种植的扶持还十分有限。在耕地资源一定的情况下，种植业内部粮食作物和经济作物之间存在互竞关系，对粮食作物补贴和扶持力度的持续增加势必在一定程度上压缩经济作物的增产空间。当前，中国粮食连续增产，粮食库存继续增长，但不少地区经济作物种植意向却出现大幅下降趋势，由此可能给农业发展和农民增收带来的负面影响不容低估。相比粮食作物而言，经济作物对农民增收具有更大的贡献，而增收又是扩大消费的基础和前提。在当前金融危机背景下，扩大内需是应对危机的战略选择。要依靠扩大内需来稳固经济回升的基础并促使经济重回快速发展通道，当前必须着力解决好农民增收问题，而大力发展经济作物，就是促进农民增收的重要途径。目前，促进农民增收的任务要比库存持续增长下的稳粮任务显得更为重要。

2. 托市收购保证种植业收益与发展农产品加工业、养殖业的矛盾

为确保农民增产增收，国家对主要农产品采取了托市收购政策。该项政策有利于降低农业生产经营风险，促进粮食和农业生产。但是，在当前金融危机背景下，该项政策对中国农产品加工企业的发展造成了十分不利的影响。政府托市收购政策不仅扭曲了市场价格信号，而且，还增加了农产品加工企业获得原材料的难度和成本。在当前国内外市场农产品价格大幅下行的情况下，政府托市收购价一般高于市场价，二者之间存在较大的价差。如果加工企业以市价收购，企业很难购得满足生产需要的农产品，导致开工不足甚至停产，或只能依靠大量进口低价农产品维持生产。如果加工企业按国家托市价收购，其生产成本会相应增加。在国际金融危机发生之前，农产品加工企业可以通过提高出口产品的价格向国外消费者转嫁生产成本。但是，金融危机爆发后，国外农产品及其加工制品价格走低，农产品加工企业很难通过提价方式转嫁新增成本，由此造成企业的利润空间被压缩甚至出现亏损。对畜牧业发展而言，粮食“价高量少”还加大了畜牧业养殖成本，不利于养殖户增收。概言之，政府托市收购行为在一定程度上“挤出”了市场流通企业和加工企业，政府托市价格主导市场价格，不利于充分发挥市场机制的作用。

3. 农业补贴的短期增产效应与实现农业可持续发展的矛盾

近些年来，国家持续加大对农业的补贴力度，意在调动农民的生产积极性，充分挖掘农业的增产潜力，从实际效果看，农业补贴政策对农业增产、农民增收产生了积极的拉动作用。但从长期看，农业补贴不仅面临边际效应趋减的挑战，而且可能对农业的可持续发展造成一定的负面影响。

欧美发达国家农业发展的经验表明，单纯的农业补贴政策只会加剧农业面源污染和过度开发，不利于农业的可持续性发展。当前，中国农业补贴政策与环保、地力培肥脱节，补贴政策在一定程度上刺激了化肥、农药、农膜等各种农用化学物的使用以及土地的掠夺式利用，不利于防治农业面源污染，保持土地的生产力。在当前金融危机背景下，为了维持农业的稳定发展、促进农民增收，国家势必会继续加大对农业的补贴力度。如果不能充分认识和科学评估农业补贴可能产生的负面影响，及时调整补贴的方式和方向，中国农业的现代化转型和可持续发展就只是空谈。

（二）进一步促进中国农业发展的思路与对策措施

与其他产业相比，中国农业在此次国际金融危机中受到的冲击相对较小。虽然局部地区、部分行业和部分产品受到较大冲击，但中国农业生产、加工和贸易的总体格局并没有发生根本性变化，农业发展面临的基本矛盾没有改变。从世界范围看，金融危机背景下各主要国家的农业政策变动多以微调为主，在农业领域并没有进行大的政策调整。因此，下一步中国农业政策应该坚持“大稳定、小调整”思路，在保持政策总体稳定的情况下，进行局部调整。重点着眼于消除长期以来制约农业发展的矛盾和问题，立足实现三个转变：一是从片面注重粮食增产向注重粮食综合生产能力提高转变，允许粮食产量适度波动，促使粮食供求关系更加均衡；二是从主要关注农民短期利益向注重农民长短期利益相结合转变，提高政府补贴效率，加快建立农民增收的长效机制；三是从重点扶持劳动密集型农业向重点扶持资金、技术密集型农业转变，加快发展现代农业，尽快实现传统农业向现代农业转型。从近期看，要把防止农业生产出现大滑坡、保持农业稳定发展作为首要任务，围绕促外需、扩内需、强基础的基本目标，进一步强化惠农扶农政策，在稳定粮食、棉花、油菜等作物补贴的基础上，进一步增加经济作物生产补贴，同时要加快完善农产品价格支持方式，加强对主要农产品的进出口监测预警，密切关注政府救市可能引起的耕地资源被占用问题，切实保证农业稳定发展。从中长期看，要抓住金融危机带来的机遇，利用市场“倒逼机制”加快调整农业结构，转变农业生产方式，培育新的经济增长点，推动农业现代化加快转型，抢占经济发展的制高点。

针对当前中国农业发展面临的突出问题和困难，在认真贯彻落实2009年中央一号文件和相关政策的基础上，根据下阶段的发展思路，还应该着力做好以下几个方面的工作：

1. 近期措施

（1）加快建立中国农产品技术性贸易措施体系，有针对性地实施农产品促销计划。

为了遏制贸易保护主义泛滥，中国必须采取“以战止战”的方针，不断充实贸易武器库。首先，针对近期农产品贸易保护主义“抬头”的趋势，应及时收集、整理、跟踪国外技术性贸易壁垒的动态变化，建立起相关数据库和评估体系，做好农产品技术性贸易壁垒的预警工作，同时，参照国际标准法规和经验，构建适合中国国情的农产品技术性贸易措施体系，合理利用国际规则加强对农产品进口的管理，减少农产品过度进口对国内市场的冲击，保护农业产业安全。其次，要在加快落实当前出口退税政策的基础上，积极探索其他扶持农产品出口的有效方式，如减免收费、提供低价运输工具等，减轻农产品出口企业的压力，扩展盈利空间。最后，增加农产品促销专项经费投入，在分析国外市场需求形势和中国出口利益的基础上，选择部分受危机冲击较大的优势农产品，制定详细的国际市场开拓目标和战略，并吸纳农业产业化龙头企业、农民合作经济组织和其他农业团体具体承担出口支持计划，促进中国农产品特别是优势农产品的出口。

（2）抓紧完善农产品价格支持方式，减轻政府托市对农产品加工企业的压力。

一是逐步稳定最低收购价和临时存储双轨模式。国家实施的最低收购价仅限稻谷和小麦，需要定期提前公布预案；临时存储不超过目前已保护的品种，每年根据市场行情相机抉择，控制临时存储量上限。二是调整最低收购价的制定依据。最低收购价是市场低迷时的保本价格，而不是保证农民盈利的常态市场价格，主要参考前三年的平均成本和国内外市场价格确定，增强价格国际竞争力。三是加大民营企业的参与力度。旨在稳定市场的临时收储与确保粮食安全的常规储备不同，可充分吸收民营加工企业参与。四是探索实行差价补贴。国家不再以最低收购价直接收购农产品，而是按照最低收购价和市场价之间的差额直接补贴农民。一种方案是按承包地面积直接补贴主产县农民。另一种方案是按播种面积直接补贴主产县规模经营户（如20亩以上）。这样既能提高农民获得收入补贴的效率，又能降低农产品加工企业和养殖户的原料成本；既能防范廉价进口农产品冲击，又能避免顺价销售不畅带来的收储农产品变质损失。

(3) 着力培育和发展农村经纪人，缓解部分主产农产品滞销卖难问题。

培育和发展农村经纪人，能够有效促进农业生产和市场需求的对接，对解决当前金融危机背景下中国部分主产农产品严重滞销卖难问题至关重要。一方面，要进一步完善发展农村经纪人的相关政策法规，明确界定农村经纪人的法律地位、法律条件、经纪方式行为规范等问题，保障农村经纪人的合法权益，适当放松农村经纪人的准入门槛，允许部分农民季节性地从事经纪人活动，给农村经纪人提供更加宽松的成长环境。另一方面，要加强对农村经纪人队伍的管理和培训，通过农村经纪人培训班等形式，提高农村经纪人队伍的整体素质，引导农村经纪人开展品牌经营、特色经纪；同时，对农村经纪人实行信用管理和资质评价，鼓励农村经纪人建立相应的自律组织，加强对农村经纪人的监督管理。对坑害农民利益的违法违规行为要加大查处的力度，以规范农村经纪人的经营行为。当前，要重点查处粮食经纪人在国家粮食收购中的压级压价、短斤少两行为，确保农民真正享受到国家保护价收购政策的实惠。

(4) 做好农业产业安全调研，加快建立国家农业安全保障体系。

鉴于产业安全的考虑，中国 2007 年 12 月出台的《外商投资产业指导目标》对外资在农业领域的投资进行了一定的限制，如在粮食生产、转基因、生物安全等方面一定要由中方控股，包括化肥、农药、粮食的零售、批发及物流领域等外资只能参股。但是，该制度存在一定的漏洞，如只针对制度出台后的投资行为，对之前的投资并无太大影响，国际资本在农业领域仍有很大的操作空间。当前，在将农业作为吸引外资的重点领域出台相关优惠政策，积极引导国际资本投向农业的同时，还应该加快建立国家农业安全保障体系。要在做好农业产业安全调研的基础上，加快建立农产品进口监测与产业损害预警系统和快速反应机制；调整外商投资目录，完善农业以及相关产业外资兼并、入股办法，加强对外资企业的静态和动态监管；加快培植农业国有控股企业，发挥国有经济在稳定农业安全方面的主导作用。

2. 中长期措施

(1) 全面科学评估农业补贴的效应，探索农业补贴促进可持续发展的有效实现形式。

针对农业补贴政策带来的农业面源污染和过度开发问题，应该尽快调整当前农业补贴的结构、转变农业补贴方式，在稳粮、增收的基础上实现农业的现代化转型和可持续发展。为此，要对农业补贴的效果进行全面、科学的评估。在注重农业补贴的经济效益和社会效益的同时，还应该认真评估其产生的环境效益；在注重农业补贴短期增产、增收效应的同时，还应该认真评估其对农业生产可能产生的长期影响。在此基础上，要加快探索农业补贴政策和农村环保、养地政策的结合方式，在继续对农业进行补贴的同时，将对农业环境产生严重负面影响的补贴资源转移到有利于促进农业可持续发展的项目上来，引导农民进行环保生产、培肥地力，实现农业增产与可持续性发展的有效结合。

(2) 加快建立农产品加工、流通科技服务体系，提升农产品出口竞争力。

国际金融危机凸显中国出口农产品竞争力不强的问题。要更加重视农业产后环节，在政策、科技资源投入上适当向加工、流通环节倾斜，加快建立健全农产品加工、流通科技服务体系，提升中国农产品的国际竞争力和农业产业链整体效率。首先，要加快建立国家级农产品加工研究机构，围绕主要农产品建立一批国家农产品加工技术研发专业分中心，加强农产品加工技术研究与集成，开展技术示范、技术咨询、技术培训和技术服务，逐步建立起农产品加工科技服务体系。其次，应加强农产品加工标准的修订工作，进一步完善农产品加工质量标准体系；同时，继续完善农产品信息服务体系建设，为农产品加工技术创新提供及时、准确的信息。最后，在改善流通基础设施条件的同时，加大农产品采购、包装、运输、储存等环节的技术研发力度，加强物流配送、运输、结算信息服务体系建设，降低农产品物流成本，提高流通效率。

(3) 进一步完善农产品价格形成机制，建立健全农资损害赔偿制度。

由于农资价格和农产品价格之间缺乏联动机制，农资价格上涨很难在农产品价格中显现出来，导致国家惠农政策的效应被侵蚀，农民增产不增收。在当前金融危机背景下，为了促进农民增收，扩大农村消费，在将农资综合补贴与农资价格挂钩进行动态调整的同时，还可以将二者与农产品最低收购价挂钩，建立农资价格、农资综合直补与农产品最低收购价联动机制。为此，应该加强农资价格监测，科学编制农资价格指数，及时分析农资价格变动对农业生产成本的影响，将农资价格上涨与增加农资综合补贴和提高农产品最低收购价等挂钩，合理确定农资补贴量和农产品最低收购价，确保农民生产收益不因农资价格上涨而下降。同时，应充分重视假冒伪劣农资对农民利益的侵害和对农业生产的冲击，在加大农资违法违规行为处罚力度的同时，加快建立农资损害赔偿机制，如设立商业保险、设立赔付准备金“先行赔付”等，解决农民的后顾之忧，保护农民的生产积极性。

（4）大力发展生物农业，培植农业产业新的经济增长点。

为了抢占国际金融危机结束后农业发展的制高点，充分抓住此次危机带来的发展绿色经济的机遇，必须大力发展生物农业。在完善农业科技创新激励政策，建立农业科技投入保障机制，加强农业科技计划管理改革，为生物农业的发展创造良好条件的基础上，还要着力做好以下几点：一是充分发挥中国在生物物种、农业种质资源等方面的优势，利用生物转基因技术和生物工程技术，加快培育一批抗病虫、抗逆、高产、优质、高效、专用的动植物新品种大力开展生物农药、生物肥料、生物饲料及饲料添加剂、微生物全降解农用薄膜等绿色农用生物制品的研究开发，加快培育一批绿色农用生物制品生产企业集团，推动生物技术产业化发展，提升农业综合生产力。二是依托重大生物农业科研项目、重点学科和科研基地，加快培养农业生物技术创新的领军人才、优势创新团队。根据需要可以有针对性地支持、聘请一批高水平的海外专家和优秀科技人才，充实中国科研人才队伍。三是鼓励科研院所、高等院校与农业新兴产业组织合作，建立各类技术创新联合体，形成长期、稳定的技术合作关系，增强技术创新能力，培育一批具有国际竞争力的农业生物技术龙头企业。四是要树立全球战略意识，鼓励以各种方式参与国际农业生物技术的研究和产业开发，充分利用全球科技资源，提升中国农业生物技术的研究开发水平。

（执笔人：涂圣伟、蓝海涛）

参考文献

1. 中华人民共和国海关总署：《2008年中国农产品出口增幅明显回落短期内出口刺激政策提振作用有限》，中国海关（http://www.customs.gov.cn）2009年2月11日。

2. 农业部：《2009年1～9月中国农产品进出口情况》，中国农业信息网（http://202.127.45.50）2009年11月4日。

3. 尚军：《欧元区经济下滑速度第二季度明显放缓》，新华网（http://news.xinhuanet.com）2009年9月2日。

4. 马骏骎：《3月人民币实际有效汇率贬值0.75%》，每日经济新闻（http://www.nbd.com.cn）2009年4月17日。

5. 农业部渔业局市场与加工处：《2009年上半年全国水产品批发市场运行情况》，中国星火计划网（http://www.ahsp.org.cn）2009年8月10日。

6. 农业部调研组：《金融危机对中国农业农村经济的影响》，内部资料，2009年4月。

7. 郭新志：《西部奶牛宰杀真相调查 收购价低奶农难保本》，中国网（http://www.china.com.cn）2009年4月23日。

8. 田玥：《受金融危机影响 甘肃省过半农产品出口企业亏损》，每日甘肃网—兰州晨报（http://lzcb.gansudaily.com.cn）2009年8月20日。

9. 郭春爱：《政策与需求博弈 玉米市场谁主沉浮》，中华粮网（http://www.cngrain.com）2009年5月11日。

10. 湖州市统计局：《湖州市农产品加工企业调查分析》，湖州人民政府网（http://xxgk.huzhou.gov.cn）2009年5月4日。

11. 全国农村经济动态监测点江苏省泰州市发展改革委：《泰州市关于金融危机对农业产业化重点龙头企业影响》，国家发改委农村经济司网站（http://njs.ndrc.gov.cn）2009年4月15日。

12. 童有好：《美国三十年代农场主收入下降问题与对策》，《桂海论丛》2000年第2期。

13. 蔡东丽、谢加书：《论罗斯福新政时期的农业立法》，《安徽农业科学》2008年第36期。

14. 余志森：《美国史纲——从殖民地到超级大国》，华东师范大学出版社 1992 年版。

15. 张忠根、方志伟：《市场开放中的韩国农业结构调整及其对中国的启示》，《农业经济问题》2002 年第 5 期。

16. 关锐捷、魏旭：《农业结构调整八大成效》，《经济参考报》2003 年 2 月 14 日。

17. 薛冰：《2009 年第一季度中国私募股权投资市场研究报告》，投资中国（http://report.chinaventure.com.cn）2009 年 4 月 8 日。

18. 易纲、赵晓、范敏：《罗斯福"新政"：评价及启示》，《国际经济评论》1998 年第 4 期。

19. 北京大学中国经济研究中心宏观组：《美国 30 年代大萧条及对中国当前宏观政策的启示》，《战略与管理》1998 年第 3 期。

20. 李大胜、杨宇丹、王海燕：《金融危机中的泰国农业》，《农业经济问题》1999 年第 1 期。

21. 农业部政法司赴韩国考察团：《韩国农业是如何应对亚洲金融危机的》，《中国农村经济》1999 年第 10 期。

22. 苏江丽：《浅析罗斯福"新政"时期的农业政策及其持续性影响》，《中共山西省委党校学报》2006 年第 12 期。

分报告三

国际金融危机背景下中国工业发展态势及对策研究

内容提要：此轮国际金融危机对中国工业，尤其是强周期性行业和外贸依存度高行业的冲击十分严重。在国家刺激经济政策的作用下，工业经济企稳回升的态势基本确立，但增长基础并不稳固，产业升级、产能过剩等结构性矛盾依然突出。2010～2011 年工业发展的重点应在保持合理增长的基础上，更加注重结构升级和培育新的增长点。通过实施装备更新引领、产业梯度转移、产业并购重组等战略，实行有力的刺激国内消费的政策，增强工业增长内生动力；通过积极培育战略性新兴产业，突破研发、设计、营销、品牌培育等关键环节，加大产能严重过剩行业的调控力度，促进结构优化升级和产业竞争力提高。

受国际金融危机和中国经济周期性调整的双重影响，工业经济增速自2008年下半年起急剧回落。从2009年第一季度末开始，中国工业增速又逐步回升，到七八月份重新回到10%以上增速。在这种背景下，合理评估国际金融危机对中国工业经济的冲击及影响程度，全面分析影响今后工业发展的主要因素，对工业经济走势进行客观判断，并在此基础上提出未来中国工业发展的基本思路与对策是非常必要的。

一、国际金融危机冲击下中国工业经济运行的基本态势

（一）国际金融危机对中国工业经济的影响十分严重

自2008年下半年，国际金融危机对中国工业经济产生的严重冲击开始显现出来。突出表现为工业增长速度迅速回落，企业经济效益大幅下滑，产品出口明显下降，企业生产经营困难程度显著增加。各项数据显示，2009年1～2月是金融危机对中国工业经济影响最为深刻的阶段。

1. 工业增长速度急剧下滑

受国际金融危机影响，2008年7月份以后，工业生产呈现出一路下滑的趋势。10月份，增速回落到个位数增长区间为8.2%，是自2002年以来工业增长首次出现的个位数增长。2008年11～12月，工业生产增速又进一步回落，分别为5.4%和5.7%。2009年1～2月，工业增速达到金融危机影响以来的最低点3.8%，也是1991年以来工业生产月度增长的最低水平。在8个月的时间里，工业经济增速回落了12.2个百分点，其时间之短、回落幅度之大十分罕见。

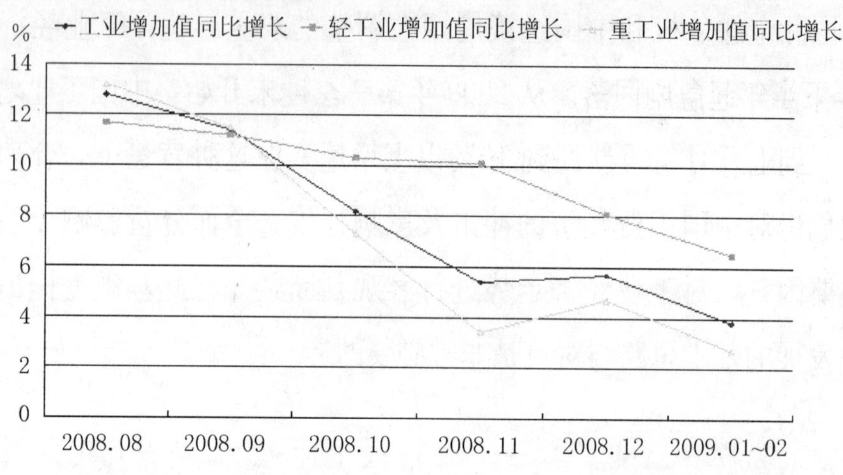

图 3—1 2008 年 8 月至 2009 年 1～2 月工业增速走势图

2. 企业利润大幅度下降

2008 年 9 月份以后，工业企业利润已呈现大幅度下降的局面。据测算，9～11 月份工业企业实现利润同比下降 26.2%，是 2002 年以来首次出现大幅度负增长。2009 年 1～2 月，工业利润又大幅下降了 37.3%；规模以上工业企业实现利润 2191 亿元，同比下降 37.3%，是 2002 年 5 月以来首次出现负增长，并创下 1999 年以来最低水平，其中，国有及国有控股企业实现利润同比下降 59.2%。

在 39 个工业大类行业中，从 2008 年盈利转为净亏损的行业是：钢铁工业由同期盈利 255 亿元转为净亏损 7.7 亿元，有色金属工业由同期盈利 128 亿元转为净亏损 19.3 亿元，化纤行业由同期盈利 12 亿元转为净亏损 1.3 亿元。利润增速大幅度下滑的行业分别是：电子通信设备制造业下降 96.3%，石油和天然气开采业下降 86.1%，电力行业下降 77.0%，化工业下降 49.3%，交通运输设备制造业下降 40.4%，专用设备制造业下降 13.4%。企业利润大幅度下降，一方面源于市场需求萎缩、销售量减少；另一方面则是因产品价格下滑。由于国际金融危机导致国内市场工业品特别是原材料价格剧烈波动，钢材、铜、铝以及原油、石化产品价格都出现了大幅的跌落。

3. 工业产品出口明显下降

2008年，工业企业出口交货值总额增长10.8%，但第四季度下降2.1%，是1995年有该项统计指标以来的首次负增长。2009年1～2月，中国规模以上工业完成出口交货值8968亿元，同比下降17.1%，增幅同比回落31.9个百分点。同期，中国外贸出口额同比下降21.1%。

4. 企业生产经营困难程度显著加深

据有关统计调查，2008年末，有10%的企业处于停工、停产状态，有30.6%的企业生产出现下降情况。39个工业大类行业中，有30个行业就业人数同比下降。2009年1～2月，工业企业经营困难状况进一步加剧，停工、停产的企业继续增多，出现亏损的企业同比上升25.6%，企业亏损面超过1/4，亏损额上升36.6%。

（二）强周期性行业与外贸依存度高行业受金融危机的冲击更为严重

强周期性行业是指在经济上升阶段增长速度更快、经济下行阶段增速下降也更显著的行业，包括能源、原材料工业等在内的上游产业一般都属于强周期性行业。中国经济经过近10年的高速增长，自身需要通过周期性调整来消化总供给与总需求失衡的矛盾。自2007年下半年开始，中国经济周期性调整业已显现，并与随后发生的国际金融危机产生叠加，在这种双重压力下，强周期性行业的影响尤为严重。

1. 电力工业生产一度大幅度下滑

由于国内工业生产增速大幅减缓，使市场对能源需求大大降低，导致中国发电量大幅度下降。2008年10月份，发电量出现4.65%的负增长，为10年来首次出现单月负增长。11月份，中国发电量进一步下降到9.6%，创历史最大月度降幅。其中，火电发电量同比下滑16.6%，也创下历史最大跌幅的纪录。2009 年 1～2 月，全国发电量 4883 亿千瓦时，同比下降 3.7%，2008 年同期增长 11.3%，下滑幅度达 15 个百分点。

2. 钢铁工业生产经营面临极大压力

2008 年底及 2009 年 1～2 月，是钢铁工业生产经营极为困难的阶段。2009 年 1～2 月，中国钢铁工业增加值仅增长 1.5%，低于全部工业增速。在国际金融危机冲击与国内经济周期性调整的双重打压下，产能过剩严重的钢铁工业生产经营极为困难。目前，中国粗钢产能已超过 6 亿吨，加之新形成的生产能力，产能过剩严重。由于需求不足，库存大幅度上升，导致钢材价格连续下跌，2009 年 2 月末，全国 26 个大中城市 5 类钢材库存合计达 1148 万吨，比 1 月末增加 444 万吨，增长 63.1%。

3. 有色金属工业极度低迷

2009 年 1～2 月，有色金属工业增加值同比仅增长 0.8%，十种有色金属产量 340 万吨，同比下降 9.5%。目前，铜、铝、铅、锌、镍等主要有色金属价格总体仍处在低价位区间震荡，电解铝等主要产品生产回升乏力，多数企业处在微利或亏损状态。

2009 年 1～2 月，铝、锌产量出现大幅下滑局面。其中，铝产量降至 178 万吨，同比下降 16.1%；锌产量下降至 50 万吨，同比下降 11.8%。前两月，铜产量平稳增长，电解铜产量达到 60.6 万吨，同比增长 10.9%；未锻造的铜及铜材进口 56.2 万吨，增长 20.6%。

4. 纺织服装工业受冲击明显

纺织服装工业是外贸依存度高行业的代表，此次国际金融危机对该行业出口和投资都产生了严重影响。自 2008 年下半年开始，纺织服装产品出口形势日趋严峻，2 月单月出口创 2006 年 2 月以来的新低，当月出口仅为 64.15 亿美元，同比下降了 35.73%，其中纺织品和服装同比分别下降了 32.88%和 37.56%。分地区看，对欧盟出口由增转降和对香港出口持续快速下滑是拖累行业出口的主要因素。与出口一样，行业固定资产投资增速也创多年来的新低，已经由2008年的增速下降转为负增长。统计显示，2009年1～2月，纺织工业全行业固定资产投资同比下降了10.7%，其中纺织行业和化学纤维行业投资同比分别下降了19.80%和7.80%、服装鞋帽行业投资同比仅增长6%。

（三）装备制造业受影响相对较小

尽管机械、汽车工业等装备制造业在此轮国际金融危机中也出现了生产速度减缓、效益下滑的局面，但由于上述行业以国内需求为主，受金融危机的影响相对较小。

1. 机械工业增速高于整体工业，农业机械和工程机械维持了较高增速

2009年1～2月，中国机械工业增加值同比增长5.4%，比整体工业高出1.6个百分点，其中1月份下降4.6%，2月份增长16.5%。按可比天数计算，今年前两个月机械行业增加值同比增长7.2%，其中2月份增长20.7%。在机械行业产品，农机行业生产增势强劲，大型拖拉机、中型拖拉机产量分别增长13.5%和28.4%，其中2月份分别增长51.4%和60.1%。

在大规模基础设施投资建设拉动下，工程机械增长明显。2009年2月份起重设备、挖掘铲土运输机械产量分别由1月份下降15.6%和40.8%转为增长7.6%和9.1%。

2. 汽车工业很快结束生产下滑状况

由于受全球金融危机的影响，外需大幅减少，汽车整车出口明显下降。2009年1～2月份汽车出口3.81万辆，同比下降58.01%。同时，国内居民也因对经济前景忧虑、收入预期下降而减少了对汽车的购买。以上两个因素导致自2008年7月～2009年1月，中国汽车工业产销连续低于80万辆。从2009年2月份开始，汽车市场开始回暖，汽车产销同比实现增长，库存压力得到释放，并创下了两年来最低水平。2月，汽车生产80.79万辆，环比增长22.96%，同比增长23.08%；销售82.76万辆，环比增长12.43%，同比增长24.72%。

(四) 重工业受影响程度高于轻工业，是此轮工业增速大幅度下降的决定性因素

重工业在中国工业经济中占主导地位，其总产出比重占70%左右，增加值比重占75%左右。此次金融危机，对重工业冲击比轻工业更加明显。重工业增速在2008年9月份之前很长时间快于轻工业增速，9月份以后开始低于轻工业增长，2009年1～2月，规模以上轻工业增加值增速为6.5%，而重工业为2.7%。与去年快速下落前的9月份相比，轻工业增速减缓了4.7个百分点，重工业增速减缓了8.8个百分点；与去年12月相比，轻、重工业增速分别减缓了1.6和2个百分点，在工业增速低位运行中，轻工业增速减缓幅度明显小于重工业。因此，重工业在此轮国际金融危机遭受冲击的程度高于轻工业，也是导致工业经济增速大幅度下降的主要因素。

二、今年第二季度以来工业经济出现了比较明显的回升态势

为应对前所未有的国际金融危机严重冲击，中央政府审时度势，果断决策，及时调整宏观经济政策，实施了积极的财政政策和适度宽松的货币政策。推出了加快民生工程、基础设施、生态环保、自主创新等扩内需促增长的十项措施；提出了扩大消费、稳定出口、支持重点产业发展、推进企业技术改造和兼并重组、支持中小企业发展、加快服务业发展等措施。

特别是制定了十个重点产业调整和振兴规划，为工业早日走出低谷创造了条件。在国家刺激经济政策的作用下，始于2008年9月，工业增速急剧下滑的势头在2009年第一季度初步得到遏制。其中，第一季度增长5.1%，第二季度增长9.1%，增速加快4个百分点。上半年，全国规模以上工业增加值同比增长7%，7月、8月工业增速进一步提高到10.8%和12.8%，这是工业生产自2008年10月份进入个位数增长区间，历时8个月后又重新回到了两位数的增长平台。

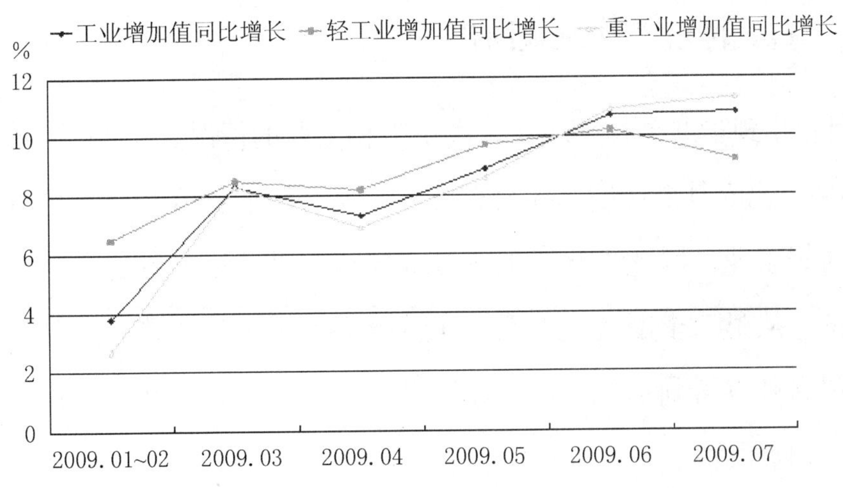

图3—2　2009年1～2月至7月工业增速走势图

分析从国际金融危机开始至今工业经济运行的轨迹，我们初步得出以下结论：从2008年8月工业增速急剧下降，到2009年1～2月工业增速达到金融危机影响以来的最低点3.8%，工业经济在第一季度增长5.1%和3月份增长8.3%表明工业增速急剧下滑的势头基本得到遏制，工业经济开始见底回升；第二季度工业增长9.1%则是判断工业经济回升势头得到进一步巩固和确立的标志（见表3—1）。

表 3—1　2008 年 8 月份以来单月规模以上工业增加值增长速度　单位:%

	2008 年					2009 年					
	8 月	9 月	10 月	11 月	12 月	1～2 月	3 月	4 月	5 月	6 月	7 月
工　业	12.8	11.4	8.2	5.4	5.7	3.8	8.3	7.3	8.9	10.7	10.8
轻工业	11.7	11.2	10.3	10.1	8.1	6.5	8.5	8.2	9.7	10.2	9.2
重工业	13.2	11.5	7.3	3.4	4.7	2.7	8.3	6.9	8.6	10.9	11.3

资料来源：根据国家统计局公布数据整理。

2009 年以来，促进工业经济明显回升主要有以下支撑因素：

(一) 重工业生产增长明显回升

6 月份出现近 9 个月来增速首次快于轻工业的情况。6 月份，重工业增长 10.9%，比 5 月份加快 2.3 个百分点，比轻工业快 0.7 个百分点，增速再度超过轻工业。因此，此次工业经济波动，很显然主要是重工业大幅变化影响的。从第二季度看，重工业在经历了半年多的调整后，前期高价购进的原材料基本得到消化，加上原材料、燃料价格处于低位，其运行状况正在趋向明显改善。

(二) 能源、原材料工业生产提速较为明显

第二季度，电力、钢铁、有色、建材、化工、石油加工及炼焦七大高耗能行业，随着整体经济的回升，生产出现加快势头。当季增长 6.2%，比第一季度加快 3.9 个百分点。其中，6 月份高耗能行业增长 8.6%，比 5 月份加快 2.7 个百分点，已超过去年 9 月份 7.6%的增速，但总体仍低于全部规模以上工业。

(三) 装备制造业增长持续加快

第二季度，装备制造业增长 9.5%，比第一季度加快 5.8 个百分点。其

中，6 月份装备制造业增长 11.1%，比 5 月份加快 1.7 个百分点，也快于整体工业。

（四）生产能力利用率回升，多数工业品产量环比增长不断加快

2008 年前 3 个季度，大中型工业企业生产能力利用率分别为 83.5%、84.8%、83.7%，第四季度迅速回落到 74.8%，2009 年第一季度，继续回落到 72.7%的低点。第二季度，大中型工业企业生产能力利用率触底回升，达到 75.8%，比第一季度回升 3.1 个百分点。在 5 月份比 4 月份有 60%产品产量增长加快的基础上，6 月份比 5 月份又有 6 成产品生产加快。

三、未来工业发展形势分析

目前，还难以确定此轮国际金融危机已经结束，未来影响中国工业发展的不确定条件仍然较多，这无疑增加了对未来工业走势进行准确判断的难度。尽管如此，在分析基本因素基础上对未来工业发展形势进行初步判断仍有必要。

（一）积极因素

1. 工业发展的基本面因素并不会因金融危机而发生根本变化

从长期看，支撑中国工业持续增长的基本面因素，诸如发展中大国的后发优势、广大而持续扩展的市场、较为完整的工业体系、日趋改善的基础设施和产业配套条件以及稳定的政治社会环境等，这都将是推动中国工业保持较快发展的重要基础条件。

2. 工业化进程仍将继续

尽管从经济产出的构成看，工业已经占有很高比重，似乎已达到工业

国的标准（其实，中国工业的比重还没有达到发达国家曾经达到的比重），但从人口和劳动力结构看，农业仍然占很高的比重，农业劳动力向非农产业主要是工业转移的过程远未完成。工业无论是在产品、技术升级上，还是区域选择和区域转移上都有较大的发展空间和竞争优势。由此推断，在相当长的时期内，增加工业投资和扩大工业规模仍然具有客观必然性和效益合理性。因此，从中国工业化的性质和进程可以看出，中国工业经济增长仍然具有广阔空间。

3. 工业经济从增长峰值大幅度回落，积蓄了一定发展动力

工业经济经过2008年下半年到2009年初的急剧回落，中国主要工业领域供给能力得到了一定程度的消化，这有利于需求能量的积蓄。特别是随着国家刺激经济政策效果的逐步显现，社会资本投资者的投资预期将有所好转，城乡居民的收入预期和消费信心也将得到一定程度的提高，这都有助于工业经济企稳回升。

4. 人才、能源、原材料供应相对宽松

在国际金融危机背景下，引进和利用海外高端人才尤其是技术研发人员提供了便利。同时，随着能源、原材料价格的回落，工业领域利用能源、原材料的供应条件比较宽松，成本降低，这有利于工业企业的成本控制和效益提高。

5. 外部需求将有所增加

在全球共同应对金融危机和经济衰退的政策作用下，国际金融市场正在逐步恢复稳定，世界经济出现了企稳迹象。据专家预计，尽管世界经济复苏过程不会一帆风顺，但2009年全年摆脱衰退步入增长的可能性很大，2010年、2011年将分别增长3%左右。这将使中国工业品出口的外部需求环境得到一定程度的改善。

（二）不利因素及存在的矛盾

尽管有支撑工业经济增长的诸多有利条件，但未来工业发展面临的挑战依然十分严峻。主要体现在以下几个方面：

1. 总需求短时间内难以大幅度扩张，工业经济增长动力受到制约

首先，短时间的经济调整还不足以解决总供给过剩的矛盾。中国经济经过近10年的高速增长，需要通过周期性调整来消化总供给与总需求失衡的矛盾。此次国际金融危机打乱了中国进行经济周期性和经济结构“双调整”的步伐或节奏。但从经济自身运行规律看，只有通过较长时间的调整，才能真正消化已有的供给能力和带来总需求的明显增加。尽管工业经济从增长峰值大幅度回落，积蓄了一定发展动力，并且国家刺激经济的政策能减缓增速下调的幅度和缩短调整时间，但1年左右经济调整的时间还不够。

其次，投资需求增长受到制约，对工业经济的拉动力将有所减弱。经过多年来大规模的基础设施、重大工程建设和城市改造，中国公共品供给能力上了一个新台阶。2008年底中国又推出了加快民生工程、基础设施、生态环保、自主创新等扩内需促增长的十项措施，政府投资大都投向基础设施领域。今后政府投资的产业领域和力度将受到一定制约。同时，由于缺乏投资亮点，或是对经济增长前景仍存疑虑，民间资本投资启动效果并不明显。因此，短时期内，投资增长后劲并不乐观。

最后，原有消费需求热点趋于成熟期或调整期。以住宅、汽车和部分电子信息产品为代表的商品经过近些年消费需求的集中释放，对工业经济增长的带动力逐步下降。新的消费群体培育壮大需要一个过程，市场结构面临艰难的转换期。近年来，汽车及其他主要高端消费品的市场需求主体集中在沿海经济发达地区、大中型城市中的高收入群体，目前，此类消费群体需求相对饱和，而培育中西部欠发达地区、中低收入群体购买能力，使其成为新的需求主体仍需要一个较长过程。

2. 产能过剩问题依然十分突出

近年来，随着中国工业化、城镇化及国际产业资本向中国转移的步伐不断加快，固定资产投资保持高速增长态势，带动了基础原材料工业和能源产业的快速发展。与此同时，部分产业特别是一些重化工工业，如钢铁、电解铝、电石、铁合金、焦炭、汽车等行业出现了盲目投资、低水平扩张等问题，产能过剩的矛盾十分突出；煤化工、水泥、电力、多晶硅、风电装备制造等行业也存在产能增长过快、供大于求的矛盾开始加剧的问题。

中国产能过剩状况的特殊性突出表现在以下几个方面：①由于重化工业加速发展而引发的能源、原材料工业产能快速扩张，使得这轮产能严重过剩的行业基本属于重化工业。②由于发展阶段以及市场原因与体制原因交织，中国部分行业产能在短时期内呈现“爆发式”扩张现象，导致产能过剩。如中国铁合金、电石、焦化、电解铝等行业，在一两年间产能就能增长70%～80%，远高于美国等发达国家产能增长3%～5%的水平，带有明显的盲目性与不合理性，容易形成过剩。③低水平的产能过剩问题严重。由于市场机制不完善，落后产能难以退出，由此而产生的大量高耗能、高污染、技术落后的生产能力大量存在，这是中国部分产能过剩行业存在的最突出的问题。上述行业基本都属于对经济周期十分敏感的行业，在经济高速增长阶段，集中投资形成了大量产能，在国际金融危机冲击和经济调整背景下必然产生产能大量过剩。尽管有国家刺激经济政策的支持，但低速增长和盈利能力下降的局面难有根本性转变。

3. 资源、环境约束日显突出

中国工业在创造“经济奇迹”的同时，与资源和环境的矛盾也越来越突出。主要表现在：一是现行产业结构与资源的矛盾。中国工业特别是重化工业生产快速增长，使矿产资源消耗迅速增加。为解决资源不足问题，中国越来越多地依赖进口。目前中国约50%的原油、铁矿石、氧化铝及60%以上的铜矿资源依赖进口。二是现行产业结构与环境的矛盾。以重化工业为主的工业的快速增长对环境也造成了极大的压力。首先是大气污染。随着工业特别是重工业的发展，中国废气排放量迅速增加。目前，中国是全球二氧化硫第一大排放国和二氧化碳第二大排放国，近1/5的城市人口居住在空气污染严重的环境中，1/3的国土面积受到酸雨的污染。其次是废水排放。在工业废水排放居前5位的行业分别是化学工业、电力工业、冶金工业、造纸工业和纺织工业。三是工业固体废物产生和排放，对水土造成严重污染。四是粗放型发展方式加剧了工业结构与资源和环境的矛盾。中国在资源的利用率，在开采、加工转换、终端利用和再利用四个环节上都低于国外同类行业。如中国有色矿产资源储量回采率不到50%，比国外低10%～20%。中国主要耗能产品的单耗与世界先进水平差距明显，目前中国综合能源利用效率为32%，而发达国家已经达到40%～50%。

4. 西方国家贸易投资保护主义抬头

此轮金融危机在很大程度上是以美国为代表的发达经济体金融制度缺陷和虚拟经济过分扩张的结果。美国的失业率达到了大萧条以后最高的水平，消费规模也大幅度下降。为尽快摆脱经济衰退，西方国家政要以及一些经济学家已认识到培育新兴产业及重新重视制造业的重要性，同时也带来贸易投资保护主义回流的威胁。2009年1～8月，共有17个国家和地区对中国发起了79次贸易调查，涉案总金额超过100亿美元，同比分别增长16.2%和21.2%，大大超过了去年全年的总金额。9月11日，美国总统签署法令，决定对从中国进口的轮胎征收为期3年的惩罚性关税。此后，美国陆续对从中国进口的铜版纸、无缝钢管和铝管提出“反倾销”调查。与贸易摩擦升级相伴，西方国家投资保护主义也有所抬头。6月5日，力拓集团董事会宣布撤销对2009年2月12日确定的与中国铝业集团战略合作协议，中国铝业集团收购力拓集团的交易因此而终止。以上种种情况表明，中国经济特别是以制造业为主的工业经济面临的国际经济环境依然严峻。

（三）对今后两年中国工业经济发展态势的基本认识

通过以上分析，我们对“十一五”末及“十二五”前期工业发展态势做出以下初步判断：

第一，比较影响工业发展的积极因素和不利条件，我们认为今后两年乃至“十二五”前期，面临的挑战和问题更为突出，中国工业发展处于积蓄增长能力的阶段，工业经济不具备恢复到高速增长的充分条件。

第二，在国际经济环境依然严峻的背景下，民间投资能否活跃、国内需求能否得到有效扩张对工业发展至关重要。

第三，在经济调整时期和需求环境变化的影响下，工业发展格局将有所分化。一是主要原材料工业生产和经济效益形势依然严峻。钢铁、建材、有色金属等原材料工业属于对经济周期十分敏感的行业，在经济高速增长阶段，集中投资形成了大量产能，严重的产能过剩将对行业经营造成较大困难。二是装备制造业生产和经济效益形势较为乐观。相比原材料工业等经济周期高相关行业，装备制造业市场需求相对稳定。三是汽车市场需求结构开始面临艰难的转换期，汽车工业也可能面临产能过剩和增速大幅度减缓的局面。四是受外部需求放缓等因素影响，外贸依存度高的行业，如纺织服装、部分轻工业、船舶工业等生产经营依然较为困难。

第四，保增长与优化结构、转变发展方式面临两难选择。长期以来，投资一直是中国经济增长的重要推动力，甚至经济增长对投资产生了过度依赖。在国际金融危机下，为了刺激经济回升，通过政府投资带动经济增长是最为有效的方式。这就对中国当前通过刺激投资保增长的目标提出了更高的要求，既要使投资保持在合理区间，保持在能源资源和环境可承受的范围之内，又要防止新一轮的产能过剩，避免为今后产业结构调整付出更大的代价。

四、今后工业发展思路及相关政策建议

工业是中国国民经济的主导产业，在经济发展中发挥着举足轻重的作用。工业经济发展状况及其变化趋势，在很大程度上决定了整体经济（GDP）的发展和走势。此次金融危机的爆发，对中国工业经济产生了严重影响，进而导致整个实体经济大幅度放缓，对民生和社会稳定也产生了不利影响。今后中国经济的平稳发展在相当程度上还要依靠工业经济的企稳回升。由于今后两年乃至“十二五”前期抑制工业经济的压力较大，保持工业平稳回升的任务依然艰巨。因此，要在认清形势的基础上，分析制约工业发展的主要矛盾，明确今后工业发展的思路，研究并提出保持工业经济平稳回升和健康发展的政策措施。

（一）基本思路

今后两年工业发展的基本思路是，以保就业、保社会稳定为根本出发点，立足国内需求，着力扩大国内市场，积极开拓国际市场，促进工业经济较快增长；改造传统产业、消化产能过剩与培育新的增长点相结合，推动工业结构调整升级，促进发展方式转型；以产业梯度转移、跨区域跨行业重组为重点，促进工业区域结构、组织结构合理化。为此，应着力解决以下几个关键问题：

1. 处理好“三个关系”

一是保增长与调结构的关系。从短期看，工业经济增长的基础不牢靠，

应将保持工业增长作为主要矛盾来抓，从投资、消费两方面对工业增长继续保持乃至加大政策扶持力度，维护工业回升的态势，但也要注重将工业投资与增长保持在合理区间，防止新一轮的产能过剩，避免为今后工业结构调整付出更大的代价。从较长时间看，工业结构升级仍是主线，要重点突破研发、设计、营销、品牌培育、技术服务、供应链管理、专门化分工等制约工业结构优化升级的关键环节，支持技术密集和知识密集、低污染(洁净化)、高附加值的高加工度行业以及新兴行业的发展。

二是国内需求与国外需求的关系。从今后一段时期看，依靠外需拉动工业增长的困难较大且难以持续。工业经济的稳定回升，只有主要依靠内需的力量作为动力。同时应积极应对国际经济的挑战，开拓国际市场，保持外需对工业经济必要的拉动效应。因此，无论是发展战略、产业政策的制定，还是重要生产要素配置都要以国内市场需求为主。只要切实改善中国收入分配结构、完善社会保障体系、实施合理的消费政策，就有可能将潜力巨大的国内市场需求发掘出来。从消费需求结构变化看，在衣食住行等基本消费需求得到满足后，人们在生活质量上提出了更高层次的需求，包括健康、安全、审美、便捷、沟通等。这种需求变化将带动新能源、新材料、生物技术、医药、电子信息等高技术产业的快速发展。从投资需求结构变化看，一批战略性产业的逐步崛起和新型工业的快速发展，将带来装备制造业的发展与结构升级。

三是工业发展与资源环境的关系。中国原有工业发展模式的突出特点之一，就是主要依靠高投入、高消耗来实现工业经济规模的扩张。这是造成资源消耗速度显著增加，生态环境受到严重污染与破坏的主要原因。今后，要以转变工业发展模式为突破口，实现工业发展与资源环境相协调。重点是要通过调整完善相关法律、政策，从技术、环保、经济规模等方面严格行业准入标准，抑制工业的粗放式发展，淘汰落后产能。

2. 实施“三个战略”

一是装备更新引领战略。就是要通过加大对传统产业的设备更新、技术改造力度以及开展适应包括新能源、节能环保、电动汽车、新材料、新医药、生物育种和信息产业等新兴产业需求的装备研发制造，带动上游原材料工业和其他制造业发展，促进工业的稳步回升和结构升级。经过一段时间周期性调整，经济步入上升轨道后，必然形成对设备投资的大规模需求；同时，国际金融危机和经济调整时期往往是孕育、催生新的产业革命的时机。随着一些新兴产业的崛起，也将产生大量新的装备需求。特别是低碳经济、绿色制造成为世界经济发展的客观趋势的背景下，将为装备工业的研发、制造提供难得机遇。

二是产业梯度转移战略。中国不同地区间工业化程度不同，工业发展水平存在巨大落差。今后一段时期内，要加快实施产业从东部向中西部的梯度转移，为中国工业经济发展和结构升级提供新的动力。工业的梯度转移不仅能从整体上保持工业化的就业容量，而且也有利于促进剩余劳动力的就地转移，节省大规模劳动力跨区域转移的经济社会成本。为此，东部发达地区要利用自身优势和国内外经济深刻调整的时机，大力发展高技术产业、先进制造业和现代服务业。中西部地区应积极承接东部发达地区产业转移，进一步夯实工业化基础。

三是产业并购重组战略。产业整合既是竞争条件下产业发展和结构升级的基本策略，更是经济周期性调整环境下解决产业结构失衡矛盾的重要举措。今后两年要利用“十二五”时期，要注重依靠市场机制，消除体制性障碍，积极鼓励和推动有实力的企业以资产、资源、品牌和市场为纽带，实施跨地区、跨行业的并购重组，改善产业组织结构，促进经济要素向优势行业、优势企业流动。

（二）相关政策建议

1. 多元化刺激内需，有效发挥政府投资的带动作用

一是要通过对铁路、农田水利、农村水改设施、“三废”治理设施、电网建设和农村公路等基础设施建设，扩大投资需求，带动装备制造、能源、原材料等工业行业的增长。但要保持投资和工业增长的合理速度，避免刺激内需过度向基建投资和重化工业倾斜，加剧资源环境压力。

二是注重刺激内需多元化。要继续加大对“三农”、就业、社会保障、教育、医疗、节能减排、自主创新、装备制造业、生产性服务业、中小企业等方面的支持和投入力度，加大对低收入家庭的补贴和救助力度。实施装备更新贴息计划、产业退出补贴计划、免费就业培训计划等。

三是加紧出台鼓励民间投资的政策。要从产业准入、土地使用、税收、金融等方面对民营资本提供必要的扶持与优惠政策。

2. 实施更加有力的刺激消费政策，推动国内消费增长

一是增加对落后地区农民、返乡农民工、城市低收入群体的补贴。

二是适应社会经济可持续发展要求，增加工作机会，提高居民有偿劳动回报水平。如积极鼓励低收入群体参加新农村建设、社区服务、环保节能、农田水利建设等公共服务活动。

三是尽快推出轻税减负的政策。为推动消费结构升级，应继续对消费者购买汽车及其他主要高端消费品等耐用品允许抵扣个人所得税，尽快出台降低或减免对消费者购买汽车及其他主要高端消费品等流通环节税费的政策措施。降低商业银行对信用消费的贷款利率，尽快改变目前消费信贷平均利率过高的局面。

3. 制定有针对性政策措施，促进以外需为主的工业行业稳定增长

一是调整完善促进出口的有关政策措施。进一步完善出口退税、金融

支持等方面的政策，加大出口退税、出口信贷、信用保险等方面的支持力度。

二是加强对优势出口企业和中小企业的扶持。一方面，积极扩大国内市场需求，通过外销转内销、紧急订货等方式，加强对重点出口企业的扶持，减少危机对配套中小企业的冲击。另一方面，要在中央新增投资中，进一步加大中小企业的扶持力度，通过贴息、担保等方式，鼓励银行对中小企业提供短期贷款。

三是积极应对国际贸易摩擦。加强贸易政策、产业政策、外交政策之间的统筹协调，形成合力以应对国际贸易摩擦。

4. 加大政策支持力度，扶持若干战略产业、重点产业发展

一是促进以太阳能发电为代表的新能源产业发展。可考虑先选定部分农村地区试点，由国家投资建设太阳能发电站，在为中国太阳能光伏产业创造大量市场需求、推动新能源产业兴起的同时，又能大量减轻农民经济负担，为其他工业品进入农村市场创造条件。

二是力推使用新能源动力的汽车工业发展。与传统动力汽车相比，中国在新能源动力汽车的研发、生产领域与国际汽车发达国家的差距不大，大力发展新能源动力汽车，将使中国汽车工业自主创新、自主发展能力大为提升。建议在对新能源动力汽车的购买、使用进行补贴的同时，中央财政应加大对中资汽车生产企业的研发资金投入，促进电动汽车、氢能源汽车、混合动力汽车等新能源汽车及其关键零部件的研发、制造能力迅速提高。此外，进一步改善汽车消费、使用条件。要重点在特大、大型城市建设立体停车库以及充气站、充电站，完善汽车特别是新能源汽车使用的基础设施。建设的方式有两种：①政府直接投资建造；②通过政府补贴或税收优惠鼓励民间资本建设。

三是鼓励装备制造业发展。适时出台加速折旧、新购置设备减免税或实施装备更新贴息计划，鼓励企业技术改造与设备更新，促进装备制造业发展。

四是抓紧海上储油平台建设，促进船舶工业及相关产业发展。建造海上储油平台能有效带动中国船舶工业、钢铁工业及其他相关产业发展。同时，通过建造海上储油平台，能在较短时间内形成石油储备规模，有效弥补中国陆上石油储备基地储备能力不足的矛盾，提高中国能源安全保障度。

5. 加大产能严重过剩行业的调控力度，建立落后产能退出的保障和补偿机制

一是以法律形式严格规范市场准入标准。对钢铁、水泥、平板玻璃、煤化工、多晶硅、风电设备等严重产能过剩的行业，国家应在技术条件、节能环保、安全生产等方面制定更加严格的市场准入条件，并以法律的形式加以确立，为相关部门的项目审批管理提供法律依据，增强对产能过剩行业进行调控的规范性和权威性。

二是建立规范的落后产能退出制度。首先，针对产能过剩行业的目标企业，成立临时的落后产能退出（企业关闭破产）评价机构。该机构由当地政府有关部门、企业及工会代表、行业协会或研究咨询机构代表组成，主要就该企业是否退出、退出的条件以及当地政府、企业应承担的责任、义务等达成一致意见，以规范企业关闭破产或淘汰落后产能的程序。其次，建立落后产能退出的保障和补偿机制。当前，应尽快建立由中央财政、地方财政和企业三方共同出资的“落后产能退出专项资金”，实现对关闭破产企业的经济补偿和企业职工的妥善安置；同时，国家相关部门要加紧研究并建立产业结构调整基金，主要用于对被关停生产能力的经济补偿、人员安置以及对其转产提供引导资金。

三是加强国家的政策扶持。一方面，鼓励各地区通过进一步完善财政、税收、金融等手段，统筹解决淘汰落后产能中的资产补偿、人员安置等问题；另一方面，对于消化落后生产能力的跨地区、跨行业的兼并重组，国家在项目核准、信贷支持、企业债券发行、原料和运力保障方面应给予优先考虑。

四是进一步制定鼓励企业“走出去”政策措施，适当向国外转移一批过剩的生产能力特别是过剩的冶炼能力。

（执笔人：杨合湘）

分报告四

国际金融危机背景下的中国服务业发展态势及对策研究

内容提要：本报告分析了国际金融危机背景下中国服务业发展的现实表现，并就如何看待这一问题展开了分析，提出在国际金融危机背景下发展服务业必须注意把应对当前危机的政策调整与促进中长期发展战略的转型结合起来；通过服务业发展方式的转变，增强服务业对经济发展方式转变的带动能力；面向国民经济发展的需求，科学选择服务业的发展方向和重点。在此基础上，提出了立足当前、着眼长远的服务业发展对策思路。

2008年9月份以来，国际金融危机的爆发，深刻影响着中国服务业的发展环境和供求。国内外应对国际金融危机的政策调整，也通过影响相关产业的发展，而对服务业产生千丝万缕的影响。本报告将通过分析国际金融危机背景下中国服务业发展的现实表现，分析国际金融危机及相关政策调整给中国服务业发展带来的机遇和挑战，借鉴国际经验，探讨国际金融危机背景下促进中国服务业发展的对策选择。需要说明的是，本报告的服务业等同于第三产业。

一、国际金融危机背景下中国服务业发展的现实表现

（一）服务业的抗逆性较强，增长速度由下滑转向止跌回升的态势基本形成

政府现行统计系统不公布服务业增加值的月度数据，只公布其季度同比增长速度的资料。由此可见，从实际表现来看，发生国际金融危机以来，相对于第二产业，服务业增加值的增长势头要好得多，抵御国际金融危机的能力也要强得多。表4－1显示：①从2008年第四季度开始，中国服务业增加值出现了同比增长速度下滑的现象；但是，相对于第二产业，服务业增加值同比增长速度的下滑较轻；甚至从2008年第四季度开始，服务业增加值的同比增长速度一直快于第一产业和第二产业。②与上年同期相比，从2009年第二季度开始，服务业增加值同比增长速度的差距已明显缩小。如与上年同期相比，2009年第一、第二、第三季度，服务业增加值的同比增长速度分别下降了3.5个百分点、2.2个百分点和1.5个百分点。③与上年同期相比，服务业增加值同比增长速度的差距远远小于第二产业。尤其

是一些大城市、特大城市，自发生国际金融危机以来，服务业对经济增长的带动作用明显增强。如2009年上半年北京市经济回暖，主要得益于服务业的快速发展；全市地区生产总值同比增长7.8%，其中服务业同比增长10.5%，服务业增加值占全市GDP的比重达到74.6%。同期，长三角核心区16个城市实现GDP的同比增速平均为9.2%，服务业同比增速为13.1%，超过GDP同比增速3.9个百分点。尤其是上海市，2009年上半年服务业增加值的同比增速快于第二产业17.8个百分点。

表4—1　三次产业增加值同比增长速度比较　　单位：%

时　期	国内生产总值	增加值		
		第一产业	第二产业	第三产业
2008年前三季度	9.9	4.5	10.5	10.3
2008年全年	9.0	5.5	9.3	9.5
2008年第一季度	10.6	2.8	11.5	10.9
2009年第一季度	6.1	3.5	5.3	7.4
2008年上半年	10.4	3.5	11.3	10.5
2009年上半年	7.1	3.8	6.6	8.3
2008年前三季度	9.9	4.5	10.5	10.3
2009年前三季度	7.7	4.0	7.5	8.8

资料来源：国家统计局网站"最新发布"一栏相关时期的国民经济运行数据。

（二）消费性服务业受到的影响具有明显的结构性特点，遭遇冲击的行业大多止跌回稳或开始止跌回升

1. 总体态势

随着国际金融危机的蔓延，消费性服务业面临的冲击逐步显现，在总体上呈现增长势头明显减弱、增长速度明显下降甚至部分萎缩的情景。但是，从2009年第二季度开始，多数消费性服务业已出现止跌回稳的态势或

迹象，有些消费性服务业甚至形成了止跌回升或逆市飞扬的态势。社会消费品零售总额的变化，可以从一个侧面反映消费性服务业的发展状况。按照国家统计局的口径，社会消费品零售总额系指批发和零售业、餐饮业、新闻出版业、邮政业和其他服务业等售与城乡居民用于生活消费的商品和社会集团用于公共消费的商品总量。从图 4－1、图 4－2 和表 4－2 可见，从 2008 年 11 月开始，全国社会消费品零售总额出现萎缩和徘徊。其间，由于元旦、春节因素，2008 年 12 月和 2009 年元月全国社会消费品零售总额有所回升，但 2009 年 2～4 月又出现了连续 3 个月的徘徊。2009 年 5 月由于“五一”放假因素，全国社会消费品零售总额再度回升，但 6 月虽高于 4 月却比 5 月有所回落，7 月出现徘徊现象。只是到 2009 年 8 月，全国社会消费品零售总额才再度有所回升，比上月增加了 1.8%；2009 年 9 月，全国社会消费品零售总额又比上月增加了 7.9%。但 2009 年 8 月全国社会消费品零售总额仅比作为此前高峰期的 2008 年 10 月增加了 0.3%。可见，近期全国社会消费品零售总额的变化更多地带有止跌回稳的特点，止跌回升的态势并不很强，回升的基础也不牢靠。值得注意的是：

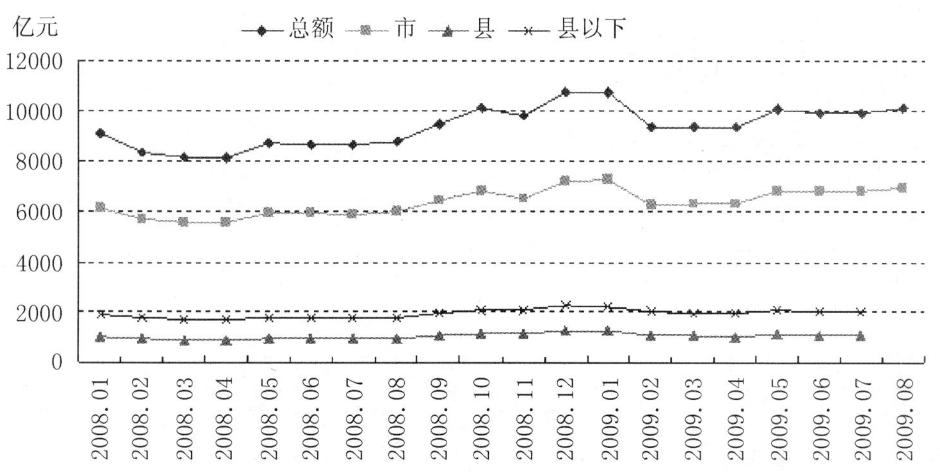

图 4－1　2008 年以来社会消费品零售总额及其按地区分各组成部分的变化

(1) 社会消费品零售总额的同比增长速度明显回落，但已开始逐月缓慢回升。进入2007年以后，全国社会消费品零售总额的同比增长速度逐月上升，当年上半年同比增长15.4%，10月同比增长18.1%，高峰期2008年9月同比增长23.2%；但从2008年10月开始，全国社会消费品零售总额的同比增长速度逐月减缓，到2009年2月仅同比增长11.6%。虽然从2009年3月开始，全国社会消费品零售总额的同比增长速度缓慢回升，3月达到同比增长14.7%；但2009年8月全国社会消费品零售总额的同比增长速度仅为15.4%，仅相当于2007年上半年的平均水平，低于作为高峰期的2008年9月8.5个百分点。到2009年7月和8月，社会消费品零售总额的同比增速仍然分别比上年同月回落8.1个百分点和7.8个百分点。

表4—2　2008年9月以来中国社会消费品零售总额的变化　单位：亿元

<table>
<tr><th rowspan="2">时期</th><th colspan="4">社会消费品零售总额</th></tr>
<tr><th>总额</th><th>市</th><th>县</th><th>县以下</th></tr>
<tr><td>2008.9</td><td>9446.5</td><td>6426.7</td><td>1080.0</td><td>1939.8</td></tr>
<tr><td>2008.10</td><td>10082.7</td><td>6833.4</td><td>1154.1</td><td>2095.2</td></tr>
<tr><td>2008.11</td><td>9790.8</td><td>6528.0</td><td>1162.3</td><td>2100.5</td></tr>
<tr><td>2008.12</td><td>10728.5</td><td>7208.3</td><td>1262.0</td><td>2258.2</td></tr>
<tr><td>2009.1</td><td>10756.6</td><td>7284.3</td><td>1235.4</td><td>2236.9</td></tr>
<tr><td>2009.2</td><td>9323.8</td><td>6256.7</td><td>1060.6</td><td>2006.5</td></tr>
<tr><td>2009.3</td><td>9317.6</td><td>6293.0</td><td>1055.2</td><td>1969.4</td></tr>
<tr><td>2009.4</td><td>9343.2</td><td>6329.6</td><td>1036.6</td><td>1977.0</td></tr>
<tr><td>2009.5</td><td>10028.4</td><td>6840.3</td><td>1117.7</td><td>2070.4</td></tr>
<tr><td>2009.6</td><td>9941.6</td><td>6829.4</td><td>1091.7</td><td>2020.5</td></tr>
<tr><td>2009.7</td><td>9936.5</td><td>6793.8</td><td>1096.7</td><td>2046.0</td></tr>
<tr><td>2009.8</td><td>10116.0</td><td>6935.0</td><td colspan="2">3181.0</td></tr>
<tr><td>2009.9</td><td>10913.0</td><td>7451.0</td><td colspan="2">3462.0</td></tr>
</table>

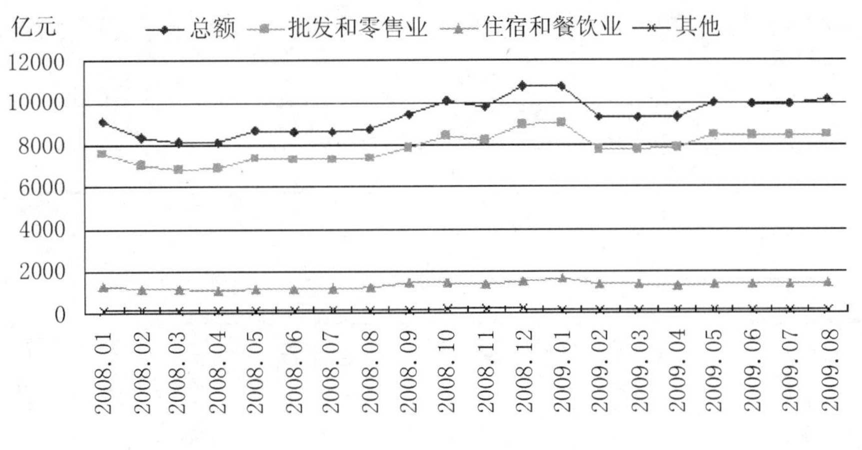

图 4—2　社会消费品零售总额及其按行业分各组成部分的变化

（2）农村消费的扩张连续数月快于城市，但其可持续性正面临挑战。2009 年 2～5 月，县以下消费品零售额的同比增长速度连续 4 个月高于市消费品零售额。[①] 甚至 2009 年前三季度，全国县及县以下社会消费品零售额的同比增速仍然快于城市，分别为 16.0％和 14.8％。这种现象在历史上是罕见的，它说明，在此期间，相对于城市，农村消费品零售额的增长更为活跃。但是，从同年 6 月份开始，县以下消费品零售额与市消费品零售额同比增速的差距已基本拉平（详见图 4—3）。甚至与高峰期的 2008 年 10 月相比，2009 年 8 月全国市消费品零售额增加了 1.5％，县和县以下消费品零售额不升反降了 2.1％。这说明，农村消费扩张的基础并不稳固，农村消费扩张快于城市的可持续性也不强。

（3）住宿和餐饮业受到的相对冲击大于批发和零售业，后者已出现同比增速逐月回升的态势。当前，在全国社会消费品零售总额中，批发和零售业的零售额占 84％上下，住宿和餐饮业零售额、其他零售额分别占 14％以上和 2％以下。相对于住宿和餐饮业，批发和零售业消费品零售额的同比增长速度较低。自发生国际金融危机以来，批发和零售业零售额同比增长

① 此处及后文未注明出处者，均来自国家统计局网站最新发布的官方统计数据。

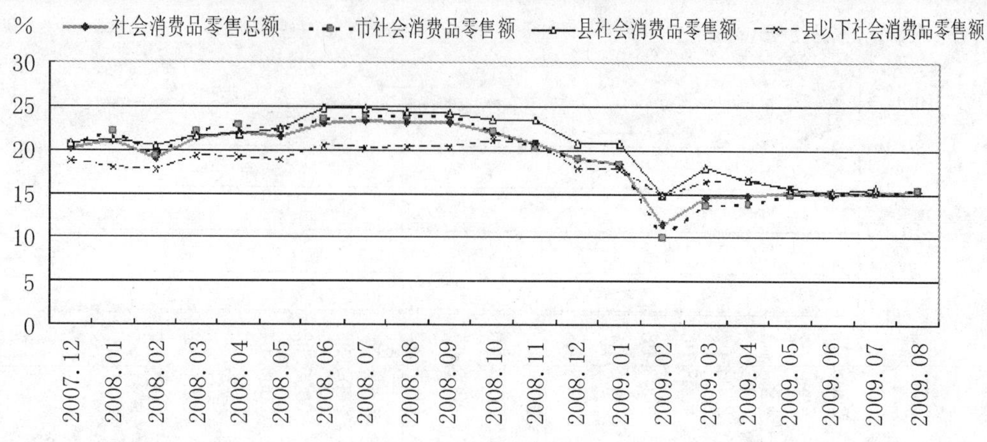

图 4—3 社会消费品零售总额及其按地区分各组成部分比上年同月增长率

速度的下滑程度较小，住宿和餐饮业零售额同比增长速度的下滑却要严重得多。尤其是从 2009 年 3 月开始，批发和零售业零售额的同比增速出现了逐月回升的态势，成为带动整个社会消费品零售额止跌回升的重要因素(见图 4—4)。同期，住宿和餐饮业零售额的同比增长速度仍处于逐月下滑状态。与全国社会消费品零售总额高峰期的 2008 年 10 月相比，2009 年 8 月全国批发和零售业的零售额增加了 1.0%，住宿和餐饮业零售额、其他零售额分别减少了 1.3%和 15.8%。

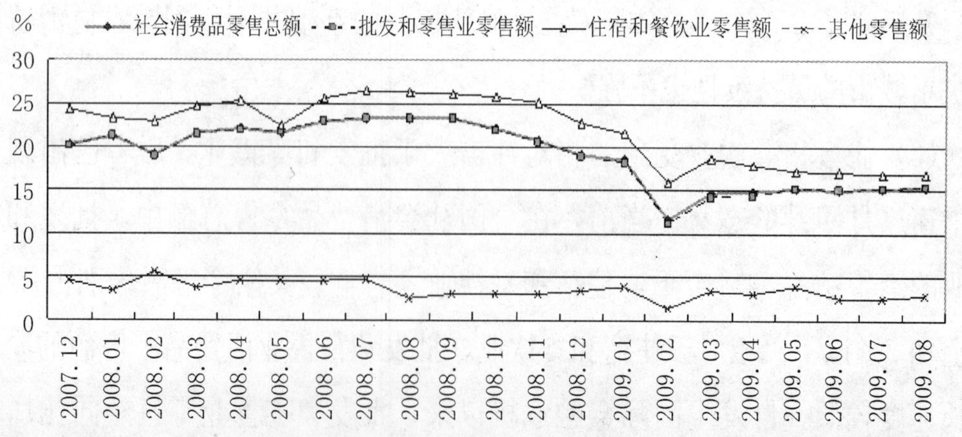

图 4—4 社会消费品零售总额及其按行业分各组成部分较上年同月增长

2. 部分重点行业的态势

就总体而言，消费性服务业所受的影响具有明显的结构性特点，不同行业之间差异较大。

(1) 旅游业。就总体而言，2008年底～2009年初，旅游业面临的冲击较大，但从2009年第二季度开始，旅游业止跌回稳、止跌回升的趋势已日趋明显。2009年上半年，全国实现旅游（外汇）收入182.46亿美元，比上年同期下降12.3%；同年6月和7月实现旅游（外汇）收入分别同比下降6.2%和0.6%。[①] 但旅游业不同部分的发展态势有一定差异。从入境旅游来看，从2008年9月开始，无论是地方层面还是主要城市层面的接待人数先是出现了增速放缓，继而出现了绝对减少的现象。到2009年第二季度，入境旅游接待人数的减缓开始放慢，出现企稳现象。到2009年6、7月，入境旅游接待人数开始绝对增加。这种现象在主要城市尤为显著（见表4—3）。从国内旅游和出境旅游来看，2009年上半年，全国国内旅游市场同比保持较快增长，出境旅游市场虽然同比增速大为放缓，但仍保持增长态势。

表4—3　2008年以来中国入境旅游接待人数的变化

时期	地方		主要城市	
	接待人数（万人/天）	同比增长（%）	接待人数（万人/天）	同比增长（%）
2008年1～8月	12270.25	5.30	7716.15	2.29
2008年9～12月	7520.95	3.90	4700.72	—7.17
2009年1～3月	3825.22	—2.44	2413.32	—7.34
2009年4～5月	3323.98	—2.93	2087.35	—2.78
2009年6～7月	3472.88	9.2	2103.02	11.8

资料来源：国家旅游局网站旅游统计板块。

① 胡萍：《上半年中国旅游业低位运行》，《金融时报》2009年7月28日。

（2）房地产业。2008年底，房地产业面临较大冲击。但进入2009年以来，房地产业先是小幅扩张，很快转向迅速扩张。2009年1～3月，全国商品房销售面积和销售额分别同比增长了8.2%和23.1%；但2009年1～6月，全国商品房销售面积和销售额却分别同比增长了31.7%和53.0%。同年1～8月全国商品房销售面积和销售额分别同比增长了42.9%和69.9%。全国70个大中城市的房屋销售价格，2009年3月同比下降了1.3%，到6月却同比上涨了0.2%，8月则同比上涨了2%。2009年上半年，浙江省房地产业完成增加值同比增长了16.1%。

（3）文化创意服务业。2009年以来，中国文化消费服务业在总体上呈现了逆势飞扬的特征。如2009年上半年，中国图书销售增长了20%，新媒体出版增长了40%，出版传媒产业实现产值增长了40%，投资增长了36%。[①] 同期，重庆市创意产业实现增加值150亿元，同比增长约25%。在刚刚爆发国际金融危机的2008年10月，中国娱乐圈、艺术品市场、传媒业等纷纷呈现动荡与不景气。很多大制作的影视剧都宣布搁浅，歌手专辑的宣传也大幅度缩水，不少颁奖典礼因此受到影响，或停办或压缩规模。MTV举办的"超级盛典"，光线举行的"娱乐大典"、"模特大典"先后取消。艺术品市场与机构开始自身调整，以应对国际金融危机。但进入2009年以来，中国文化产业开始逆势上扬，并屡创佳绩。电影、电视、新闻出版、动漫游戏等呈现强劲攀升的态势；全国各地文化产业发展迅速，显示出巨大的市场潜力和发展前景。根据中国文化部6月初的测算，2009年前5个月中国文化产业平均增长17%，其中电影、图书和舞台剧收入增长都在20%以上。在重庆，市政府为市民打造的"文化超市"——首届演出季，今年第一季度，48台国内外精品剧目吸引了10多万观众，单场平均上座率达到75%，票房收入超过2600万元。在深圳、上海等地，一大批从事文化

① 佚名：《上半年中国新闻出版业逆市上扬》，华媒网（www.ccvic.com）2009年7月13日。

产业的企业业务量和利润均出现良好的增长态势（暨南大学博士生石弘华提供）。

（三）生产性服务业的发展在总体上面临较大冲击，但金融服务业、部分信息服务业等逆势飞扬的特征较为显著

生产性服务业面临的冲击在交通运输业表现得尤其突出。从表4—4可见，撇开春节等季节性因素，在爆发国际金融危机的初期，特别是去年底，全社会客货运输量出现了增速减缓甚至为负的情况，民航货运尤为严重。与上年同月相比，2008年9月，民航货运量下降了8.8%。到2008年12月和2009年元月，则分别下降了15.2%和28.5%。进入2009年第二季度以来，全社会客货运输量开始出现止跌回升的态势，但这种止跌回升的过程仍具有相当的不稳定性。仍以民航货运为例，与上年同月相比，2009年4月和5月，全国民航货运量分别下降了4.9%和0.9%。2009年6月和7月，全国民航货运量分别同比增长了4.2%和3.2%。2009年第二季度，随着中国经济的企稳回升，全国交通运输仓储和邮政业的景气指数已达108.5，比一季度提高了4.0个百分点。

表4—4　近期中国全社会客货运输量较上年同月增长率比较　单位：%

指　标	2008年		2009年					
	9月	11月	1月	3月	5月	6月	7月	8月
货运量合计	14.8	3.6	2.4	5.3	2.8	6.4	8.1	12.5
客运量合计	11.2	9.1	14.1	5.3	1.1	1.8	4.0	3.6
沿海主要港口货物吞吐量	5.9	−2.1	−6.2	−0.6	6.9	8.3	11.0	3.5
其中：外贸货物吞吐量	6.2	−6.9	−13.6	−0.6	2.6	6.1	6.0	2.7

资料来源：国家发改委网站各月交通运输业情况。

生产性服务业遭受的冲击，在会展服务业、商务服务业和某些专业市场均有突出表现。北京、上海、广州三市一直是全国会展业的领头羊。但2009年上半年，北京展览市场一直形势严峻：不仅国际性展会的国际部分下滑明显，展览规模缩减，诸多中小会展也出现规模缩减甚至流产的情况，新增展览项目数明显减少。中小城市的会展业更是首当其冲。同期，全国外贸型展会遭遇空前困难，广交会、华东交易会等重要展会的交易额都不能尽如人意。[①] 由于企业投资活动低迷，特别是中小企业投资信心不足，在许多地方，面向企业特别是中小企业的管理服务、法律服务、会展服务、咨询与调查服务，甚至广告业务严重萎缩。据我们于2009年3月对山东滕州市的调查，由于产品价格下跌，市场疲软、需求萎缩，以建材、石材等为主要经营品种的部分钢材市场等专业市场，一度处于“有价无市”的状态，销售面临很大困难。有些地方面向产业集群兴办的专业市场难以正常运行，除体制机制原因外，与宏观环境的不景气也有密切关系。如邢台市沙河市机械通用零部件市场2008年11月底开业。到2009年4月底，该市场仍然面临商户入驻率低，人气不旺，缺乏商业氛围等问题，甚至形成物流服务难以正常运营与商户不愿入驻的恶性循环：商户入驻率低，导致物流公司货源太少不能正常运营；而物流服务不能正常启动，又耽误商户发货，影响其入驻，导致市场功能难以正常展开。

与此同时，生产性服务业不同行业的增长态势往往存在较大差别。如金融服务业和部分信息服务业出现了逆市飞扬的情景。由于实行了适度宽松的货币政策，导致银行贷款的投放出现明显扩张。到2009年6月末，金融机构各项人民币贷款余额达到37.7万亿元，比年初增加7.4万亿元，同比多增4.9万亿元。同年7、8两个月，全国金融机构各项人民币贷款余额增速放慢，但到2009年8月末，仍同比多增5.04万亿元。2009年上半年，

① 徐春林：《会展业在低谷中奋然前行》，《国际商报》2009年7月29日D版。

浙江省金融服务业完成增加值同比增长了26.3%。2009年4月，广东省第三产业外商投资企业实际利用外资增长了0.1%，但信息传输、计算机服务和软件业实际利用外资却增长了4.4倍。[①] 同年第二季度，全国信息传输、计算机服务和软件业企业的景气指数高达145.1。[②] 到2009年6月底，全国网民规模达到3.38亿元，较上年底增长13.4%；网络购物用户数达到8788万户，较上年底增加18.9%，网上支付用户半年使用率增加了4.8个百分点。国际金融危机凸显了互联网平台高性价比的优势。[③]

（四）服务业投资增速经历了危机初期的短期回落，2009年以来呈现逐月加快的态势

2008年前9个月，服务业投资较上年同期增长24.8%。同年后3个月，服务业投资较上年同期增长22.8%，增长速度略有回落。但自2009年以来，服务业投资的增长速度逐月回升，增长速度不仅较上年明显加快，还明显快于第二产业的投资增速。2009年1～8月，服务业投资较上年同期增长37.3%，快于同期第二产业投资增长速度10.5个百分点；服务业投资的增长速度同比加快11.8个百分点，相比之下第二产业投资的增长速度却同比减少了1.8个百分点（见图4—5）。[④] 值得注意的是，今年前8个月，服务业投资的增长速度虽然远远慢于第一产业，但从逐月投资增长速度的比较可以看出，第一产业投资的增长速度呈现逐月回落的态势，服务业投资的增长速度则呈逐月回升的态势（见图4—6），可见相对而言服务业投资的

---

① 佚名：《广东实际利用外商直接投资连续三个月正增长》，广东省统计局网站2009年5月25日。

② 社会服务业包括租赁和商务服务业、环境和公共设施管理业、居民服务业和其他服务业。参见国家统计局综合司："二季度全国企业景气指数为115.9"，国家统计局网站2009年7月9日。

③ 郑申：《中国互联网稳步发展》，《金融时报》2009年7月29日第9版。

④ 资料来源：国家发改委网站关于三次产业投资及增长情况数据。2009年1～7月第二产业同比增长27.8%，2008年1～7月第二产业同比增长27.9%。2009年第三产业同比增长36.5%，2008年第三产业同比增长26%。

增长更具有可持续性。

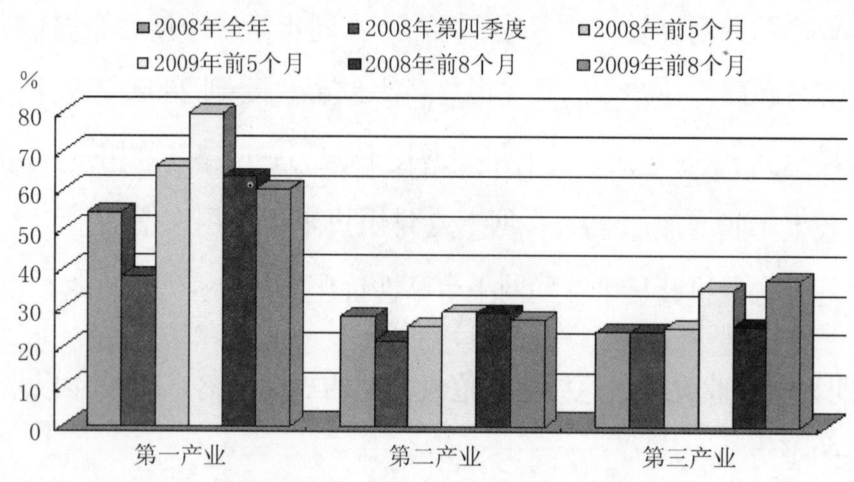

图 4—5　三次产业投资增长速度及其与 2008 年比较

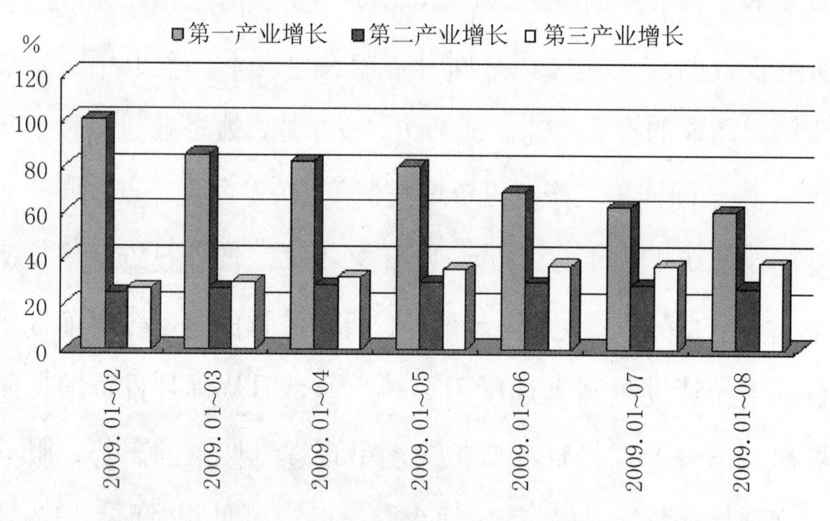

图 4—6　2009 年以来中国三次产业投资增长速度比较

（五）服务业外包和服务业密集区建设等亮点频现，差异化、多样化格局日趋鲜明

2009 年以来，不仅服务业发展总体态势较好，服务业发展的亮点也频

繁涌现。首先，现代物流、网络信息、创意设计和品牌会展等新兴服务业迅速崛起，服务业新业态、新模式迅速形成，成为服务业乃至区域经济发展的重要支撑力量。

其次，各具特色的服务业密集区、功能区迅速崛起。如在广州，阿里巴巴华南营运总部、中海油华南区总部、跨国公司华斯度中国总部等云集广州开发区，导致广州市引进服务业外资金额首次超过工业项目。在许多中西部地区，打造服务业区域增长极，建设各具特色的专业市场和服务业密集区，成为加快服务业发展的重要载体、推进产业结构调整的重要方式。

最后，服务业外包的迅速崛起。根据商务部发布的数据，2009 年上半年，全国新增服务业外包企业 1406 家，新增从业人员 29.7 万人。同期，全国实际利用外资虽然有所减少，但服务外包承接的合同额却增长了 42%。[①] 2009 年前 8 个月，青岛市服务外包合同额比上年全年增长 120%，服务外包业务执行额比上年全年增长 112%。该市在商务部业务管理系统注册登记的外包企业，已由 2008 年底的 83 家增加到 108 家，新增服务外包企业 25 家。[②] 2009 年上半年，江苏省服务外包接包合同额同比增长 113.2%，执行额同比增长 123.8%；其中离岸合同额同比增长 72.3%，离岸执行额同比增长 98.1%。[③] 2009 年上半年，重庆市直接离岸的服务业外包协议金额同比增长近 25 倍，执行金额同比增长约 15.7 倍。在杭州等城市，由于着力打造中国服务业外包示范城市，服务业外包呈现蓬勃发展的势头。2009 年上半年，该市离岸服务外包合同执行额较上年同期增长 101.0%。有些外

---

① 佚名：《上半年中国吸收外资继续呈下降趋势》，嘉兴市对外经济贸易合作局网站 2009 年 7 月 31 日、中国广播网 2009 年 7 月 16 日。

② 佚名：《青岛服务外包持续增长》，中华人民共和国商务部网站 2009 年 9 月 23 日。

③ 佚名：《上半年江苏服务外包产业规模实现翻番》，中华人民共和国商务部网站 2009 年 7 月 30 日。

国企业不仅在杭州设立电子商务基地，甚至把整个营运中心都搬到杭州。2009 年前 5 个月，昆山市服务外包接包合同额同比增长 365.8%；[①] 北京市服务外包业务总收入同比增长 28.6%。目前北京市服务外包企业已达 400 多家，从业人员超过 10 万人，并以软件、医药研发、呼叫中心业务发展最快。[②]

与此同时，2009 年以来，无论是从区域之间的比较，还是从行业之间的比较来看，中国服务业的多样化、差异化格局都在加快强化。甚至在相同行业的不同地区之间，服务业的发展态势往往也表现出明显差异。如 2009 年以来，在国际会展低迷的同时，中国的内销展会强势崛起，对扩大内需、拉动消费发挥了重要作用。旅游节、文化节等各种节庆活动空前活跃，家电促销会等迅速增加。许多出口导向型企业把参加行业会展作为开拓国内市场的重要途径，国内会展资源也呈现出向品牌展会、大型展会集中的趋势。[③] 2009 年上半年，许多地方的中介服务业遭遇较大冲击，但重庆市中介服务业实现收入却同比增长了 20.2%。旅游业也是区域发展差异较大的行业。许多地区旅游业扩张乏力，但安徽省、重庆市的旅游业却逆市飞扬。2009 年上半年，安徽省上半年接待旅游人数和实现旅游收入分别同比增长了 24.4%和 26.7%，重庆市共接待境内外游客数和实现的销售收入分别比上年同期增长了 24.2%和 25.1%。同期，不少地方的物流业呈现萎缩态势，但重庆市实现的物流业增加值却同比增长了 10%。

---

① 佚名：《昆山市服务外包收入同比增长 365.81%》，天津现代服务业网 2009 年 6 月 16 日。

② 赵毅：《北京今年前五个月服务外包业务收入同比增近三成》，天津现代服务业网 2009 年 6 月 16 日。

③ 徐春林：《会展业在低谷中奋然前行》，《国际商报》2009 年 7 月 29 日。

二、如何看待国际金融危机背景下中国服务业发展的现实表现

如何看待国际金融危机背景下中国服务业发展的现实表现？分析这一问题，很容易选择以下技术路线：揭示国际金融危机对中国服务业发展带来的机遇和挑战，分析国际金融危机对中国服务业发展的直接和间接影响；在此基础上，探讨中国服务业发展如何更好地利用机遇、迎接挑战，实现转“危”为“机”。但是，按照这种路线，很容易把中国服务业发展的现实表现，简单地归结为国际金融危机的影响和应对国际金融危机的政策调整，容易陷入以偏概全的误区。实际上，国际金融危机背景下中国服务业发展的现实表现，是国际金融危机和国内经济周期性调整共同作用的结果，也与国际金融危机爆发后国内政策的调整密切相关。对服务业的部分行业，国内经济周期性调整的影响甚至大于国际金融危机的作用。房地产业就是典型一例。当然，在不同类型地区，国际金融危机和国内经济周期性调整对服务业的影响也可能表现出明显差异。如在出口导向的东南沿海地区，国际金融危机的影响往往更大；但在出口比重不高的中西部地区，国内经济周期性调整的作用可能更强，有些地区的服务业发展甚至没有受到影响。具体地说，在当前国际金融危机的背景下，中国服务业发展的现实表现是以下因素共同作用的结果：

（一）服务业发展面临的挑战

1. 经济增长速度放缓且外贸出口减少，抑制生产性服务业的需求扩张

当前，中国经济仍处于工业化中期，中国生产性服务业的发展在总体

上也处于初级阶段。根据国际经验，这一阶段的生产性服务业发展主要依靠来自第一产业特别是第二产业的需求。自2008年9月爆发国际金融危机以来，随着国际金融危机的蔓延和国内经济的周期性调整，中国第二产业特别是制造业的增长速度明显放慢，部分行业甚至出现经济总量的绝对下滑。如目前，中国第二产业增加值的规模远远超过第一产业。2009年上半年，全国第一、第二产业增加值分别较上年同期增长3.8%和6.6%，增速分别比上年同期增加0.3个百分点和下降4.7个百分点；规模以上工业增加值同比增长7.0%，增速比上年同期回落9.3个百分点。第二产业增长速度下降，导致其对生产性服务的需求扩张乏力，从而抑制生产性服务业的发展。相对于中西部地区和东北地区，当前在中国东部地区，生产性服务业更为发达，生产性服务的外部化程度也更高。然而，当前第二产业特别是工业增速下滑的问题，在东部地区又最为严重。这种状况很容易通过需求传导效应，抑制生产性服务业的扩张。在部分东南沿海地区，由于订单减少、出口下降，物流、商务服务等需求总量较上年同期绝对减少。如由于外贸出口受阻、世界主要经济体出现经济衰退，导致中国的国际会展业面临空前困境，国际参展商明显减少。

2. 冲击城乡就业和收入，束缚消费性服务业的发展

随着国际金融危机的蔓延和国内经济的周期性调整，许多行业的发展环境恶化，导致产业发展困难和城乡就业问题加重，影响城乡居民收入的增长，部分地区、部分人群的收入甚至下降。这种现象尤以农民工和应届大学毕业生为重。尽管国家已出台政策要求企业不裁员、不降薪，也有不少企业为了留住技术人才和熟练工人，主动同员工“共度时艰”；但就总体而言，到2009年6月底，在以出口为主的部分东南沿海地区，就业和收入下降仍是比较严重的，甚至因外贸出口减少导致较多的企业停工停业，农民工大量返乡回村，进而导致许多农民工输入地出现消费需求萎缩。据我们 2009 年 7 月 19～23 日对广东 FS 市 SS 区 LP 镇[①]的调查，当地员工收入比上年同期减少 1/4～1/5。与爆发国际金融危机前的高峰期相比，相当一部分企业的员工数减少 40%以上。又据我们 2009 年 7 月初对黑龙江省青冈县建设乡的调查，该乡常年转移外出的劳动力大约 4000～5000 人，由于国际金融危机的影响，到今年 7 月，外出劳动力返乡的大约 400～500 人。就业和收入的下降很容易通过消费需求下降，形成对消费性服务业规模扩张的抑制效应。以满足享受性需求为主的部分消费性服务业首当其冲，与此有密切关系。

3. 影响生产者和消费者信心，抑制服务业投资和发展

在特定时期内，服务业诸多行业的发展状况在很大程度上取决于利益相关者的信心。现代服务业尤其如此。与爆发国际金融危机前相比，当前受国内经济周期性调整特别是国际金融危机的影响，企业投资意愿减弱、消费者信心低迷在很大程度上抑制了服务业的投资和需求，进而影响服务业的发展及其长期发展能力的形成。从 2009 年第二季度开始，中国经济运行开始企稳回升，尤其是到 2009 年 7 月，按照政府领导人的说法，中国经济运行进入企稳回升的关键期。但据我们 7 月下旬对广东 FS 市 SS 区的调查，尽管部分企业已出现市场转暖、投资信心恢复，仍有不少企业对于未来发展持观望态度，对增加投资表现谨慎。近年来，随着农民流动空间的扩大，越来越多的农民加入创业和非农就业的队伍。但是，面对国际金融危机和农业自然灾害的影响，许多农民对于创业同样存在信心不足的问题。有的农民说："不是农民不想富，而是他不敢迈大步。"面对农产品和原材料、产成品价格的剧烈波动，不少农民和中小企业往往是"一朝被蛇咬，十年怕井绳"。尤其是 2009 年以来，在生猪行业周期性波动和国际金融危机的共同作用下，许多农民养猪户苦不堪言。农户和企业对未来信心不足，

① 为避免形成对调研地区的负面影响，本报告对所调查地区一概用中文名称的英文简写表示。

很容易放大国际金融危机和国内经济周期性调整对生产性服务业的需求抑制效应。

2009 年以来，国家实行家电下乡政策等刺激农村消费，取得了一定效果，但国际金融危机导致的未来信心不足同样影响到城乡消费。如据我们 2009 年 7 月对黑龙江青冈县的调查，许多农民反映“让农民消费，农民不敢”！因为他们“干劲有了，钱劲没了”，“农民也想多花钱，但是到哪挣钱”？

4. 利用外资数量减少

受国际金融危机的影响，许多外资企业在其总部所在国面临着空前困境，出现经营状况恶化、利润下降、资金约束强化等问题，被迫压缩战线、减少对外投资，甚至主动在中国撤资和减资。2009 年上半年，中国非金融领域吸收外商直接投资设立企业 1.04 万家，实际使用外资 430.1 亿美元，同比分别下降了 28.4%和 17.9%；服务业领域实际使用外资同比下降 27.7%，同比降幅超过制造业（10.1%）。服务业领域实际使用外资的降幅，与房地产业实际使用外资的减少有密切关系。这对于服务业的发展也形成一定的负面影响。

5. 服务业发展和企业运行的风险明显增大

国内经济的周期性调整导致国内产业发展环境恶化，加大产业运行的风险。尤其是随着国际金融危机及其对实体经济影响的深化，影响服务业供求的不确定因素明显增加，由此会直接、间接地加大中国服务业发展的风险。

首先，美国、日本、欧盟等主要经济体的经济复苏仍然可能充满动荡、反复和不确定性，并很容易通过国家之间的供求传导效应，转换为新兴国家、发展中经济复苏过程的波动性，进而导致中国经济面临的外需规模增长乏力、波动风险增加。在此过程中，跨国公司对中国的产业投资乃至中国企业的产品出口都容易出现增长艰难、波动增加的问题。这种风险又很容易转换为中国生产性服务业乃至部分消费性服务业需求波动的风险。况且，国际金融危机及其对实体经济影响的深化还会导致世界范围内贸易保护主义抬头，贸易摩擦加剧，增加中国企业利用外需的风险。

其次，以往主要依赖出口和“走出去”的中国部分企业，甚至部分国外企业，为了化解利用外需的风险，会转而努力开拓利用中国国内需求的渠道，形成同中国国内企业的竞争，增加国内市场产成品和能源、原材料的价格波动，增加企业和产业的运行风险，进而通过需求传递效应，转化为生产性服务业乃至消费性服务业的运行风险。

最后，随着国际金融危机和国内经济周期性调整的深化，越来越多的企业将会面临严重的应收款危机。这种应收款危机又很容易转化为企业的应付款负担，进而通过产业链不同企业之间的相互作用形成日趋严重的“三角债”问题，加大企业出现资金链断裂的可能性。尽管这种资金链断裂的风险最初更容易出现在制造业中，但随着国际金融危机及其对实体经济影响的深化，它会很自然地传导到服务业，导致服务业企业面临的同类风险更大。因为一般而言，服务业相对于制造业，小型企业、微型企业的比重更大，处于创业阶段的企业更多，特别是多数服务业企业往往以无形资产为主，可供抵押的固定资产少，难以取得银行贷款或融资担保的资格。

6. 其他重大突发事件的影响

如甲型 H1N1 流感对全国旅游业的影响，“7·5 事件”对新疆旅游业的影响。

（二）服务业发展面临的机遇

从历次国际金融危机的经验来看，服务业的复苏速度通常要快于农业和制造业。其主要原因是：①经济复苏往往是先从下游企业开始的，通过下游企业的需求扩张向中、上游企业传递复苏的动力和信号。部分服务业如房地产业等具有贴近最终需求的特点，具有类似下游企业的特征。[①] ②相对于制造业，服务业企业通常规模小、投资少、存货周转时间短，对经济运行环境的变化反应快，尤其是部分新兴服务业需求收入弹性高、人力资本质量高，在遭遇金融危机和经济危机时调整适应能力强，相对而言比较容易率先走上复苏的轨道。特别是当经济的下滑较为稳定后，服务业的复苏通常快于其他产业。③历次国际金融危机的经验表明，在遭遇国际金融危机时，各行业的衰退速度几乎都要比危机后的复苏速度快得多。非必需消费品行业对经济衰退很敏感，在经济衰退中往往首当其冲；但在经济复苏阶段，非必需消费品和 IT 消费支出的增长往往会领先于其他行业，特别是医疗保健等服务行业有较大的可能领先于其他行业走向复苏。除部分传统消费性服务业外，大多数消费性服务业特别是新兴服务业提供的是非必需消费品，甚至同 IT 行业的发展也具有较强的相关性。④经济危机往往孕育着文化产业的发展机遇，与文化相关的服务业发展具有一定的“反

① 当前在经济全球化的背景下，位于同一产业链的不同企业可能横跨不同的国度。特定国家某些产业链的下游企业可能不在国内，而在国外；因此该国遭遇局部范围的金融危机后，受到位居国外的部分下游企业（行业）较快增长的带动，国内部分上游企业（行业）可能率先走向复苏。当该国位居国外的下游企业不在遭遇金融危机的国度时，情况尤其如此。典型的例子是，1997 年，东南亚国家爆发亚洲金融危机后，这些国家的部分中上游企业受到其位居美国和中国的部分下游企业较快增长的带动而率先复苏，但其面向国内且作为下游企业的房地产业却迟迟不能摆脱困境。一般而言，房地产业属于下游企业，在遭遇金融危机后往往率先复苏，随后才是商业的复苏。随着经济进一步向好，对轻工业产品的需求增加，促使轻工业走向复苏，进而带动其所用机器订单增加，促进重工业回暖。当时美国经济并没有受到亚洲金融危机的影响，中国采取积极的财政政策和稳健的货币政策，也有效抑制了亚洲金融危机的冲击，并保持了较快的经济增长。位居美国和中国的部分下游企业的较快增长，对东南亚国家部分中上游企业率先复苏发挥了重要作用。

周期性质”。①

此外，当前中国面临的国际金融危机是在国内金融体系基本健全、金融运行较为稳健的背景下发生的。但是，国内经济周期性调整的推进，特别是国际金融危机及其对国内实体经济影响的深化，也对中国服务业发展派生出许多新的需求，为服务业发展提供重大机遇。如：

——国际金融危机和国内经济的周期性调整更加充分地暴露了中国传统发展模式和经济结构的问题，使发展服务业的重要性和紧迫性进一步凸显起来，有利于提高地方、企业转变经济发展方式和加快服务业发展的自觉性。

——随着国际金融危机对实体经济影响的深化，中国扩大出口甚至稳定国际市场的难度明显增加，国外企业开拓中国市场的努力也会较以前明

① 文化产品的消费通常需要足够的金钱和时间，经济和金融危机不仅导致享受闲暇的成本和机会成本明显下降，为人们潜心消费文化产品提供了便利；也使社会利用文化消费调适心情、寻求慰藉，甚至重建信心和希望的需求迅速膨胀。经济和金融危机还使文化产品的生产者可以多一些深沉和冷静、少一些浮躁和功利，创造更多更好的文化精品，并带动相关服务业的发展。尤其是在经济持续高速增长之后，经济和金融危机导致的经济萧条时期，社会更有可能压缩物质产品的消费，增加精神产品的消费；通过精神领域的消费弥补物质领域的压抑。

根据在读博士石弘华提供的资料，20 世纪 30 年代发端于美国的世界经济危机虽然导致了经济萧条、生产的下降和失业的增加，也为美国文化产业从内容到形式的创新提供了契机。先前少有的闲暇和对现实的反映、反省、反思方便了文化产品的消费和经典文化产品的形成。文化产业的逆市成长也为美国人度过艰难时光、重树信心和希望，创造了条件。

1997 年开始爆发的亚洲金融危机，导致以日本、韩国为代表的东南亚国家陷入严重的经济衰退。鉴于民众渴望寻找新的生活方式以消磨时光、获得精神庇护，日本的企业家迅速捕捉商机，在短期内开发出格斗、角色扮演、节奏武打、模拟恋爱、历史仿真、宠物养成和对话游戏等品种繁多的动漫游戏类型。随着产业的不断融合以及市场的多样化、细分化，漫画、动画、游戏逐渐发展成为一套完整的产业体系。此后，日本政府以动漫产业为突破口，积极实施“文化立国”战略，有效地促进了文化产业的发展，使日本文化产业的许多领域占据全球领先地位，动漫、游戏等新兴文化产业更是给日本带来了巨大的收益。

在韩国，亚洲金融危机导致各大财阀濒临破产，财阀垄断电影业的局面迅速瓦解。在此背景下，大大小小的以好莱坞方式运作的独立制片公司如雨后春笋般发展，这些新生的制片公司每年可以拍出好几部影片，在全国范围内发行。与此同时，在韩国本土，文化创意产业链逐渐形成，与此相关的各类中介服务及投融资市场日益成熟，为本土导演、本土明星借助本土资本投拍大制作的本土题材电影提供了便利，也促进他们相关之间良性竞争机制的形成。在此背景下，韩国政府确立了“文化立国”的方针，以文化产业为依托，发掘新的经济增长点，有力地推动了文化产业的发展。韩国电影凭借其文化特色鲜明，内容创意独特，制作精良的优势，在东亚乃至全球掀起了巨大的“韩流”热潮。

显加大。即使按照比较乐观的估计，世界经济能够在较短的时间内走向复苏，可以预见复苏的过程很可能不是一路坦途，而且复苏的过程很难像衰退过程来得那么快。这就意味着在今后相当长的一段时期内，中国很可能面临国际贸易摩擦的多发期。解决国际贸易争端和开拓国际国内市场，对商务服务、市场营销服务甚至知识产权服务、进出口代理等相关生产性服务的需求将会明显增长。

——国际金融危机及其对实体经济影响的深化进一步凸显了中国部分地区发展服务外包的比较优势。2009 年以来，国外部分公司在大幅裁员后，为压缩成本，把一些专业技术性的工作外包到人力资源丰富、成本相对低廉的国家，甚至将部分服务外包业务转移到成本相对较低的国家，由此导致在国际金融危机的背景下，中国国内 IT、客户服务、语言类外包服务等业务量不降反增。

——随着国际金融危机和国内经济周期性调整的深化，一方面，企业的盈利能力和资金调度的灵活性很可能明显下降；另一方面，越来越多的企业将会面临比较严重的应收款负担，并通过不同产业链、资金链、价值链企业之间的相互作用，形成比较严重的“三角债”问题。这两方面因素的共同作用，会导致企业的融资需求和融资担保需求迅速膨胀，加大企业对金融服务甚至资本运营服务的需求。

——国际金融危机及其对实体经济影响的深化导致重点面向中小企业和产业集群的需求，加快发展生产性服务业的重要性、紧迫性明显增加。在国际金融危机背景下，就业和社会稳定问题的凸显从反面说明发展中小企业的重要性。当前中国经济已经进入企稳回升的关键期，加快中小企业发展越来越成为保增长、扩内需、稳就业、惠民生、促稳定的第一要务。但是，在国际金融危机背景下，中小企业遭遇的重创，突出地反映了中国中小企业服务体系的薄弱，主要表现为面向中小企业的政策和咨询服务严重薄弱，面向中小企业的金融服务严重短缺，面向中小企业的人才引进和培训体系发展滞后，以及面向中小企业或产业集群的行业协会、公共服务平台建设不够等。因此，加快中小企业服务体系建设，或加快发展生产性服务业的重要性迅速凸显。

（三）宏观政策调整和地方、企业救市行为的作用

分析国际金融危机背景下中国服务业发展的现实表现，不能不重视宏观政策调整和地方、企业的救市行为。甚至从相当程度上说，宏观政策调整和地方、企业的救市行为，对于能否利用当前服务业发展的机遇、化解服务业发展的挑战，对于服务业乃至国民经济运行的实际表现，都具有至关重要的影响。就总体而言，迄今为止，中国宏观政策调整和地方、企业的救市行为，较好地平抑了国际金融危机和国内经济周期性调整对服务业发展的冲击，较好地利用了国际金融危机和国内经济周期性调整提供的机遇。具体地说：

（1）自 2008 年 11 月 5 日国务院常务会议研究部署进一步扩大内需促进经济平稳较快增长的措施后，到 2009 年 7 月 22 日国务院共召开 44 次常务会议，其中大多数都把加快发展方式转变、优化经济发展环境和发展服务业作为重要的支持方向，出台了许多切实有效的政策措施。如通过大规模增加政府投入，加强重大基础设施建设等改善服务业发展和招商引资的环境；2008 年 11 月 5 日国务院常务会议决定在全国所有地区、所有行业实施增值税转型改革等；2008 年 12 月 24 日国务院常务会议决定，为支持流通业发展，2009 年中央财政将增加农村物流服务体系发展专项资金和促进服务业发展专项资金的规模。从 2009 年 1 月开始陆续出台的十大产业调整和振兴规划，除物流业直接属于服务业外，都把发展服务业作为重

要内容。[①] 从2009年底开始中央陆续出台的搞活流通、扩大消费的政策措施，则直接带动了消费性服务业的扩张及消费性服务业发展能力建设。此外，2008年12月17日国务院常务会议研究部署促进房地产市场健康发展的政策措施，2009年2月25日国务院常务会议审议并原则通过物流业调整振兴规划，2009年3月25日审议并原则通过关于推进上海加快发展现代服务业和先进制造业、建设国际金融中心和国际航运中心的意见，2009年7月22日国务院常务会议讨论并原则通过《文化产业振兴规划》等，则是直接与服务业发展相关。

(2) 许多地方政府和中央部门还把加快发展服务业，作为应对国际金融危机和国内经济周期性调整的重要举措。如目前发展旅游业已经成为国家战略，国家旅游局组织实施的“乡村旅游百千万工程”、“百万旅游就业援助工程”、“国家旅游线路工程”等，正在对旅游业的发展产生积极影响。许多省份已把发展旅游业作为长期战略，甚至拿出专项资金，推出优惠措施，积极引导社会投资旅游业。如海南省建设“国际旅游岛”、河南省实施“旅游立省”战略、福建省打造“海峡西岸旅游圈”。有些省份还把扩大旅游消费，作为应对国际金融危机的重要举措。如广东省启动国民休闲计划试点等，长三角部分城市首批发放的旅游券不下10亿元。围绕旅游业的区域合作也在蓬勃展开。如北方十省（区市）联手开发北方旅游市场、中部地区积极推进区域旅游一体化等。又如，面对中小企业的融资困难，许多

---

① 如《汽车产业调整和振兴规划》提出要“坚持产业升级，注重工业发展和服务增值相结合”，培育汽车消费市场，拓展汽车金融业务和产品售后服务，实现汽车制造业和汽车服务业协调发展。《汽车产业技术进步和技术改造投资方向（2009～2011年）》，将第三方汽车及零部件公共检测机构能力建设、产品开发能力建设项目、零部件技术中心建设项目等作为重要支持方向。《纺织工业调整和振兴规划》把完善公共服务体系作为该行业产业调整和振兴的主要任务之一。品牌、公共服务体系建设被列入《纺织工业技术进步与技术改造投资方向（2009～2011年）》。《装备制造业调整和振兴规划》明确提出要发展现代制造服务业、支持产品检验检测和认证机构建设。《船舶工业调整和振兴规划》提出要积极发展修船业务。《电子信息产业调整和振兴规划》提出要在信息服务等领域培育新的增长点。《轻工业调整和振兴规划》提出要健全外贸服务体系、做好公共服务。几乎所有的产业调整和振兴规划都提出要发挥行业协会（商会）作用。

地方把加快中小企业融资担保业和小额贷款公司的发展作为重要措施，积极组建相关机构，引导、支持其扩大规模并拓展业务。安徽省甚至力争2009年每个县建一个小额贷款公司。

(3) 自2008年下半年以来，许多企业面对订单或销售额的严重下滑，主动加强营销中心或营销网络建设，并积极参加各种展销会，谋求扩大市场空间。此举有效支撑了国内会展业的发展。鉴于技工短缺是长期困扰企业发展的突出问题，许多企业利用国际金融危机导致开工不足的机遇，加强企业内部培训，或积极组织企业员工参加培训。此举又在客观上支撑了培训服务业的发展。

三、国际金融危机背景下中国服务业发展必须注意的几个问题

（一）把应对当前危机的政策调整，与促进中长期发展战略的转型结合起来

当前在国际金融危机和国内经济周期性调整的共同作用下，城乡就业问题比较严重，成为影响民生甚至妨碍社会稳定和谐的突出问题。从国际经验来看，服务业具有较强的就业吸纳能力，为解决当前严重的就业困难应该加快发展服务业。但是，服务业不同行业吸纳就业的能力往往存在明显差异。如旅游业的就业吸纳就业能力往往比较强，金融业等资本、技术密集型服务业的就业吸纳能力甚至还不如部分工业、建筑业，且有很高的就业“门槛”。因此，服务业也并非每个行业的就业吸纳能力都比较强。就业吸纳能力较强的服务业大多属于劳动密集的传统服务业，许多现代服务

业就业吸纳能力往往并不很强（见图4－7①）。可见，为解决就业问题，很容易把加快发展服务业的重点放在劳动密集的传统服务业上。

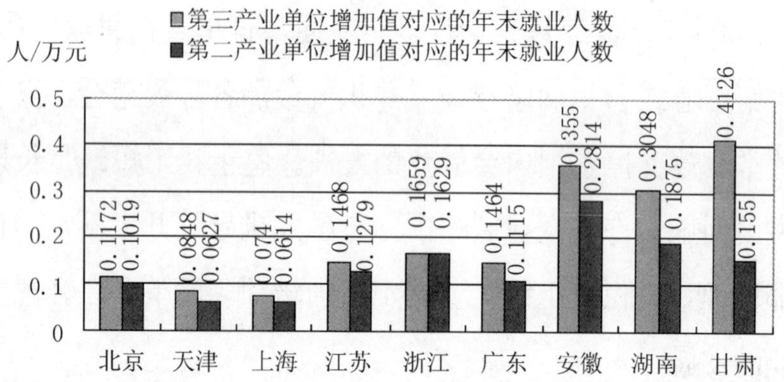

图4－7　2007年代表性省市第二产业和服务业单位增加值对应的年末就业人数

但是，如果只是为了解决眼前的就业问题，过度发展劳动密集型的传统服务业，很可能加剧中国服务业发展中现代服务业比重低、传统服务业比重高以及服务业发展中低水平过度竞争、区域结构雷同等问题，影响服务业可持续发展能力的成长及其竞争力的增强，甚至会延缓服务业结构优化升级的进程。因此，在国际金融危机的背景下发展服务业必须立足当前，着眼长远，把应对当前危机的政策调整与促进中长期发展战略的转型结合起来，把短期内保增长、扩内需、稳就业、惠民生与中长期推进产业结构优化升级结合起来，在促进服务业规模扩张、增强其就业吸纳能力的同时，注意促进服务业结构的优化升级、培育服务业的长期发展能力。

① 从当前中国服务业发展的现实水平来看，如果说北京、上海、天津代表服务业发展的第一梯队，江苏、浙江、广东代表第二梯队，安徽、湖南、甘肃代表第三梯队。那么，从第一梯队到第二梯队再到第三梯队，现代服务业的比重呈现层次递减的趋势，传统服务业的比重呈现层次递增的趋势。

（二）通过服务业发展方式的转变，增强服务业对经济发展方式转变的带动能力

发展服务业的重要功能之一，是实现产业结构优化升级和经济发展方式的转变。但是，迄今为止，服务业自身发展方式的问题也并不少见。许多地方的服务业发展正在再现制造业的发展方式问题，导致服务业发展中分散布局、重复投资、盲目建设、粗放经营等现象大量产生。如许多地方的商务服务业分散布局，会展场馆分散建设、资源利用效率低下，难以形成集群效应、规模效应和品牌效应。至于市场培育中各自为政，画地为牢，导致盲目投资、重复建设的现象更是比较多见，有些市场建设甚至因为布局不合理，导致有场无市。在许多城市创意设计服务业的发展中，企业分布分散的问题也是比较严重的。服务业企业"小而全"、"大而全"，专业化分工、社会化协作发展缓慢，甚至不愿参与分工、协作体系的现象屡见不鲜。有些地方的服务业发展片面追求区域自成体系、实现自给自足，轻视服务业发展的区域分工和合作；抑或脱离市场需求，片面"贪大求洋"，也是服务业发展方式问题的突出表现。要增强服务业的竞争力和可持续发展能力，甚至要在国际金融危机的背景下，更好地增强服务业抵御风险的能力，必须加快服务业发展方式的创新，加快各具特色的服务业功能区、服务业密集区建设。通过服务业发展方式的转变增强对整个经济发展方式转变的带动能力。

（三）面向国民经济发展的需求，科学选择服务业的发展方向和重点

发展服务业，必须走出为发展服务业而发展服务业的误区，将实现从产业导向向功能导向的转变，增强服务业对国民经济和社会发展的引导、支撑和适应能力放在更为重要的地位。具体地说：

1. 生产性服务业的发展方向和重点

从中长期的角度看，当前中国经济正处于转型发展的新阶段，选择生产性服务业的发展方向和重点，必须面向第一产业和第二产业的发展需求，注意整合资源、突出重点，加快解决生产性服务业供给短缺的问题。为此，要以改造提升产业集群为重点，加快培育现代生产性服务业产业链、产业群和产业体系，重点支持各具特色的生产性服务业集聚区建设。要适应第二产业分工分业深化的要求，促进企业分离发展生产性服务业或外包生产性服务业，加强生产性服务业公共服务平台建设。通过支持行业协会和中介组织建设，积极发挥生产性服务业供给对需求的引导、激发和凝聚作用。近年来，随着农业分工、分业的迅速深化，农业产业链、产业体系的部分职能逐步实现规模化、专业化、独立化和产业化，导致农业生产性服务业迅速崛起，生产性服务业对于农业发展、结构升级和农民增收的引领、支撑作用迅速凸显。要把加快农业生产性服务业的发展，作为促进农业发展方式转变、建设现代农业的重要抓手。

从短期角度看，进入2009年以来，随着国际金融危机的蔓延，在中国发展中小企业的重要性进一步凸显。要真正贯彻扩大国内需求，特别是消费需求的方针，必须改变片面支持大企业的套路，进一步重视中小企业的发展，包括鼓励大企业与中小企业分工协作、共同发展。在国际金融危机的背景下，稳定城乡就业，防止城乡居民收入徘徊，确保城乡社会的稳定和谐，都需要中小企业“大显身手”。当前，中国经济已经进入企稳回升的关键期，能否将短期的企稳回升转化为持续的复苏过程，关键取决于中小企业能否抓住推动中国经济发展的“接力棒”。但是，面对国际金融危机，中小企业遭遇的冲击通常要远远大于大企业。在中国应对国际金融危机的政策调整中，中小企业特别是微型企业的受益，通常要远远小于大企业。因此，要让中小企业在应对国际金融危机中更好地“大显身手”，迫切需要加强对中小企业发展的支持。但是，中小企业点多面广，借鉴国际经验，加强对中小企业的支持，应该更多地通过支持中小企业服务体系建设来实现，或重点面向中小企业加快发展生产性服务业。根据我们对山东滕州市、四川南部县、安徽凤阳县和广东佛山市三水区193份中小企业有效问卷的统计，当前中小企业对生产性服务环境很满意的占8.5%，满意的占37.0%，二者合计不足46%（见图4—8）。可见，加强中小企业服务体系建设，或以服务中小企业为重点加快发展生产性服务业已成当务之急！

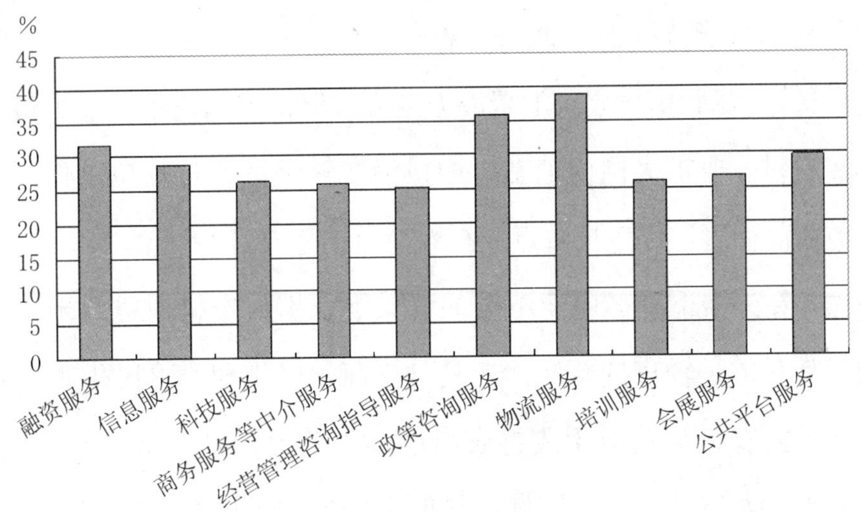

图4—8　中小企业对所处市场化服务环境满意和很满意的比例

2. 消费性服务业的发展方向和重点

当前，中国在总体上已经进入工业化中期。工业化、城镇化在加快发展，产业结构、消费结构也在加快升级。因此，商贸服务业、房地产业、旅游业和文化体育产业在总量上都将面临长期扩张的态势。但是，根据国际经验，商贸服务业占服务业的比重很可能稳中略降，房地产业、旅游业和文化体育产业的比重很可能不断提高。适应改善民生的需求，社区服务业也将呈现规模扩张的态势。但在“十二五”乃至2020年前，社区服务业占整个服务业的比重很可能基本稳定。受基数和发展要素、市场需求的制约，在可以预见的将来，社区服务业和文化体育产业的比重仍然不会很大。

当前，为应对国际金融危机、国内经济周期性调整对经济增长和就业的影响，国家出台了搞活流通、扩大消费的系列政策，初步收到了积极的成效。需要注意的是，第一，尽管从短期来看，采取刺激消费的政策措施有利于扩大消费市场需求，甚至带动消费性服务业的发展；但从中长期的角度来看，消费市场的扩张，尤其是消费性服务业的发展，必须建立在居民收入稳定增长和国民收入分配格局优化调整的基础之上，单纯依靠“刺激消费”是不可能持续的。第二，基于“对扩大国内消费潜力最大的在农村”的质疑，[①] 尽管扩大农村消费潜力巨大，但扩大国内消费潜力最大的大多数不在农村。要扩大国内消费，增强消费对经济增长的拉动作用，至少对大多数商品而言，仍应把重点放在城市而不是农村。

当然，在外需下降、内需不振的背景下，扩大农村消费对于扩大国内消费仍然具有举足轻重的意义。尤其是当前，保障和改善民生重点难点在农民；而扩大农村消费对于改善农村的民生状况，具有举足轻重的影响。因此，对于扩大农村消费、挖掘农村的消费潜力仍应给予特别的重视。况且，对于部分千元级耐用消费品而言，目前扩大国内消费潜力最大的确实在农村。从这方面说，近期为扩大国内消费，国家在全国范围内实施“家电下乡”等政策有其积极意义。但是，客观地说，当前在许多地方，农民对“家电下乡”政策的欢迎度并不很高，不少农民甚至避而远之；其总体成效与政策设计的预期有很大差距，[②] 该项政策的现实效果能在多大程度上

---

① 姜长云：《扩大国内消费潜力最大的在农村吗?》，《经济要参》2009 年第 20 期。

② 根据政府 2009 年初对家电下乡推广工作的预期，今年投入家电下乡的财政补贴将从去年的 90 亿元增加到 150 亿元，可以拉动内需 1000 多亿元。但根据商务部的最新统计数据，今年上半年全国家电下乡产品共销售 961.02 万台，销售金额 162.29 亿元，不足全年目标的 20%。参见梁啸宇：《家电下乡半年销售 162 亿：离千亿目标尚远》，http://www.sina.com.cn 2009 年 7 月 30 日。

持续更值得怀疑。从实际调查看，现行“家电下乡”政策的操作方式不仅有“设租”、“寻租”之嫌，还为农民扩大家电消费设置了诸多不便，今后应该进一步扩大其选择范围，也可仿照许多地方发放旅游产品消费券的方式，将引导农民扩大消费与改善生活结合起来。除此之外，在引导“家电下乡”的同时，采取有效措施促进家电配套服务下乡也是重要的。

从短期来看，房地产价格出现了快速上涨的现象。这与投机性需求的迅速膨胀和开发商的“捂盘”现象有密切关系，也是房地产市场不健康发展的重要表现。房地产投资固然能够带动钢铁、水泥、建筑等行业的发展和相关就业的增加，但也会挤压国民经济其他行业的需求。房地产投资和投机环节高额利润的存在也不利于引导更多的资金投资农业、制造业和生产性服务业，影响产业结构升级和创新能力建设；对于扩大当前的国内消费也会产生“挤出”效应。因为当前的房地产销售主要采取期房形式，且不说投机者不存在住上新房带消费的问题；购房者还需要压缩当前消费，甚至透支未来的消费来满足购房需求。所以，当前房地产消费的扩张对于扩大国内消费，促进国民经济各行业的协调发展都会产生不利影响。今后，应完善税费政策，通过制度化的方式，加强对开发商“囤地”、“捂盘”现象的处罚力度，加大对房地产投机和保有环节的征税，鼓励房地产行业节约用地。此外，采取有效措施，切断地方政府与房地产开发的利益联系，将相关税收收归中央，对于促进房地产市场的长期健康发展是有益的。

鉴于国际金融危机往往给文化产业的发展带来机遇，更要利用这个机遇，加快文化产业的发展。

3. 面向改善民生的需求加快发展公共服务业

胡锦涛总书记在中共十七大报告中提出，“发展为了人民、发展依靠人民、发展成果由人民共享”。而要做到这一点，必须大力加强以改善民生为重点的社会建设，为此应积极发展教育、卫生、医疗保障等公共服务业。

尤其是国际金融危机和国内经济的周期性调整，容易对城乡居民的生活和就业形成负面影响；加强对公共服务业发展的政府支持不仅有利于社会的稳定和谐，可以为扩大国内消费创造良好的环境条件；还可以带动相关就业，引导社会维护对未来的信心。如果说在经济繁荣时期需要企业为社会多做贡献，那么，经济萧条时期就更需要政府对居民"多送温暖"。加快发展公共服务业不仅可以带动国内需求的扩大，有利于相关产业的发展；还可以直接帮助城乡居民化解当前困难。

四、国际金融危机背景下促进服务业发展的对策思路

（一）积极推进产业结构优化升级和增长方式、发展模式的转变，强化服务业发展的需求拉动

发生国际金融危机以来，中国经济遭遇的冲击，严格来说是国际金融危机和国内经济周期性结构性因素共同作用的结果。在有些地方，国内经济周期性结构性因素的影响甚至强于国际金融危机的影响。[①] 换句话说，最近一两年来，中国经济运行困难加大，出现增长速度放缓、主要经济指标滑坡或增速滑坡等问题，从根本上反映了中国产业结构、经济增长方式和发展模式的问题，只是国际金融危机导致这种问题暴露得更加充分而已。

① 如据我们对安徽凤阳县、四川南部县、广东佛山市三水区 136 份中小企业有效问卷的统计，对于当前影响中小企业短期运行的主要因素是什么？有 51.5%的企业认为来自国际金融危机，分别有 43.4%和 5.2%的企业认为来自国内经济的周期性结构性因素和企业内部的结构性矛盾。而在中西部地区，分别有 44.2%、50.7%和 5.2%的企业认为来自国际金融危机、国内经济的周期性结构性因素和企业内部的结构性矛盾。

要从根本上解决当前经济运行和发展的困难，还必须加快推进经济结构的战略性调整，促进经济增长方式和发展模式的转变。① 借此，还可以促进生产性服务业的需求扩张，强化对生产性服务业发展的需求拉动。

当前，中国居民收入在国民收入分配中的比重不高、劳动报酬在初次分配中的比重不高、不同类型居民之间收入差距过大，一个重要原因是中小企业在国民经济中的相对重要性亟待提高。因此，加快转变经济增长方式和发展模式必须同加快发展中小企业结合起来。为此，也要面向中小企业，加快发展生产性服务业，为实现中小企业的持续快速健康发展创造条件。借此，一方面，可以让全体人民更好地分享改革和发展的成果，有利于优化国民收入分配结构，消费需求的持续扩张进而为消费性服务业的发展提供持续动力；另一方面，可以通过生产性服务业的发展更好地拉动中小企业乃至整个产业结构的升级和增长方式转变，更好地培育经济增长的内生动力和可持续发展能力。根据前述对安徽凤阳县、四川南部县、山东滕州市、广东佛山市三水区的调查，为了加快中小企业的发展，当前最需要加强的生产性服务依次是融资服务、信息服务、科技服务、政策咨询服务、培训服务、经营管理咨询指导服务、物流服务、公共平台服务、商务服务和会展服务（见图 4－9）。

（二）以服务业集聚区和功能区、产业集群和产业园区的公共服务平台建设为重点，强化对服务业发展的引导和支持

当前中国服务业发展严重滞后，产业结构升级和发展方式转变对加快服务业发展的要求却比较迫切。加快服务业发展应该注意整合资源，突出重点，以点带面，把促进服务业发展与引导服务业集聚、加快服务业发展

① 否则，如果在推进产业结构战略性调整和经济增长方式、发展模式转变方面缺乏战略考虑，只是局限于应付短期危机的“保增长”，有可能加剧国内经济周期性结构性因素对未来发展的负面影响，甚至导致局部地区遭遇以下厄运：国际金融危机刚刚过去，国内经济危机又接踵而至。

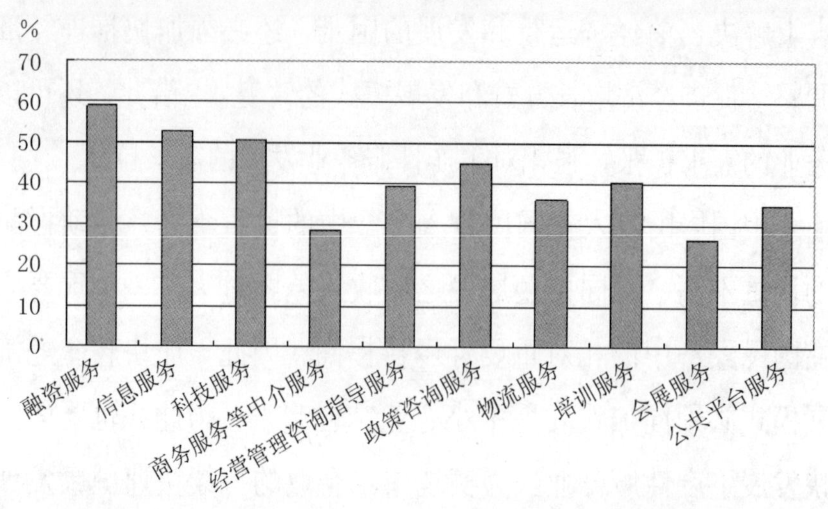

图 4—9　中小企业对各类市场化服务需求的迫切程度

方式转变结合起来。借鉴国内外经验，为此应该注意加强各具特色的服务业集聚区、功能区建设，加强产业集群、产业园区的公共服务平台和生产性服务业综合体系建设。借此，第一，可以促进中小企业、民营经济向服务业集聚区、功能区和产业集群、产业园区的集聚发展，促进服务业发展的集群化和网络化，带动服务业的体制改革和机制创新；第二，有利于引导服务业的专业化、信息化和集约化，通过加快服务业发展方式的转变，增强服务业对产业发展、结构升级的引领和支撑功能；第三，可以更好地凝聚、引导和激发中小企业、民营经济对生产性服务业的需求，实现对生产性服务业的资源、信息和网络共享，节约服务业的发展成本与风险；第四，可以更好地满足企业对生产性服务业的差异化、多样化和高端化需求，更好地发挥生产性服务业对产业集群改造、产业结构升级的引领和带动功能；第五，可以通过产业集群、产业园区的服务业发展和生产性服务业体系建设，更好地带动集群、园区内部的企业实现转型发展；第六，有利于加强服务业，特别是生产性服务业品牌建设，形成不同类型的服务业品牌，甚至服务业品牌与制造业品牌良性互动、共同发展的格局。

（三）加强对服务业发展的政策研究，努力培育鼓励服务业创新创业的税收环境和要素市场环境

发展服务业，政府的推动固然重要，但营造良好的政策环境更为关键。要在加强政策调研的基础上按照鼓励分工协作的要求，优化鼓励服务业发展的财税政策环境。

1. 完善支持服务业发展的税收优惠政策

要在加强试点的基础上，面向鼓励发展的生产性服务业，逐步实行低税率政策，优先解决其发展面临的重复征税和税费歧视问题。以鼓励分工协作为导向，探索将对生产性服务企业的营业税改征增值税的可能性；完善增值税的进项税抵扣政策。建议对生产性服务业的战略性行业和创意设计、管理咨询、品牌营销等新兴行业以及老年服务等消费性服务业的潜力行业，在一定期限内实行所得税优惠。建议针对服务业的特点，研究高新技术服务企业的认定标准，将无形资产和服务价值达到一定要求、主要应用高技术的知识密集型生产性服务业，或主要为高新技术企业服务的现代中介服务业，纳入高新技术企业的范围，享受其税收优惠政策。为鼓励知识、技术密集型的生产性服务业引进高端人才，提高产业层次，建议在计算生产性服务企业的应纳税所得额时，对非股东工资按同行业前三年实际平均水平扣除；给予个人所得税抵扣优惠。对此类企业发生的非股东职工培训经费支出，按其实际发生额扣除。对鼓励发展的服务业给予土地税、房产税等税费优惠。尤其是当前面对宏观环境比较集中的不利变化，要专门出台临时性的减税政策，重点支持中小企业渡过难关，重点引导生产性服务企业增强服务能力。

2. 加强对服务业发展的财政支持

建立财政支持服务业投入稳定增长的机制，确保财政对服务业发展专

项资金和引导资金的规模，随着国家财政经常性收入的增长，而保持更高比例的增长。要确保服务业发展专项资金和引导资金中用于支持生产性服务业的比例，适当高于生产性服务业占服务业 GDP 的比重。利用服务业专项资金和引导资金，重点引导和支持服务业下列领域的发展：①关键领域、薄弱环节和新兴产业的发展；②服务业领军企业、知名品牌和行业协会的发展，特别是按照供应链思维健全服务业供应链；③各具特色的服务业密集区或功能区建设、面向产业集群的生产性服务业体系建设、服务业公共服务平台和行业标准化建设；④服务业品牌塑造、试验示范、信息化改造、自主创新或通过产、学、研合作方式进行联合创新；⑤健全服务业的发展规划体系和多层次人才培训体系，鼓励企业、科研院所和政府建设服务业人才实训基地。鼓励通过发展职业教育、委托高校或劳动力输出地区开展“订单培训”等方式，拓展服务业的人才输送渠道。要通过支持试点示范，引导企业和社会转变对服务业的观念，引导企业增加对生产性服务业的需求；优先支持围绕产业链、产业集群，塑造服务业区域品牌。通过以奖代补、财政补助等方式，引导行业协会在推进行业标准化、完善服务业统计、加强行业公共平台建设、健全知识产权保护制度、促进行业自律和市场秩序建设中发挥作用。

要加强对服务业财政扶持资金的整合，以提高其使用效果，更好地带动民间资本和金融资本支持发展面向产业集群的生产性服务业。通过服务业发展专项资金或引导资金，综合运用财政贴息、财政补助、以奖代补和启动资金支持等方式，引导发展融资服务业，支持创业投资和中小企业信用担保机构的发展。通过服务业专项资金和引导资金，按照定比补贴等方式对生产性服务业集群的重点行业、重点项目优先给予用地保障和地价补贴；对其引进符合条件的高端人才优先提供经济适用房、人才公寓等支持；优先支持服务业高端人才的引进和培训体系建设。

（四）加强对服务业发展的金融支持，建立信贷单独考核机制

从长远来看，加强对服务业发展的金融支持，需要加快金融结构改革，建立适应服务业发展特点的金融结构和服务体系；需要加快发展中小银行，完善中小企业信用担保体系，加快创业板市场和地方性多层次资本市场建设。建议：①尽快出台对服务业信贷的专门考核体系，根据金融机构对服务业贷款占贷款总规模的比重分等定级，健全对服务业贷款的风险补偿机制、财政激励机制和营业税减免办法。②选择不同类型地区加快试点，实行对服务业信贷业务的差异化监管政策，完善财产抵押制度和贷款抵押物认定办法，解决其贷款抵质押不足的问题。③尽快出台扶持融资租赁或经营租赁业发展的政策措施，一方面，帮助停产半停产的企业解决闲置设备的有效利用问题；另一方面，帮助企业或城乡创业者解决扩大产能的资金不足问题。④鼓励大银行同中小银行合作，积极开展对中小银行的信贷批发业务，提高中小银行对中小服务企业提供融资的能力。⑤鼓励大银行在行业龙头企业的担保下，开展产业链融资和应收款融资等业务。⑥鼓励中小企业联合创办互助担保机构，鼓励大、小规模的担保公司加强分工协作，共同开展面向中小服务企业的担保贷款业务。

（五）放宽服务业发展的市场准入，加快服务业体制创新

要积极推进政府职能转变和政府管理体制的改革，以检验检测、产品认证和其他公共服务平台为重点，优先支持生产性服务事业的市场化改造。按照“非禁即准”和公平、公正、公开的原则放宽服务业发展的市场准入，形成充分竞争的环境和服务价格的市场决定机制。鼓励民营经济参与服务业发展。以金融、信息通信和商务服务等行业为重点，加快行政垄断性服务业的改革，完善服务业市场公平竞争的环境。在试点、试验、示范基础

上，推进行业协会和商会的体制创新，鼓励政府、企业、科研院所或行业协会等建立生产性服务业重大基础设施和科技信息资源的共享机制，建立面向生产性服务业的法律法规、政策、商务信息平台，并将其作为加快服务业体制改革的重要内容。加快行业协会承接政府职能转移的改革试点。

在物流和法律、会计、咨询服务等商务服务领域，适度提高行业准入的技术经济门槛，加快推进行业标准化建设，促进其发展方式的转变和规范发展。对于暂不具备制定行业标准条件的服务业要积极推进服务承诺、服务公约和服务规范等制度建设。鼓励服务业企业采用国际标准和国内外先进标准，推动企业参与服务质量等相关体系认证。加强对品牌建设的政府和行业监管。选择物流服务业、商务服务业等重点行业，在试点基础上，推进职业资格证书制度。完善相关政策法规和社会监督机制，着力健全公平、透明、对本土企业适度优先的生产性服务业政府采购制度。

要鼓励民营企业通过领办或民办官助、市场化运作等方式，建设各具特色的服务业集聚区、功能区，兴办包括技术研发、工业设计、检验检测、人才培训、展示营销、信息服务中心和电子商务网站等功能的科技创新公共服务平台。鼓励民营经济参与产业园区或中小企业“孵化器”的管理或运营，在培育园区生产性服务业体系中发挥作用，推进高新技术的研发、孵化、转移和产业化，推介新的商业模式。推进企业分离发展服务业的改革试点。鼓励中小企业之间、制造业与生产性服务企业之间通过建立战略联盟等方式，推进企业分离发展服务业，促进服务业的市场化、产业化和社会化。

要积极利用承接国际产业转移或服务业转移的有利条件，加快服务业的外资引进，带动国内服务业的理念创新和业态创新。引导具有知名品牌和新型业态、新型商业模式的民营企业进入服务业领域，或优先进入各类服务业聚集区，发挥对服务业体制改革、发展方式和发展模式转变的示范带动作用。

（六）积极开展试点示范，创立服务业综合改革和政策转型试验区

建议选择能引领生产性服务业重点行业发展的项目，进行企业层面的试点。选择生产性服务业行业协会、生产性服务业标准化、生产性服务业创新创业、生产性服务业人才发展和培训体系等领域进行专项试点。建议将国办发 11 号文规定的开展鼓励技术先进型服务企业发展的所得税、营业税政策试点以及扩大知识产权服务、现代物流等鼓励类生产性服务业发展的税收优惠政策试点，扩大到部分产业集群发达地区。也可在此基础上，选择产业集群度高、中小企业或民营经济密集的地区，开展服务业综合改革和政策转型的试验和示范，鼓励创建服务业综合改革和政策转型试验区。

（执笔人：姜长云）

参考文献

1. 苗永旺、王亮亮：《百年来全球主要金融危机模式比较》，《经济与管理研究》2009 年第 4 期。

2. 朱民、边卫红：《危机挑战政府——全球金融危机中的政府救市措施批评》，《国际金融研究》2009 年第 2 期。

3. 黄勇等：《基于产业集群的区域生产性服务体系研究——以浙江省为例》，中国商务出版社 2008 年版。

4. 国务院发展研究中心课题组：《中国：在应对危机中寻求新突破》，《管理世界》2009 年第 6 期。

分报告五

国际金融危机背景下中国高技术产业发展态势及对策研究

内容提要：国际金融危机对中国出口导向型的电子信息等高技术产业冲击较大，对国际市场依赖程度较低的医药制造业、医疗设备及仪器仪表制造业、高技术服务业等影响较小。欧美金融和高技术企业面临较大困难，大批高技术企业裁员，国际市场高技术产业关键材料、部件、设备进口价格下跌，有利于中国高技术企业“走出去”、招揽世界顶尖级人才、降低研发成本。但国际市场需求萎缩、全球化进入低潮，不利于中国高技术产品出口和投资增长，高技术产品和服务价格趋于下降。2009～2010 年，中国高技术产业应按照“保增长、增出口、扩内需、促发展”的思路，以受危机影响较小的行业为依托，促进高技术产业保持较快增长；以迅速提升竞争力为目标，优化产业组织结构，提高产业集中度；以市场为导向，加快推进高技术产业化，培育新的增长点；以促进中国发展方式转变为重任，加强用高技术改造提升传统产业；以优化价值链为努力方向，积极利用国际资源。为此，应通过抓紧落实已有政策、建立高技术企业解困资金、完善中小高技术企业融资机制、加大政府采购和财政补贴力度等政策措施，促进中国高技术产业加快恢复增长。

一、金融危机对中国高技术产业的影响分析

(一) 中国高技术产业受金融危机的影响概况

2008年第四季度以来，中国出口导向型的电子信息等高技术产业受国际金融危机影响，主要业绩呈现下行趋势。但是，对国际市场依赖程度较低的其他高技术产业仍表现出较强的增长潜力，如医药制造业、医疗设备及仪器仪表制造业、高技术服务业等领域，保持稳步发展，并没有受到直接冲击。

1. 高技术制造业增加值、总产值增速明显放缓，经济效益下滑较快

1995～2007年，中国高技术产业规模持续快速扩大，总产值从4098亿元增长到50461亿元，年均增长23.3%。高技术产业增加值从1081亿元提高到11621亿元，年均增长21.9%；占GDP比重从2000年的2.8%上升到2007年的4.7%，占制造业增加值的比重由9.3%上升到12.4%（见表5—1）。

表5—1 1995～2007年中国高技术产业主要经济指标

指 标	1995	2000	2001	2002	2003	2004	2005	2006	2007
企业数（个）	18834	9758	10479	11333	12322	17898	17527	19161	21517
从业人员年平均人数（万人）	448	390	398	424	477	587	663	744	843
当年价总产值（亿元）	4098	10411	12263	15099	20556	27769	34367	41996	50461
增加值（亿元）	1081	2759	3095	3769	5034	6341	8128	10056	11621
主营业务收入（亿元）	3917	10034	12015	14614	20412	27846	33922	41585	49714
利润（亿元）	178	673	688	741	971	1245	1423	1777	2396
利税（亿元）	326	1033	1108	1166	1465	1784	2090	2611	3353
出口交货值（亿元）	1125	3388	4282	6020	9098	14831	17636	23476	28423

资料来源：国家统计局：《2008年中国高技术产业统计年鉴》，中国统计出版社2009年版。

2003年以来，中国高技术产业总产值增速逐年放缓：2003年为36.1%，2004年为35.1%，2005年、2006年和2007年分别为23.8%、22.2%和20.2%。与此同时，高技术产业增加值和主营业务收入增速也逐年放缓。仅利润增速自2005年以来恢复快速增长（见图5-1）。

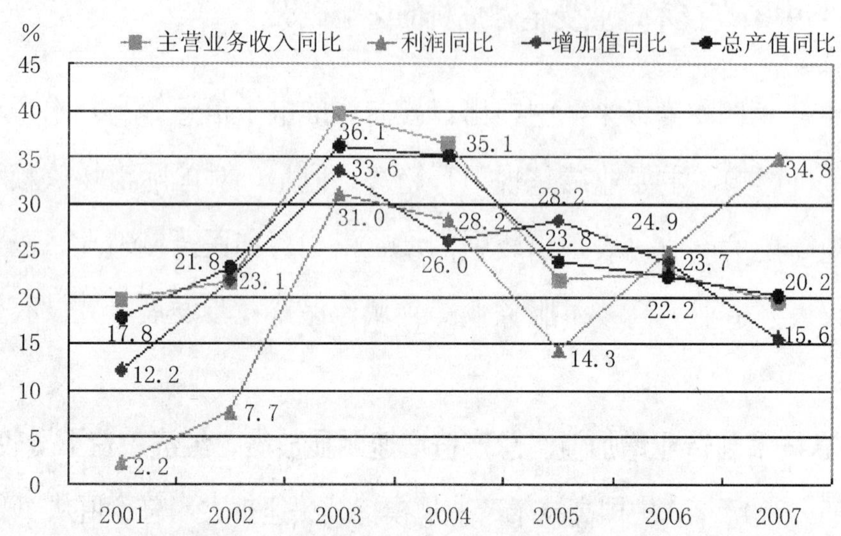

图5-1　中国高技术产业主要经济指标同比增长情况

资料来源：国家统计局：《2008年中国高技术产业统计年鉴》，中国统计出版社2009年版。

受国际金融危机影响，从2008年8月开始，高技术制造业单月总产值同比增速全面放缓。2008年10月以来，中国高技术制造业单月总产值增速和增加值增速降为个位数，12月更降至-0.17%。这是自中国高技术产业统计体系建立以来从未出现过的现象。从高技术制造业总产值月度环比变化来看，2008年10月、11月环比为负值，之后略有上升，2009年1~5月（除3月外）各月均未超过5%，[①] 6月显著回升超过10%，7月回落至4.6%，8月微涨1.0%，9月达到9.6%。

① 2009年1月受春节等季节因素影响，环比降幅最大，为-26%。3月属制造业“小阳春”，亦属特殊情况。

从总产值规模来看，2009 年 1 月仅为 3460.6 亿元人民币，只相当于 2008 年 7 月（4896.0 亿元）的 70%；6 月恢复到 5414.6 亿元，已恢复到 2008 年 9 月的水平；7 月、8 月有所减少，但 9 月冲高到近 15 个月的最高点，达 5718 亿元（见图 5－2）。从各行业情况来看，金融危机以来医药制造业环比降幅较小，恢复较快，而（除航空航天器制造业外[①]）电子及通信设备制造业环比降幅较大，恢复较慢。2009 年第二季度以来，主要行业环比开始小幅正增长，经过 7～8 月两月短暂调整，9 月再次上扬，制药和电子信息行业环比上涨超过 10%（见图 5－3）。

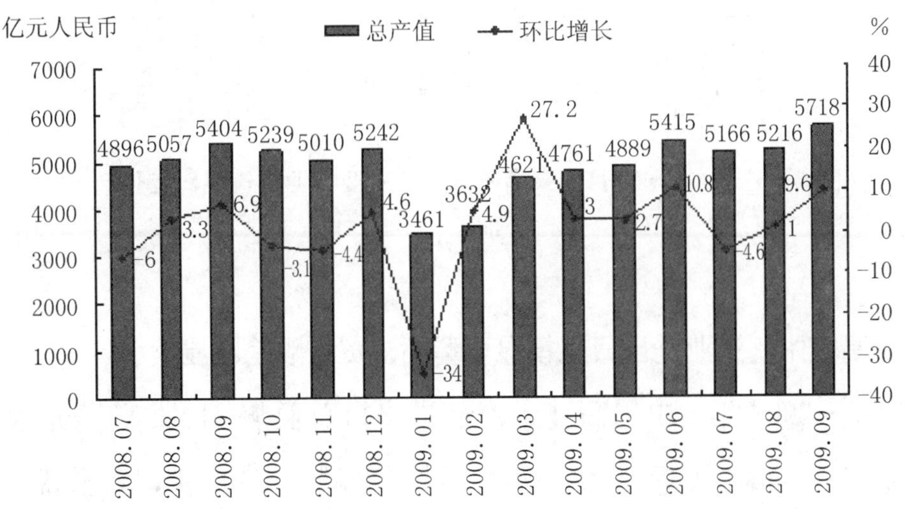

图 5－2　2008 年以来中国高技术产业总产值总额及环比增长情况

资料来源：国家发改委高技术产业司网站。

与总产值受影响的情况相比，高技术制造业经济效益受影响虽然滞后但也较明显。与 2008 年经济效益总体水平保持平稳增长的情况不同，2009 年以来相关数据全面出现负增长，1～2 月主营业务收入增速降至－10.34%，利润增速降为－54.67%。3 月之后开始有回暖迹象，上半年经济效益指标

① 航空航天器制造业环比变化“大起大落”，但其占高技术产业总产值的比重并不高。

有好转但仍不理想。

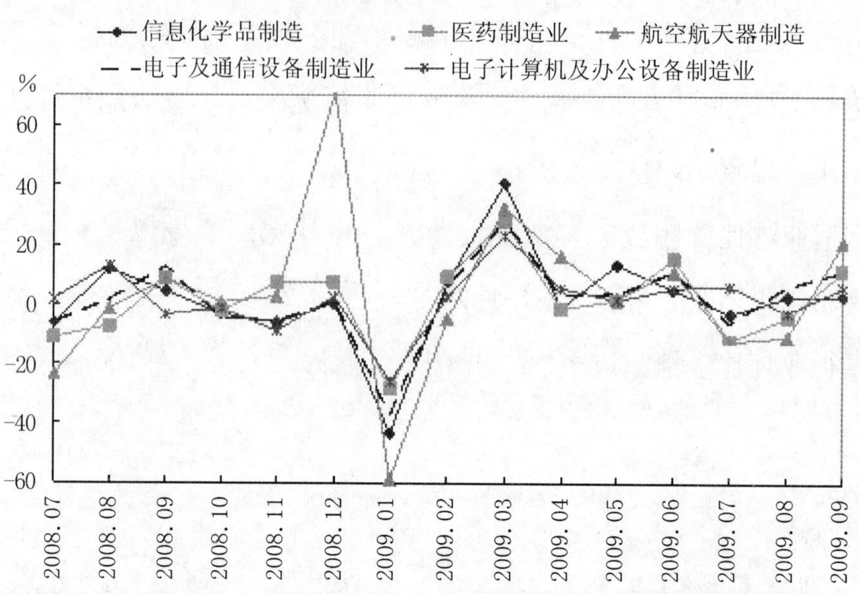

图 5—3　2008 年 8 月以来高技术产业主要行业产值环比变化情况

资料来源：国家发改委高技术司网站。

2. 高技术制造业进出口规模显著萎缩，贸易顺差明显缩小

1995～2007 年，中国高技术产品进出口总额从 319.2 亿美元增长到 6348 亿美元，增长了近 20 倍，年均增长 28.3%。2007 年，中国高技术产业出口占世界出口总量的 13.6%，仅次于美国；中国高技术产品出口占制造业的比重在 30%左右，比世界平均水平高 10 个百分点。中国高技术产业贸易从 2004 年变成顺差，而且年均增长 70%左右；2007 年贸易特化系数（即贸易差额占贸易总额的比重）达到 0.1。

2003 年以来，中国高技术产品进出口增速逐年放慢：2003 年为 52.4%，2004 年降为 42.4%，2005 年、2006 年和 2007 年分别为 27.2%、27.11%和 20.0%（见图 5—4）。

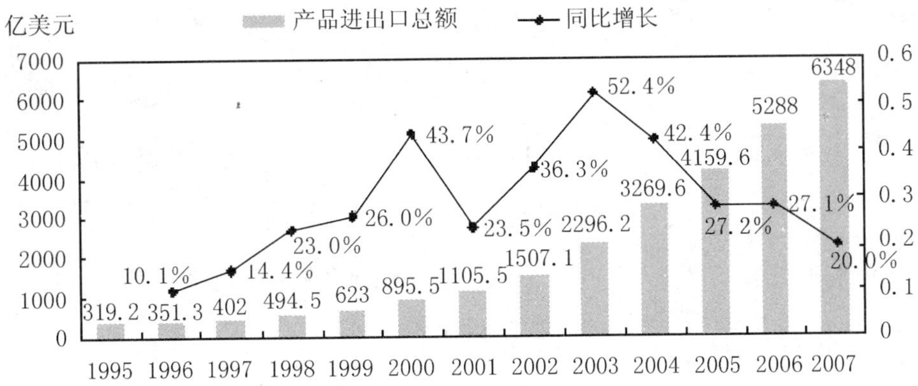

图 5—4　1995～2007 年中国高技术产品进出口总额及增长情况

资料来源：国家统计局：《2008 年中国高技术产业统计年鉴》，中国统计出版社 2009 年版。

2008 年，中国高技术产品进出口总值为 7548 亿美元，同比增长 8.6%，增幅回落 12.6 个百分点。其中，进口 3392 亿美元，增长 3.5%，增幅回落 13.9 个百分点；出口 4156 亿美元，增长 13.1%，增幅回落 11.7 个百分点。从贸易方式看，2008 年加工贸易方式占中国高技术产品出口的 82.4%，共出口 3426 亿美元，增长 8.9%，增幅回落 13.4 个百分点；从出口主体看，2008 年外商投资企业出口占当年中国高技术产品出口总值的 85.2%，共出口 3540 亿美元，增长 11.1%，增幅回落 11.8 个百分点；从出口国别看，欧盟、中国香港及美国仍为我高技术产品前三大出口市场，出口值分别为 979.5 亿美元、974.7 亿美元和 779.1 亿美元，分别增长 15.2%、4.7%和 4.7%，增幅分别回落 20.7 个、17.4 个和 7.2 个百分点，合计占当年中国高技术产品出口总值的 65.8%。

2008 年中国高技术产业对外贸易指标增幅均有不同程度回落。这与下半年国际市场受国际金融危机影响形势不断恶化有关。2008 年 11 月中国高技术产品出口出现自中国加入世界贸易组织以来首次单月负增长，12 月增速为－15.8%，2009 年 1～2 月进一步降至－24.6%。从环比情况看，2008 年 10 月以后逐月降幅增大，2009 年 2 月以后环比增幅才恢复为正数。2009

年上半年除3月环比增速超过20%外，其余月份平均增速在10%以下，尤其是5月环比下降4.5%（见图5—5）。6月以后（除8月有小幅调整外）进出口环比变化有明显好转，9月已接近20%。从进出口总量也能看出上述变化趋势，2009年5月为488.4亿美元，尚未恢复到2008年2月（516亿美元）的水平，但9月已达696亿美元，接近2008年金融危机开始前的年中高点（见图5—5）。

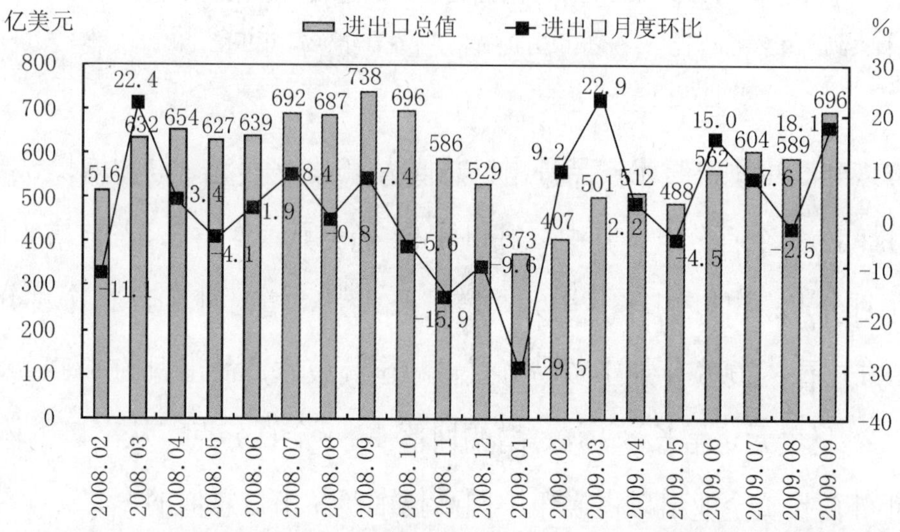

图5—5　2008年8月以来中国高技术产品进出口数量与环比变化情况

资料来源：国家发改委高技术司网站。

从中国高技术产品进口和出口各自情况看，2008年10月以前进口环比增速略低于出口，10月、11月进口环比增速降幅相对变大，导致中国高技术产品贸易顺差拉大。2009年2月以后，受一系列拉动内需政策影响，国内进口高技术产品的需求不断增加，但出口仍不乐观，所以2009年上半年高技术产品贸易顺差与2008年下半年相比显著缩小（见图5—6）。2009年下半年全球制造业开始复苏，中国高技术工业品出口环比增速加大，一度接近并超过进口环比增速，高技术对外贸易顺差拉大。但从9月数据看，进口环比增长再度冲高，顺差再次缩小。2009 年第四季度乃至 2010 年上半年贸易顺差变化趋势尚未明朗。

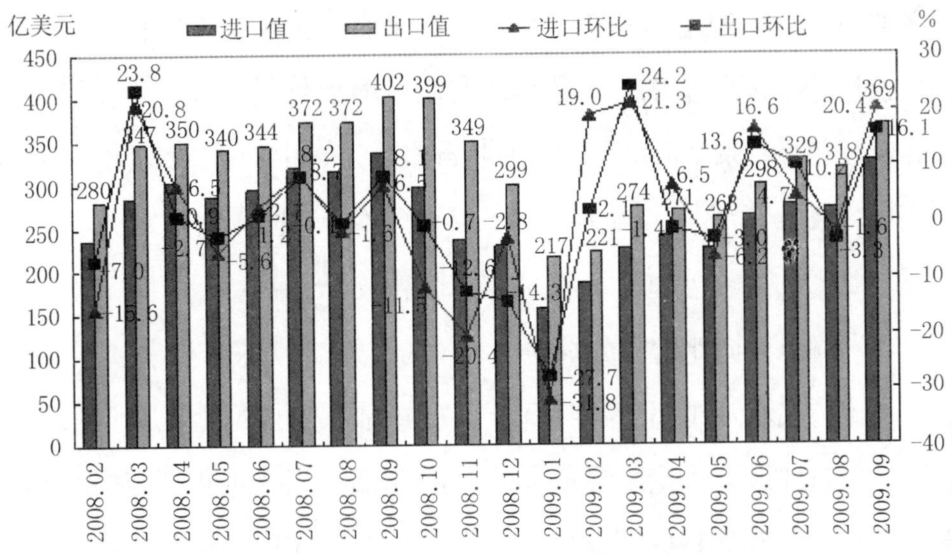

图 5－6　2008 年 8 月以来中国高技术产品进口与出口数量及环比变化

资料来源：国家发改委高技术司网站。

3. 东部高技术制造业受冲击最直接、较严重，西部次之，中部稍好

1995 年以来，中国高技术产业进一步向东部地区集聚。1995 年东部地区高技术产业增加值占全国高技术产业增加值的 74%，而 2007 年这一比例进一步提高至 83%（见图 5－7）。

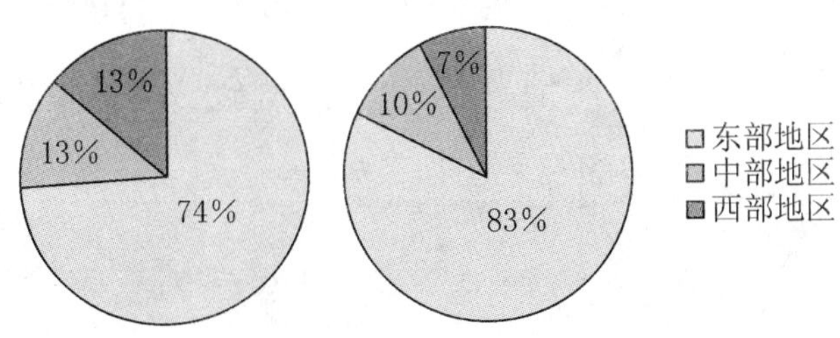

图 5－7　东中西部地区高技术产业增加值比重 1995 年、2007 年比较

国际金融危机对中国不同区域占全国总值规模的比重影响不大。国际金融危机前后，中西部总产值之和都不足东部地区的20%，中西部出口交货值之和都不足东部地区的3%。国际金融危机主要影响中国不同地区高技术制造业主要指标的增速变化。从客观结果看，国际金融危机使得中国中西部加快追赶东部的步伐。东部地区对出口的依赖程度较高，受国际金融危机影响较明显。从2009年1～5月情况看，东、中、西部总产值同比增长分别为2.2%、13.6%、26.8%，出口交货值同比增长分别为－8.1%、15.0%、16.9%，主营业务收入同比增长分别为－6.9%、12.5%、21.0%，利润总额同比增长分别为－27.2%、－2.5%、0.2%。

从环比情况看，2008年下半年，与中东部相比西部地区总产值环比降幅较小，而东部地区环比降幅最大。但是，2009年上半年，与中东部相比西部地区总产值环比降幅明显加大，而中部地区环比降幅明显变小（见图5－8、图5－9）。2009年下半年，环比呈现先跌后涨态势，中西部涨跌幅大于东部。区域出口交货值环比变化情况与总产值大体相同（见图5－10、图5－11）。这说明：①国际金融危机对西部地区影响比较间接，传导周期较长，但是西部因为经济基础薄弱，抗冲击能力也较弱，需要更长时间恢复。②因为出口导向型制造业多集中在东南沿海，所以东部地区最先遭受国际金融危机冲击，而且受危机影响程度较深而持续时间较长。③相对而言，中部地区经济基础好于西部，但出口导向型制造业比重远不及东部，所以尽管与东部在同一时间受冲击，但冲击程度较浅，而恢复速度较快。④中西部“两高一资”行业所占产值和出口值比例较大，受政策和季节性因素影响，环比涨跌幅度变化较明显。

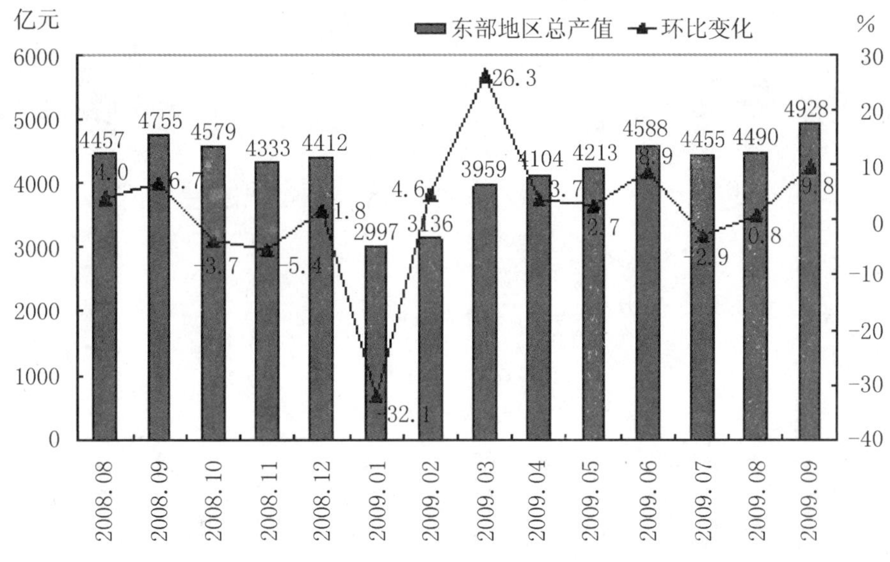

图 5—8 2008 年 8 月以来中国东部地区高技术产品总产值及环比变化

资料来源：国家发改委高技术司网站。

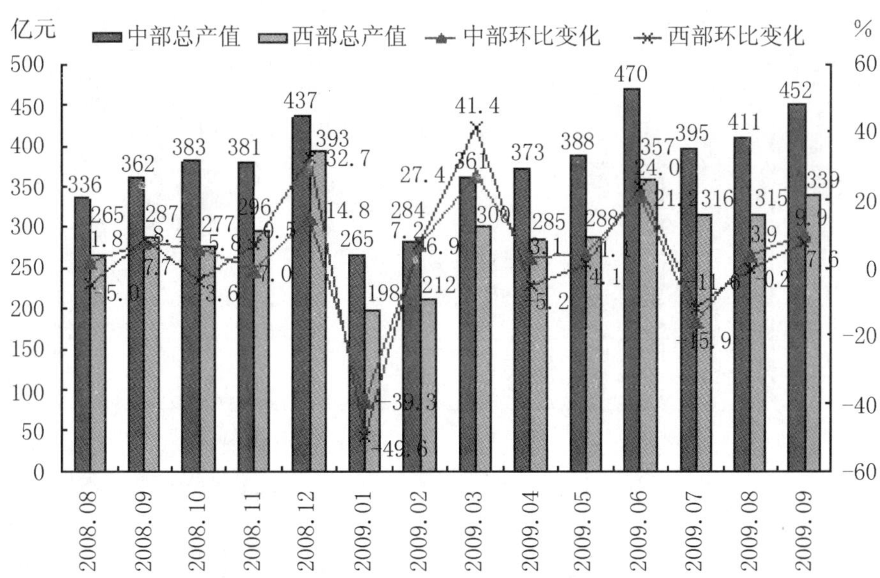

图 5—9 2008 年 8 月以来中国中西部地区高技术产品总产值及环比变化

资料来源：国家发改委高技术司网站。

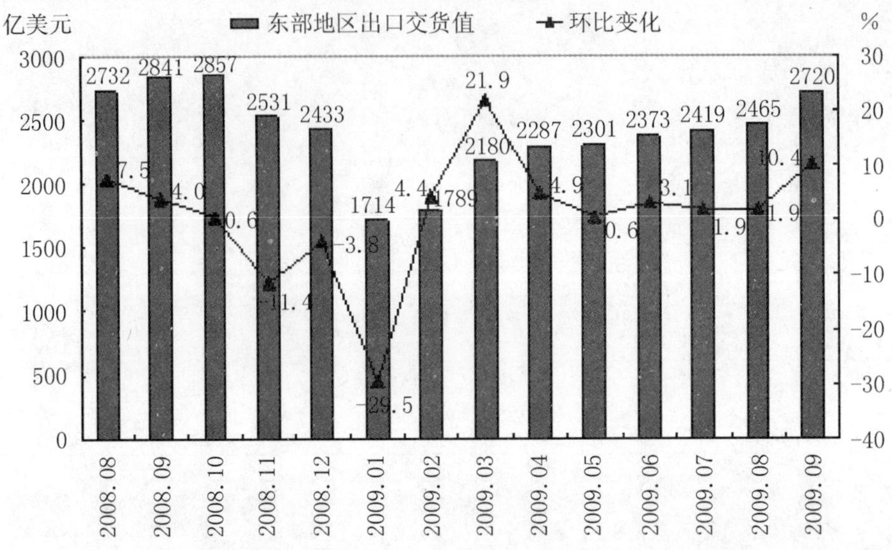

图 5－10　2008 年 8 月以来中国东部地区高技术产品出口交货值及环比变化

资料来源：国家发改委高技术司网站。

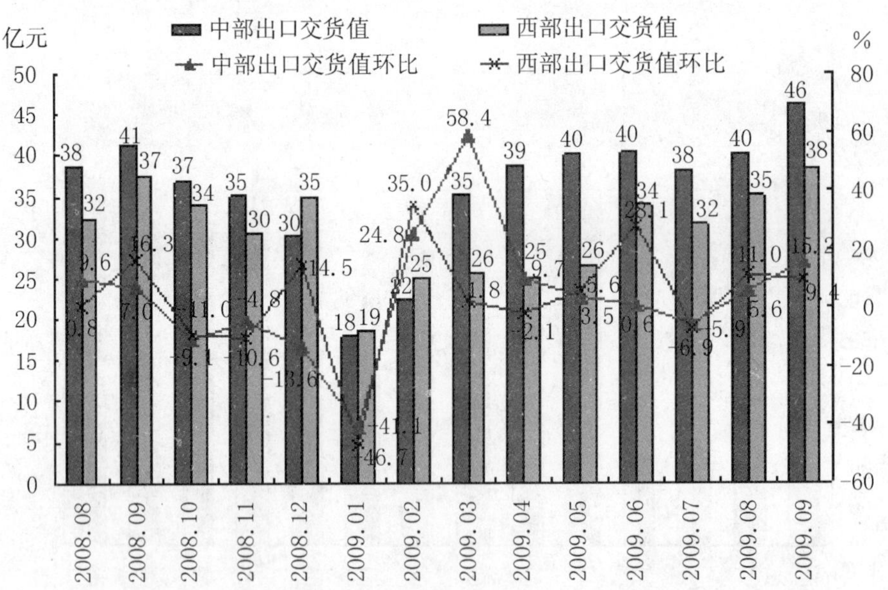

图 5－11　2008 年 8 月以来中国中西部地区高技术产品出口交货值及环比变化

资料来源：国家发改委高技术司网站。

4. 新兴产业保持快速增长，成为高技术产业新亮点

进入 21 世纪以来，中国生物产业、新能源产业、高技术服务业等新

兴高技术产业快速发展。中国生物产业起步于20世纪80年代初。2001～2005年，中国生物技术领域的科技经费增长近4倍、在国外发表的论文增长6倍、进入临床药物的数量增长了8倍、专利申请数增长10倍，已建成各类生物技术重点实验室和工程研究中心约200个，从事生物技术的研究人员有4万多人。2007年，中国生物产业实现总产值为6340多亿元，2008年突破8000亿元。其中，生物医药实现产值7912.71亿元，同比增长25.23%，比高技术产业同期增长高11.13个百分点，比全国工业高2.13个百分点；生物制药增长高达30.65%，比2007年同期增速高8个百分点；医疗器械实现产值754.17亿元，同比增长31.43%，比2007年同期增速高7.28个百分点。

在新能源产业领域，中国风能、太阳能市场规模高速扩张。2006年以来，中国风电装机增长率连续三年超过100%，2008年底，风电累计装机总量达到1227万kW，当年并网发电量148亿kWh。2005年以来，中国太阳能光伏发电产业迅速扩张，光伏电池生产能力在2007年底达到创纪录的170万kW，成为世界第一大生产国，2008年，仅大陆光伏电池产量就达到200万kW。

高技术服务业迅速成长。以软件产业为例。中国软件产业从无到有、从小到大，经历了从20世纪70年代中期萌芽、80年代起步、90年代成长、2000年以后进入了快速发展四个阶段。2000～2007年，中国软件产业总产值从593亿元增加到5834亿元，年均增长38.6%；占全球软件产业总额的比重从1.2%提升到8.7%。2008年下半年以来，尽管受国际金融危机的影响，国内外企业为节约成本、压缩开支纷纷减少软件需求，导致中国软件产业增速有所放缓，软件出口有所下降，但是，由于近年来中国软件产业自主创新能力明显增强，软件产业人力成本和管理成本相对较低，加上中国加快推进工业化和信息化融合带来的巨大市场及《电子信息产业调整和振兴规划》等政策措施的积极作用，中国软件产业依然保持快速增长态势，2008年全年累计完成软件业务收入7572.9亿元，同比增长29.8%，其中软件服务外包实现收入25.8亿美元，同比增长28.4%。2009年1～8月，中国软件产业完成业务收入5891亿元，同比增长21%，增速依然较快。

(二) 中国高技术产业受金融危机影响较大的领域及原因分析

1. 电子信息产品制造业出口依存度较高，下行趋势较明显

金融危机对全球电子产品市场产生重大冲击。中国作为全球重要的电子产品制造基地，在本次金融危机中受到明显影响。2008年，规模以上电子信息产品制造业实现销售收入5.1万亿元，同比增长12.8%，增速比2007年慢5.2个百分点，比同期全国工业平均增速低9.8个百分点。前11个月，规模以上制造业实现利润1559亿元，增长4.1%，增速较去年同期下降8个百分点，同时，计算机、家用视听、电子元件行业利润出现负增长，三资企业利润下降2%。手机、彩电、计算机等主要产品产量仍居全球前列，但增速出现不同程度的回落。其中，中国2008年共生产手机5.6亿部，微型计算机1.37亿台，彩电9033万台，分别占全球产量的43%、44%、44%。但手机、微型计算机、集成电路产量的增速同比分别回落了12.3个、16.1个、21.7个百分点，彩电产量增速也仅仅与上年持平。

比较2009年前4个月和前7个月进出口数据可知，中国电子信息产品进出口同比下降速度已经放慢，占全国外贸出口额的比例有所恢复。2009年1～4月，电子信息产品出口额为1207.2亿美元，同比下降24.2%，占全国外贸出口额的35.8%。进口额为809.7亿美元，同比下降28.6%，占全国外贸进口额的30.9%。1～7月，电子信息产品出口额为2284亿美元，同比下降21.7%，占全国外贸出口额的36.4%。中国电子信息产品进口额为1586亿美元，同比下降25.6%，占全国外贸进口额的30.5%。

比较2009年前5个月和前7个月的产量和销售数据可知，中国电子信息产品生产和销售已有较明显恢复。2009年1～5月，中国电子信息产品制造业（不含软件）规模以上企业实现销售产值为1.75万亿元，同比下降5.7%；1～7月，实现销售产值2.63万亿元，同比下降2.7%。2009年1～5月，生产手机2.16亿部、集成电路140亿块，同比分别下降5.7%、20.8%；1～7月，生产手机3.17亿部、集成电路227.3亿块，同比降幅分别缩至2.9%、18.5%。2009年1～5月，生产微型电子计算机5696万台、彩电3355万台，同比分别增长2.4%、0.3%；1～7月，生产微型电子计算机8849.2万台、彩电5017万台，同比分别增长14.6%、2%，增幅明显提高。

从2008年8月至2009年8月数据来看，电子信息产品制造业受挫较严重，而且恢复周期较长，主要产品领域至今尚未完全恢复。从客观来看，国际金融危机影响全球实体经济，导致国际市场需求锐减，是引发中国电子信息制造业业绩下滑的外部原因，是导火索和催化剂。根本原因在于中国电子信息制造业的内部结构和产业特征。目前，中国电子信息制造业相当一部分企业严重依赖海外市场的出口订单，虽然被认定为高技术领域内的企业，但是并非从事产业链上高附加值、高利润、高收益环节，而是为跨国公司贴牌、代工，从事低附加值、薄利的末端制造环节。国际金融危机袭来，对这类出口导向型的末端制造企业影响最直接、最严重。在中国电子信息产业中，这类制造企业所占比重较大，因此导致全行业的产值总量、销售收入、出口规模等主要经济指标的增速明显放缓。而且，因为出口导向型的电子信息产品是按照海外市场需求和标准生产的，很难在短时间内出口转内销，大力拓展国内市场，所以需要较长的恢复周期，并且在恢复过程中会出现反复调整的情况。

此外，中国电子信息类产品出口目的地和出口省份相对集中，不利于化解国际市场风险。首先，排名前三位的出口国集中了50%以上的出口量

(见图 5—12)，其中对美国、日本、欧盟出口的计算机与通信技术类产品已经接近 70%。其次，从国内出口省份来看，2007 年中国出口额超过 100 亿美元的地区包括广东、江苏、浙江等六省，广东省列高技术出口贸易顺差的第一位，顺差额为 242.86 亿美元，成为受危机冲击最集中的省份。

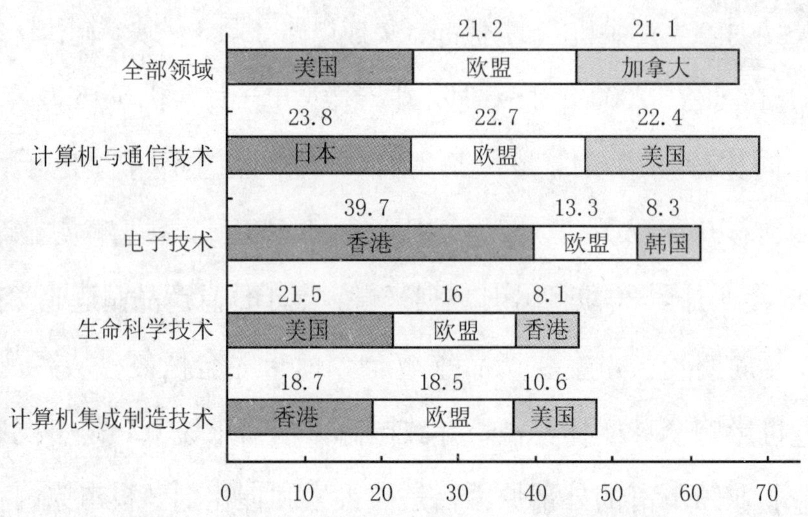

图 5—12　2007 年中国高技术产业主要出口国占比（%）

资料来源：世界银行：《世界发展指标 2007》。

自 2008 年下半年以来，中国政府陆续出台了一系列措施，加速广东省等东部地区电子信息产业的复苏。2009 年 1～6 月，从中国高技术产业投资情况来看，电子及通信设备制造业计划总投资为 5357.83 亿元（超过高技术产业的 50%），实际完成投资 913.87 亿元（占计划投资的 43.4%），其中新增固定资产 246.60 亿元（占计划投资的 35.5%）。施工项目 3002 个（占计划投资的 41.2%），其中新开工项目 1575 个（占计划投资的 44.3%），已投产项目为 898 个（占计划投资的 53.5%）。2009 年下半年，虽然电子信息行业占高技术总投资比例有所下降，但 1～9 月上述五项比例仍较高，分别占总体的 44.0%、38.9%、35.8%、33.9%、33.3%。如此大规模的投资有望带动电子信息制造业触底反弹，加快科技研发投入和产品更新换代，并加大力度开拓国内市场和新兴海外市场。投资能够带动供给并缓解经营压力，但是全产业的彻底复苏还取决于市场需求的恢复程度以及产业调整、升级的速度和力度。

2. 市场需求尚未恢复，风电、光伏等新能源产业面临供过于求的压力

2008 年底，中国风电累计装机总量达 1227 万 kW，连续三年增长率超过 100%。中国已有风电制造及相关零部件企业 100 多家，其中大型整机生产企业 70 多家，国产风机的市场份额显著提高。国际金融危机袭来，国内风电项目投资增速放缓，而且工期拖长，风电设备制造业的订单有所减少，出现产能闲置的情况。金融危机过后的产业恢复期，风电设备企业将面临供过于求的压力。

与风电的情况类似，2008 年中国太阳能光伏电池制造企业生产能力在 100MW 以上的超过十家，总产能达 2 万吨。目前，中国光伏制造业的主要市场集中在欧美地区，金融危机直接导致海外订单大规模缩水，光伏产业严重供过于求，产品价格持续下降，大量产能被放空。但是，随着国家推动光伏并网发电计划的加速实施，国内光伏市场已展现出巨大的发展潜力，2009 年中期以后产业将进入深度调整与整合阶段。

（三）金融危机期间中国促进高技术产业发展的相关政策评价

1. 相关政策概况

2009 年 2 月 18 日，温家宝总理主持召开国务院常务会议，审议并原则通过《电子信息产业调整和振兴规划》（以下简称《规划》）。该《规划》提出了对电子信息产业落实扩大内需措施、加大国家投入、加强政策扶持、完善投融资环境、支持优势企业并购重组、进一步开拓国际市场、强化自主创新能力建设等政策措施。其中，扶持政策主要包括继续实施《国务院关于印发鼓励软件产业和集成电路产业发展若干政策的通知》（国发［2000］18号）明确的政策，抓紧研究进一步支持软件产业和集成电路产业发展的政策措施。进一步完善并适当延长液晶等新型显示器件优惠政策。落实数字电视产业政策，推进“三网融合”。在高新技术企业认定工作中，根据电子信息产业发展状况适时调整认定目录和标准。研究出台光伏发电和半导体照明推广应用的鼓励政策。

除《电子信息产业调整和振兴规划》之外，中国政府还出台了一系列政策帮助出口导向型高技术行业走出危机。自2008年下半年以来，中国已先后7次提高部分产品出口退税率。《关于提高轻纺、电子信息等商品出口退税率的通知》（财税［2009］43号）于2009年4月1日执行，将CRT、彩电、部分电视机零件、光缆、不间断供电电源（UPS）、有衬背的精炼铜制印刷电路用覆铜板等商品的出口退税率提高到17%；将六氟铝酸钠等化工制品、单晶硅片、直径大于等于30cm的单晶硅棒等商品的出口退税率提高到13%。《关于进一步提高部分商品出口退税率的通知》（财税［2009］88号）于2009年6月1日执行，将电视用发送设备等商品的出口退税率提高到17%；将光学元件等仪器仪表、胰岛素制剂等药品的出口退税率提高到15%。

此外，“家电下乡”是应对当前国际金融危机、惠农强农、带动工业生产、促进消费拉动内需的一项重要举措，自2009年2月1日已经在全国全面推广。列入家电下乡范围并作为高技术产品进行统计的产品包括手机、彩电、电脑等，彩电和电脑的最高限价为3500元、对手机的最高限价为1000元。家电下乡由中央和省级财政安排补贴销售价格的13%，实施年限暂定为4年，中、西部省份时限有所放宽。2009年4月，财政部会同商务部、发改委等部门制定了《家电下乡操作细则》（财建［2009］155号下发），大幅度简化了家电下乡补贴审核兑付程序，并对提高家电下乡产品质量、完善售后服务以及加强生产销售企业的监督管理等作出了具体规定。

2. 相关政策实施成效

电子信息产业是中国高技术产业中遭受国际金融危机冲击最为严重的产业。《规划》及其细则实施近半年来，初步取得了一些成效，主要体现在电子信息产业总产值、出口交货值、新产品产值、主营业务收入以及利润总额等经济指标逐月向好。而且，主要以电子信息产业作为支柱产业的东部沿海省市，其工业总产值、增加值、进出口规模增速等有小幅提升。《规划》当中涉及的产业调整与振兴政策，既有利于国内电子信息产业抗击国际金融危机的短期冲击，又有利于中长期调整产业结构，减少对国际市场、技术和资本的依赖，从而为未来产业竞争夯实基础。现阶段，短期振兴产业的系列措施已初见成效，但是中长期调整结构的政策还有待实践检验。

家电下乡是当前经济形势下中国扩大内需的一项重要举措，也是财政政策工具及运作机制的一项创新，通过对农民购买家电给予一定比例的财政补贴，可以提高农民消费能力，扩大农村消费，改善农民生产生活条件，带动家电企业生产，促进产业结构优化和升级，完善农村流通体系。此项政策不仅惠及亿万农民，还能助力高技术家电企业尽快走出危机阴影。但是，目前家电下乡在政策执行过程中仍存在兑付程序烦琐、销售发票开具较困难、监督考核机制缺位等问题。

在中国，不仅电子信息产业这类外向型产业需要进行结构调整，生物医药、新能源、新材料等高技术产业同样需要调整产业结构。政府需要针对高技术领域整体产业结构的调整出台一系列有针对性的规划。未来高技术产业结构调整与振兴的规划不仅需要明确世界产业发展趋势，而且需要深入研究后金融危机时代中国高技术产业发展所面临的机遇和挑战。

二、金融危机背景下中国高技术产业发展面临的机遇和挑战

自2008年下半年以来，国际金融危机已经导致美、欧、日等发达国家实体经济出现不同程度的结构性衰退。在全球高技术产品与服务的市场结构、贸易关系发生明显变化的背景下，中国高技术产业的一些结构性矛盾（如以出口导向型制造业为主、依赖国际市场）被激化，而另一些矛盾（如严重缺乏高端研发人才、因过高原材料和设备价格挤占利润空间）得到缓解，由此给整个产业的未来发展带来了不同程度的机遇与挑战。

（一）机遇

1. 发达国家大批高技术企业裁员，有利于中国招揽世界顶级人才

长期以来，中国比较缺乏接受过系统性科学或工程教育的专业人才，尤其是能够在关键产业领域领导世界前沿技术开发的顶级技术研发团队。根据美国科学基金会统计，1989～2003年间，亚洲学生占美国科学和工程博士的22%，而且中国和印度学生在获得学位后留美比例高达80%。2009年以来，美、日、欧等发达经济体失业率连创新高。5月，美国失业率已接近10%，创下25年来的新高点，硅谷等地聚集的中小高技术企业相继破产，大型高技术企业裁员规模史无前例，失业的高技术人才当中有相当一部分华裔科学家和工程师，他们渴望回国创业或工作。此类高技术人才很多拥有个人发明专利，不仅能够为中国带来国际一流的技术成果和项目管理经验，而且能够打造世界级的高技术研发团队。

2. 欧美金融和高技术企业面临较大困难，有利于中国高技术企业“走出去”

2000～2007年间，欧美国家经济保持较高速增长，政府和私人企业以

巨额资金投入研发，政府采购不断扩大高技术产品与服务的需求规模，这些国家的高技术产业得以迅猛发展。但是，2008 年国际金融危机广泛波及发达国家的金融业及高技术产业，大量海外高技术企业濒临破产。近年来，中国高技术企业不断积累资金实力和管理经验，有可能通过购买海外精华资产（如子品牌事业部等）来积极拓展海外业务，借此摆脱跨国公司控制，建立自主的全球采购、营销网络，从而提高自主品牌的国际知名度。

3. 关键材料、部件、设备进口价格下跌，有利于降低研发成本

现阶段，中国有相当一部分高技术企业在承接发达国家高技术产业制造环节转移，它们比较依赖国外关键部件和试验、生产设备的供给。2006～2007 年，国际资源原材料价格持续攀高，高技术制造业所需的材料、部件和设备价格轮番上涨，导致中国高技术制造企业成本激增、利润率不断下滑。2008 年下半年，国际金融危机导致国际大宗商品价格、国际航线运费纷纷下调至一两年前水平，国际市场上高技术制造业所需原料、部件和设备库存增大、价格理性回调，大幅降低了中国高技术制造企业的研发和生产成本，部分缓解了经营压力。

4. 中国政府出台保增长、扩内需政策，高技术产业投资和信贷支持力度加大

为应对国际金融危机，中国政府从 2008 年第四季度开始出台积极的财政政策和稳健的货币政策，重点支持新能源、生物科技和信息化等高新技术领域，中国大中型高技术企业不仅获得了专项产业振兴资金的扶持，而且获得了较大规模的信贷支持。各地高新区和高技术产业基地相继落实新一轮税收优惠政策，并就中小高技术企业、创业企业融资难问题积极出台对策。

目前，中国出口导向型的低端制造业衰弱，市场资本转向高新技术领域寻找投资机会，中国高技术企业在经济下行周期已经显现出对资本和资源的较强吸纳能力。各地高技术领域的投资恢复比传统产业要快。

从更长远的时期看，为尽早走出危机，世界各国纷纷寻求新的经济增长点，尤其是寄希望于高成长性、高带动性的高技术产业，新能源、新材料等新兴高技术产业将加快发展，有利于中国高技术产业改善国际分工地位。同时，在国际金融危机背景下，中国将把经济增长的基本立足点放到扩大国内需求上，城乡居民消费结构将加速升级，国内市场对高技术产业形成重要支撑；中国还将加快推动发展方式转变和经济结构调整，高技术产业发展的政策环境将进一步改善，地位和作用将更加彰显。另外，中国国际政治经济地位逐渐上升，有利于中国高技术产业在更大范围、更宽领域、更高层次参与国际分工与合作。

（二）挑战

1. 国际市场需求萎缩，中国高技术产业产品出口将放缓

大规模承接发达国家高技术产业的制造环节是中国高技术产业发展的阶段性特征之一。因此，国际金融危机对中国高技术产业的发展具有明显的“双刃剑”作用，虽然能够缓解研发和生产的成本压力，但是国际市场需求的急剧萎缩严重冲击中国高技术制成品的出口。中国电子信息类产品出口连续四五个月呈环比负增长，而且到目前仍未恢复到危机前的出口规模。中国东部地区的高技术制造业出口受挫尤其严重，近几个月来环比下跌都在两位数左右。未来一段时间，去库存化任务相当严峻。

此外，中国高技术领域的投入主要以提高规模和效率的应用型创新和开发为主，国际市场需求的萎缩，直接削减了高技术制造业创新和应用开发的动力。

2. 产能过剩问题更趋突出，中国高技术产品和服务价格趋于下降

高技术制成品在国际市场上滞销，直接打击了中国制造业的最为高端

的一部分产能。由于这部分高端制造产能具有明确的市场指向性，在短时间内很难转产旨在开拓国内市场的产品。这部分产能一直在以高资本投入和规模经济支撑中国高技术产业的增加值增长。如半导体行业的硅晶圆等，这类生产线属于知识、资本密集型产能，它们的闲置不仅带来了巨大浪费，而且导致中国高技术产业增加值环比连续为负数，相应产品和服务价格量价齐跌。此外，发达国家高技术产业明显衰退，主要高技术跨国公司进一步挤压组装加工环节的成本和利润，也进一步导致中国高技术产品和离岸外包服务价格下跌。

3. 经济全球化进入低潮，中国高技术产业投资增长趋缓

2008 年次贷危机波及全球金融市场，欧美国家风险投资明显放缓，一年多来，高技术企业基本无法从全球主要股市融资。纳斯达克股指从 2007 年的 14000 点狂跌至 2009 年 3 月的 4000 点，中国沪指从 2007 年中的 6000 点跌至目前的 3000 点左右。在这段时间内，中国相当一部分中小高科技创业企业无法从国际风险投资市场获得融资支持，导致不少很有潜力的创业项目夭折或变现退出。在国际金融危机背景下，主要发达国家和中国政府纷纷出台经济刺激计划，重点加大对高技术产业复苏的资金支持，但是中国信贷支持主要集中于大型企业，而且相当一部分信贷资金尚未流入实体经济。由于国际国内市场需求持续低迷，大部分民间资本都在观望，市场化的民间资本对高技术产业的投资信心尚未恢复。

从未来更长时间预测，世界经济将进入低速增长期，不利于中国出口导向型高技术产业加快发展。同时，一些新兴市场经济国家地位上升，将对中国高技术产业构成同质竞争压力；发达国家抢占新能源、新材料领域技术和利润制高点，将对中国高技术产业发展形成新压力；中国条块分割的市场结构和行政体制不利于高技术产业新型组织模式的发展。

三、金融危机背景下中国高技术产业发展思路

乐观估计，此轮国际金融危机对全球经济的周期性影响有可能在一两年内被化解。但结构性调整的影响将持续到未来五到十年甚至更长时间。展望未来几年，各发达国家将通过加大研发和产业化投入进一步提升电子信息产业、先进制造业等优势产业竞争力；同时，加快培育新能源产业、新材料产业等新兴高技术产业，寻求新的经济增长点；放松对高技术产业的经济性管制，以充分释放高技术产业市场竞争的巨大潜能。跨国高技术企业将进一步拓展价值链，向以服务为核心的系统集成商转型；同步研发与部件外包、网络化敏捷制造等新型高技术产业组织模式将逐步兴起。

根据世界高技术产业发展趋势及中国高技术产业发展面临的机遇和挑战，结合中国高技术产业受国际金融危机的影响状况与相关政策的预期效果，2010年前后中国高技术产业的发展思路应是：保增长、增出口、扩内需、促发展。具体而言，加快发展受危机影响较小的行业，支撑高技术产业保持较快增长速度；努力优化产业组织结构，加快培育一批“旗舰型”和“航母型”企业，尽快提升国际竞争力；抓住时机加快“走出去”步伐，积极利用全球资源促进发展，努力提升中国高技术产业国际分工地位；加强用高技术改造提升传统产业，推进中国经济发展方式转变和产业结构优化；以市场为导向加快推进高技术产业化，培育新的增长点；以跨区域、跨行业整合国内高技术产业资源为手段加快提升高技术产业集群能级，增强自主创新能力。

（一）以受危机影响较小的行业为依托，促进高技术产业保持较快增长速度

中国生物产业、新材料产业、高技术服务业等受国际金融危机影响较小，金融危机爆发以来仍保持较快增长。为防止高技术产业增长速度过快下滑，应依托这类受危机影响较小的行业，进一步创造竞争优势，支撑中国高技术产业新一轮快速增长。通过组织实施重点医药制剂产品质量体系升级示范重大工程、生物医学工程行业发展提速工程、生物育种产业化发展工程等措施，促进生物产业进一步加快发展。通过加强材料、工艺及装备的技术集成，加强材料、元器件的系统集成，促进新材料的产业化和工程化应用；加大对新材料产业基地的支持力度，加强开发具有自主知识产权的电子信息材料、航空航天材料、能源材料、生物材料、化工新材料等信息、生物、航空航天、重大装备和新能源产业发展所需的关键材料，推动新材料产业加速发展。通过消除融合障碍，推进设施共享，加快通信网络升级；制定优惠政策，弥补增值服务业发展短板，强化基础电信服务优势，加快宽带互联网业务发展；加强电子交易立法，完善交易平台，促进电子商务繁荣和电子政务协调发展；建立数字内容产业统一管理部门或者协调管理机制，完善知识产权法律保护体系，鼓励商业模式创新；改善技术服务业发展环境，建立技术应用转化交流平台等，促进高技术服务业加快发展。

（二）以迅速提升竞争力为目标优化组织结构，提高产业集中度

全球高技术产品和服务市场受国际金融危机的影响，将持续低迷一段时间，在市场调整、恢复期，必须提升中国高技术产业利用全球资源并创造产品或服务价值的效率，从而谋求更大的产业竞争优势。当务之急是优

化中国高技术产业组织结构，减少行政成本和交易费用。现阶段，政府应鼓励高技术行业按照市场化原则兼并重组，集中精华资产和优质资源，重点推进有明确市场前景和商业化价值的大型项目。特别是要重视龙头企业的引领和支撑作用，加快培育一批“旗舰型”和“航母型”企业。重点领域和区域的龙头企业已经开始从单纯的硬件产品开发生产向提供全方位解决方案和运营支持的高技术制造与服务一体化模式转变。中国应重点支持两类龙头企业：一类是重点攻关技术标准和系统架构的研发型企业，它们能够为相应产业领域指明产业化方向，属于“旗舰型”企业；另一类是从事终端应用创新，凭借规模经济和范围经济优势而影响全行业的“航母型”企业。前一类企业更多属内生型成长模式，而后一类更多是外向型成长模式。政府应协调高技术产业内部两类龙头企业和两种成长模式并行不悖、相得益彰，共同促进中国高技术产业规模和效率进一步改善。此外，应鼓励外向型高技术企业，根据后金融危机时代国际市场结构变化的趋势，淘汰、调整或升级当前的空闲产能，着力提高先进和高端产能的利用率，克服资金和市场风险，进一步化解金融危机带来的消极影响。

（三）以市场为导向加快推进高技术产业化，培育新的增长点

一方面，以接通、延伸、健全移动通信、数字电视、计算机及网络、软件和信息服务等产业链为重点，大力推进电子信息产业领域的自主创新成果产业化。重点加强3G产业联盟建设，在3G关键设备和关键技术环节实现突破，大力开发新型3G终端产品、传输设备、交换设备等，培育各类增值业务，建设完整的3G产业链。整合数字电视产业资源，突破掌握高世代液晶面板、新一代平板显示、三维立体显示等先进显示技术，完善交互式高清数字电视制作运营平台和电子商务平台，创新服务和商业模式，积极培育新型增值信息服务的运营体系，促进数字演播设备、信号处理及多

媒体制作设备、发射及用户接入设备等数字电视产业链各环节协同发展，健全标准、芯片、软件、节目制作、信号处理、前端设备、发射与接收、增值服务互动发展的产业链。加快高端服务器、大容量存储设备、工控计算机等新型计算机产品的研发和产业化，推动特种计算机产品在交通、商业、金融、财税等领域的应用；积极进行云计算技术和产品开发，研发新一代互联网关键技术，加快建设下一代互联网示范工程；积极开发基于下一代互联网的特色应用软件，鼓励远程医疗、远程教育、电子商务、网络电视等服务业态发展；大力发展基于移动通信、互联网的传媒和娱乐业。

另一方面，以培育新兴支柱产业为目标，加快推进生物产业、新能源产业、新材料产业等在关键技术和重要产品研制方面实现新突破，加大支持力度，实施一批产业化示范工程，培育一批新的增长点。

（四）以促进中国发展方式转变为重任，加强用高技术改造提升传统产业

强化用高技术促进传统产业优化提升产业技术水平，切实降低物耗、能耗，提高经济增长质量和产业国际竞争力，推进循环经济的发展和资源节约型、环境友好型社会的建设。以国民经济基础性、支柱性行业为重点，加快突破和推广应用一批核心技术和关键装备制造技术，支撑国家经济安全。同时，重点针对“两高一资”产业，加快开发和推广应用一批节约资源和环境友好的技术。另外，支持建立一批产业技术服务机构，完善产业技术服务体系。

（五）以优化价值链为努力方向，积极利用国际资源

抓住国际高技术产业格局调整的有利时机，鼓励有条件的高技术企业以获取技术、优化产业价值链为目标，积极并购或参股发达国家高技术企业，借此加强核心技术、共性关键技术和工程应用技术的开发。鼓励、支

持引进国外先进技术，重点加大消化吸收支持力度。鼓励外资积极在华设立研发机构，推动外资研发机构与本地机构的合作。大力吸引海外人才，加速凝聚和造就高端科技人才和管理人才队伍。

四、金融危机背景下促进中国高技术产业发展的政策措施建议

在金融危机背景下，促进中国高技术产业发展的政策措施应远近结合、标本兼治，将短期政策与中长期调整结合起来，既要帮助高技术产业中受影响较大的企业渡过难关，并在经济复苏过程中把握拓展市场份额的机会，也要注重调整高技术产业的内部结构，推动高技术产业长足发展。

（一）对已有政策抓紧抓好抓落实，切实发挥作用

对于2008年第四季度以来陆续出台的相关高技术产业扶植政策，应加紧落到实处。如针对高技术产品的出口税收扶植政策，针对中小创业型高技术企业的融资扶植政策，针对扩大高技术产品国内需求的政府采购与价格补贴政策，等等。各级政府应组织有关部门积极开展对已出台政策实施效果的评估，并针对贯彻、执行过程中碰到的难点与“瓶颈”，及时协调多方利益主体进行会商，并尽快出台实施细则和针对特殊问题、地区或企业的具体指导意见。

（二）建立高技术企业解困资金，重点帮扶有战略发展前景的企业

首先，对有明确战略发展前景的大中型高技术企业，政府有关部门可考虑及时补充资本金，并给予政府贴息等优惠政策支持。其次，建议设立

高技术企业解困专项资金，重点针对中小创业型企业在生产经营、市场开发、担保融资等方面遇到的困难进行专项扶植。最后，建议从各级政府拉动内需的专项资金中拨专款，给予通过技术创新努力推进产品或服务向高端转型的企业以支持，提高整个产业的自动化控制和系统集成能力，促进产业结构升级。

（三）促进金融创新，完善中小高技术企业融资机制

进一步完善高技术产业投融资服务平台，加大融资担保资金规模，以带动银行向中小型科技企业的贷款投放量。在此基础上，鼓励银行突破传统的评级授信、抵押担保等信贷准入条件的限制，依托核心企业，推广面向中小高技术企业的产业链融资新方式，通过重点审查中小高技术企业与所在产业链中核心企业的供货历史、过往合同履行能力、信用记录等直接影响货款回笼的因素，无须提供抵押担保，对核心企业认可的中小企业及时提供融资服务。同时，改善银企合作关系，鼓励银行通过所掌握的行业信息，对企业经营发展提出建议，为中小高技术企业提供增值服务。

（四）加快修订政府采购目录，加大政府采购和财政补贴力度

其一，鼓励有条件地区的地方政府将自主创新产品纳入当地行业标准和政府采购目录，特别是在电子信息、生物医药、新能源、节能减排、先进制造、海洋技术等领域通过政府采购首台（套）产品等扶植政策，促进高技术成果在当地转化。其二，鼓励各级政府和部门采购信息化产品，积极发展电子政务和电子商务平台，并加大中小城市和农村地区信息网络基础设施建设，建议由财政设立专项经费补贴公共性信息化技术培训。其三，建议各地加大“汽车下乡”、“家电下乡”、清洁能源汽车装备公交系统的财政补贴力度，并做好配套服务，方便消费者购买和公交系统采购。

当前，还应考虑并加快推动如下工作：一是促进中国高技术产业发展还应创新投入机制，提高投入效率，尝试对一般性的技术创新、产业化实行以奖代投，而对战略性重大技术产业化项目持续投入，直至其产品具有相当市场竞争力；二是实施结构性减税政策，促进高技术产业结构升级；三是进一步为高技术产业发展提供更优质的环境和公共服务；四是跨区域、跨行业整合资源，加快建设支撑高技术产业发展的国家创新系统。

（执笔人：曾智泽、郭丽岩）

参考文献

1. OECD：《OECD 研究与发展统计 2007》，OECD 网站数据库。

2. 国家发改委：《电子信息产业调整和振兴规划》，新华网 2009 年 4 月 15 日。

3. 国家商务部：《2008 年中国高新技术产品进出口增速双双放缓，先进技术装备的引进力度依然不足》（进出口监测预警专题），国家商务部网站。

4. 国家统计局：《2008 年中国高技术产业统计年鉴》，中国统计出版社 2009 年版。

5. 张晓强：《中国高技术产业发展年鉴 2008》，北京理工大学出版社 2008 年版。

6. 金碚：《从美国金融危机看中国的产业发展》，《中国金融》2009 年 3 月。

7. 方新：《金融之危，高新技术产业之机》，《中国高新技术产业导报》2009 年 3 月。

8. 《2008 年以来中国高技术产业发展分析》，《中国经贸导刊》2009 年第 10 期。

9. 《北京：调研高新技术产业应对金融危机》，搜狐新闻“中国经济形式与政策”专题，2009 年 3 月 26 日。

分报告六

经济危机背景下产业政策的历史借鉴

内容提要：世界经济发展的历史经验告诉我们，只要政策得当，经济危机完全可以转化为发展机遇。1929～1933年的“大萧条”时期美国和英国对工业和农业的调整政策，苏联利用危机大力引进技术、人才、资金及拓展国际合作空间；20世纪70年代两次石油危机期间日本产业结构调整政策；1997～1998年亚洲金融危机期间“四小虎”与韩国因应危机的产业振兴政策。这些产业应对政策的历史经验都将对中国当前产业发展提供有意义的启示与借鉴。

一、“大萧条”时期主要发达国家的产业政策

（一）美国罗斯福“新政”中的产业政策

在 1932 年 6 月芝加哥举行的民主党全国代表大会上，富兰克林·罗斯福获得该党总统候选人的提名。在接受提名演说中，他宣布要实行新政。从此，“新政”一词便成了罗斯福施政纲领的名称。

罗斯福当时并未赋予这个词以任何特殊的含义，更没有一个具体的政策计划。但是为复兴危机中的美国经济，他执政后便大胆地进行了一系列的政策试验，并根据经济形势的变化和试验的结果不断地对政策进行修正和完善。最终在美国的银行与金融、农业、工商业社会救济、公共工程以及财政等一切经济领域实行了全面改革，加强了政府对经济的控制、调节和干预，使美国经济制度发生了迄今为止最深刻的变革。

罗斯福“新政”分为两个阶段：第一个阶段是从 1933 年 3 月至 1935 年初；第二个阶段是从 1935 年初至 1939 年 8 月。

1. 工业复兴政策

“新政”的核心内容是实施国家对工业的调节和控制。1933 年 6 月，美国国会通过《全国工业复兴法》，并设立“国家复兴管理局”和公共工程局作为该法案的执行机构。这项工业复兴法案包括两大部分，即两部条款。

第一部为“工业复兴”。它声明，国家经济正处于紧急状态，有必要部分暂停实施反托拉斯法。工业各行业成员可与政府合作，制定本行业的公平竞争法规，规定本行业的生产规模、价格水平、信贷条件、销售定额和雇用工人条件等，以协调各行业的经济活动和消灭“不公平”的竞争。这

实际上是由政府领导和监督实行强制卡特尔化，为防止生产过剩而采取的干预措施。

这些法规一旦由总统批准，将对全行业具有法律效力，并由法庭强制执行。法规内容包括保证雇员的“组织和通过他们自己选择的代表进行集体谈判合同的权利”，并宣布“黄狗合同”（指雇主与雇员个人签订的以受雇者不参加工人工会为条件的雇佣合同）为非法；还包括有关工资、工时和工作条件的条款以及其他涉及公平竞争问题的条款；最高工时（一般每周约有40小时）及最低工资的限额（一般每小时为0.3～0.4美元），如有可能，应通过工人集体与雇主谈判后达成，否则将由总统决定。

总统对法规拥有广泛的处置权：他不仅拥有法规的批准权（由根据他的指令而新成立的工业复兴局来实施），而且可以以保护消费者、竞争者、雇员或公共利益为由更改法规的条款；如果某个行业不能通过协商制定出自己的法规，总统则有权在警告和举行听证会后，为该行业强制制定一项法规；在特殊情况下，他还可以对某个行业实行许可证制度，没有获得许可证的厂商将丧失经营权；他还有权干预和批准企业家之间、工会之间或劳资之间自愿达成的协议。

所有的行业公平竞争法规、许可证和自愿协议都将在工业复兴法两年的有效期中享受从反托拉斯法中豁免的权利，即不受反托拉斯法的追究和起诉。如果违反法规、自愿协议或许可证制度的规定将被罚款，或受到联邦贸易委员会的中止令或停止令的处罚。

在法案的第一部条款中，引人注目的是该部中的第七条a款，即通常所说的7a条款。这一条款规定：“根据本部条款所批准、制定或发布的每一项公平竞争法规、协议和许可证应包括以下内容：

(1) 受雇者应有组织和通过他们自己选择的代表进行集体谈判合同的权利，在选派此种代表或组织工会的行动中，在为谈判集体合同或其他相互支援、相互保护的目的而进行的其他的一致行动中，不受劳工的雇主或他们的代理人的干涉、限制或强制；

(2) 受雇者及任何寻求受雇的人不应被要求以参加任何公司工会或禁止其参加、组织或援助他自己选择的劳工组织作为一个雇佣条件；

(3) 雇主应遵守总统批准或规定的劳工最高工时、最低工资的比率及其他雇佣条件。”

7a条款的重要意义在于它从法律上肯定了工人组织工会和谈判签订集体合同的权利。多年来，同业公会和雇主一直将组织社会团体视为自己的一项特权，即使是雇主中较为开明的自由派也不愿把组织的权利给予工人。因为，对雇主来说，面对单个工人总要比面对有组织的工人容易得多：在单个工人面前，他们可以耀武扬威，极尽压榨之能事；而在有组织的工人面前却不得不谨慎行事，毕竟众怒难犯。

在工业复兴法起草和制定的过程中，雇主们并不赞成7a条款，仅仅是由于害怕激起工人们的反抗，以及一些自由派议员和行政当局的官员们的坚持，这一条款才得以保留。事实上，在整个工业复兴法中，雇主所获得的利益绝不比工人们少。且不说他们获得的实际上的协调价格、固定价格及控制产量的权利以及从反托拉斯法中豁免的保证，单是在7a条款中，他们也并非毫无所得。虽然“血汗工厂制”和“黄狗合同”不能再实行（其实“黄狗合同”一年前已被法律所禁止），但御用的公司工会却未在禁止之列，这正是他们日后对付工人工会的有力武器。7a条款事实上承认性质根本不同的两种工会的并存，正是这一欠缺，也为日后劳资冲突和争端的复杂化埋下了种子。

第二部为“公共工程和建筑规划”。它授权总统建立一个应急的公共工程局。根据法律的授权，公共工程局具有如下权力：它能够像一个建筑机构那样提出和举办自己的工程；它能够对工程和资金进行分配，使其他联邦机构参与或从事建筑工程；它能够给各州和其他公共团体提供贷款，以促进非联邦的建筑工程；有一段时间，它还能向私人公司提供贷款，以促进其建筑工程。它的活动和工程建筑主要是通过私人承包商来进行，因此不必像工赈计划那样被限制在只能雇用救济名单上的劳工。国会为该局拨款33亿美元用于广泛的国内公共工程项目，包括水坝、公路、联邦用房及海军设施等工程的建筑，用以扩大就业面。

1933～1937年间，美国政府共拨出120亿美元兴办诸如修建公路、公园、公共建筑与民房、海港、船坞、机场等项工程。1933～1939年，公共工程局帮助建设了全美国新教育设施的70%，县政府办公大楼、市政厅和污水处理厂的65%，医院和公共卫生设施的35%，公路、桥梁、地下铁道等公共交通设施的10%。在建筑行业中，创造了17.5亿个工时的工作量；在原材料、制造业和运输业方面，提供了30亿个工时的就业量。其中，最宏伟的公共工程是田纳西河流域的水力发电工程。

罗斯福政府的"以工代赈"的确能局部地解决失业问题，所办的公共工程也改善了美国的交通与能源等基础设施，保护与开发了自然资源，从而使国有企业大大增加。

这两部条款虽然统一于工业复兴法案之中，但罗斯福却将其视为两项相互独立的工作。他把工业复兴局看做是改革和重组经济的长期工具，而公共工程局则被视为一个执行应急计划的临时机构。在后来的运作中，二者也是相互独立和平行的。

1935年5月27日，最高法院以《全国工业复兴法》将立法权授予总统为由，宣布该法违宪。它立即引起美国工人和广大群众的强烈不满。为缓和矛盾，罗斯福于7月5日签署了由参议员华格纳提出并经国会通过的《全国劳工关系法》即《华格纳法》。该法重申了《全国工业复兴法》中关于工人权利的内容，明确雇主干涉或图谋控制工人组织及其活动为非法，规定罢工和纠察为工人捍卫自身利益的合法手段，设立调节劳资关系的“国家劳动关系局”执行该法。

2. 农业调整政策

消除农业危机也是“新政”的重要内容。对于振兴农业的重要性，罗斯福在一次演说中指出：“在我们国内，总共有5000万男人、女人和小孩直接与农业的现状及前途有关。另外五六千万从事工商业的人民最后也会明白这简单的事实，就是他们的生活及前途和农业的繁荣也有深切的关系。”

1933年5月12日，美国国会通过《农业调整法》，并成立农业调整署执行这部法律。《农业调整法》由三部分构成：第一部分是农业调整法；第二部分是紧急农场抵押法；第三部分便是以托马斯修正案为主的关于处理货币问题的条款。

事实上，托马斯修正案的大部分条款和措施均未实行，罗斯福仅运用了其中的两项措施，即降低美元中的黄金含量（美元贬值）和在国际债务支付中接受了价值约1140万美元的白银。但美元贬值所带来的通货膨胀显然大大减轻了农民的债务负担。

作为《农业调整法》第二部分的“紧急农场抵押法”实质上主要是为了确认3月末成立的农业信贷局的法定权力，尤其是确认其解决农业当务之急——农场抵押问题上的权力而制定的。

在大危机中许多农民为了生存不得不将农场抵押出去以之抵债或获得贷款。当抵押到期仍无力偿还贷款或债务时，农民则会面临被取消抵押品赎回权的问题。如果丧失了赖以生存的农场，对农民来说则无异于死路一条。因此，农场抵押问题一时间比任何其他问题都更容易引起农民的骚动及其感情的爆发。

3月底，罗斯福为解决农业信贷问题，已经建立了一个新的机构——农业信贷局，过去已有的各种联邦农业信贷机构被重新组织进这个新机构中，小亨利·摩根索被任命为该局局长。

当“农业调整法案”仍在各院经历着激烈的辩论时，美国国内由于农场抵押问题而连续发生了多起骚乱。

4月27日，500多名农民聚集在俄亥俄州勒马斯市法庭，要求暂时中止一切有关取消抵押品赎回权的诉讼。法官拒绝后，这些农民便将法官拖上一辆卡车，拉出城去吊打、侮辱了一番，险些将他打死。

在同一个星期内，该州丹尼森地区的农民袭击了一群试图取消菲尔兹农场抵押赎回权的债权人代表和代理人。暴力行为的蔓延迫使该州州长下令将6个县置于军事管制之下，并派国民警卫队进驻。

紧迫的形势使罗斯福断然决定接受托马斯的通货膨胀修正案，从而使农业调整法案得以顺利通过。

《农业调整法》的通过使农业信贷局的权力得到法律确认。该局在摩根索的领导下，迅速行动，为农场抵押重新筹集资金，并为第二抵押发放了一系列“拯救贷款”。

5月12日通过《紧急业抵押放款法》，发行农业贷款债券用做农业低利抵押放款。

6月16日通过《农业信用法》，设立农业信用公司和生产信用机构，负责办理农业信贷，对负债较少的农场主给予低息贷款救济。

此外，该局在各地建立了农业债务调整委员会，帮助债务人与债权人之间重新订立较合理的债务协定，并努力建立起了一个由地方银行组成的农业信贷系统，为农场抵押、农业生产和销售提供贷款。

到同年10月末，农业信贷局发放的各类贷款总额已超过1亿美元，相当于土地银行系统1932年全年发放的抵押货款的4倍。

1934年1月31日通过《农业抵押再放款法》，设立农产品抵押公司，拨出资金2亿美元，对抵押借款到期不能偿还的农民再予以贷款。

同年2月23日通过《农作物收获贷款法》，授命农业信用管理局于本年度农作物收获前给农民信用贷款，让他们在收割并售出农作物后偿还。

6月12日通过《农产抵押取赎法》，对到期不能偿还而被没收抵押品的农民再给予贷款，使他们能够赎还原物。

农业信贷局大量地发放贷款也使得银行和私人金融机构农业信贷的利息大幅度下降。在得克萨斯州尤瓦尔迪，由于政府农业信贷的大量发放，当地银行的农业贷款利率很快从16%降至不足5%。农业的债务和农场抵押问题得到了控制。

《农业调整法》的重点是法律的第二部分。其目标是要通过削减生产来提高农产品的价格，从而恢复到1909～1914年农业繁荣时期的农产品与工业品的有利比价，以实现工农业生产的平衡。同时，管制农产品及其加工品的市场销售。实现这些目标的措施主要有国内农作物种植分配计划、政府对农产品的预购赎回计划、征收农产品加工税计划、农产品市场协定和农产品出口补贴计划。

农作物种植分配计划是政府通过津贴来换取农民减少播种面积的一种措施：农民按照政府的安排减少耕种面积，政府则以津贴的方式来补偿农民减耕所受的损失。这项措施是非强制性的，农民可以自愿参加。同意按照政府计划缩减耕种面积的农民可以得到政府的津贴，而不加入该计划的农民只能从出售农产品的市场上获得收入。计算下来，参加减耕计划的农民从减耕的津贴中获得的收入要比不参加计划的农民从增加产量中所获得的收入高得多。因此，这项计划对大多数农民很有吸引力。

根据政府与农民签订的合同，1933年7～8月毁掉了1040万英亩成熟的棉花。1933～1934年，罗斯福政府收购并宰杀了620多万头生猪、2300万头牛和500多万只羊作为肥料。

农产品的预购赎回计划是对参加农作物种植分配计划的农民实行的一

项措施，政府以高于农产品市场的价格，以类似抵押贷款的形式来预购减耕农民的产品，以保证这些农产品收获后的销售出路。收获后，如果农产品市价高于政府的购买价，农民则可按政府的购买价以偿还抵押贷款的形式赎回自己的产品自行在市场上出售；反之，这些农产品则归政府所有。

农产品加工税是为政府支付减耕津贴筹集资金的一项措施，征收对象为农产品加工商，税率则根据农产品的实际价格与平价率之间的差额来确定。

农产品市场协定规定和分配准许出售的农产品数量，同时允许加工商以较高价格购买农产品原料，然后把多付的金额计入加工出来的产品价格中，转嫁到消费者身上，用这种方法强行提高农产品价格。

1936 年 1 月，最高法院又以 1933 年《农业调整法》侵犯了各州政府的权利为由，宣布该法违宪。为防止新的农业危机，国会于 1938 年 2 月 16 日通过了新的《农业调整法》。该法不仅保留了原来的《农业调整法》的内容，而且增添了一些新规定：由政府确定平价和农产品商品的年产量；价格低于平价时发给差额补偿，产量高于规定数量时，规定销售量并对超额数量课以重税；农业部在法定年产量时须留有余地以备急用。新的《农业调整法》加强了国家对农业的干预。

（二）英国反危机政策中的产业政策

爆发于美国的经济危机，于 1930 年第一季度蔓延到英国，到 1932 年夏秋之际，危机发展到最严重地步，1933 年后进入萧条时期。由于英国在 20 世纪 20 年代没有达到繁荣阶段，工业方面没有进行大规模固定资本的更新和扩大，因此危机对英国工业生产的影响较美国、德国、法国等国家要小。但危机对英国农业的打击较为严重，1930～1932 年，农产品价格下降 34%，致使农业生产严重缩减，英国成了“世界各国倾销剩余粮食的市场”。工农业和商业的下降引起20年代本已严重的失业状况进一步恶化，失业人数成倍增长。1929年11月，英国的失业人数为132.6万人，1930年12月，这一数字跃升为250万人。1931～1932年，失业工人达300多万，占全部劳动力的1/4。经济危机还使英国对外贸易进一步萎缩，国际收支恶化。1931年，英国的国际收支逆差已超过1亿英镑，英镑地位的稳定性受到了猛烈震荡。从1931年初开始，黄金从英国滚滚外流，1～3月，从英国净外流的黄金达700万英镑，7～9月更达3400万英镑，英国银行的黄金储备急剧下降。

1. 工业重组政策

英国产业因原来未见兴旺，危机发生后衰退情况不太显著，复苏也较早。金本位的放弃、保护关税的征收、低利政策的实施对产业的好转都起着重要作用。危机后英国工业的主要特点：一是新兴工业部门与军事生产相关的重工业部门有了较大增长；二是煤炭、造船、纺织等原有工业部门依然处于慢性危机之中。

这时候，英国政府对私人产业基本上仍持不干涉的方针，但不像过去那样完全采取放任主义政策。对于某些困难的重要工业，政府给予特别关注，督促它们进行改组。

如煤矿业的处境就特别困难，小矿太多，矿主们互相倾轧，展开自杀性的竞争，结果彼此都受到伤害。工党政府于1930年制定了《煤矿法》，促使它们遵行，政府实行监督，尽量促使它们合并，实行联营，分区定出最高产额，又定出最低限度的价格，要大家切实遵行。

对于钢铁工业，除对进口货征收保护税外，政府还督促它们改组，将效率太低的厂家关闭，加速资本与生产的集中化，加速产业合理化，以增加生产效率。

对于电气工业则实行全面管制，政府将全国分成若干电气区域，各区之间设联络站，以调整动力的分配，积极推进产业电气化的工作。

在这次大萧条中，英国有些工业地区受害严重，失业人数众多。政府特别关心，于1934年制定了《特殊地区法》，将其分为东北区、坎伯兰区、苏格兰区与南威尔士四个区，这些地方本来的工业是很发达的，这时却成了特别困难的地区，政府拨了一大笔资金加以援助。

在英国政府鼓励下，经过一系列的合并和兼并活动，原有大企业进一步扩大规模，控制了得到国家关税保护的新工业部门，成为工业发展的核心部分。

早在“一战”前就在军火生产方面占据垄断地位的维克斯公司，在战时、战后吞并了一大批企业，1928年又与另一军火垄断企业阿姆斯特朗—惠特沃斯公司联合，组成维克斯—阿姆斯特朗公司。1929年，维克斯又与康美尔—列德公司一起创立强大的冶金托拉斯（英国钢铁公司）和车辆制造托拉斯（都会—康美尔客车及货车公司），从而成了以军火和机器制造为主的、在国内外拥有大批制造军火、军用材料、金属、船只、飞机和电气设备企业的大型企业集团。

在化学工业方面，出现了由战前四大垄断组织（布伦纳·蒙德公司、联合制碱公司、诺贝尔公司和英国染料公司）联合组成的化学工业集团——帝国化学公司。它成立不久就控制了英国基本化学生产的95%，合成氮的全部和染料生产的40%，在国际市场上成为德国法本公司的最大竞争对手。

在汽车工业中，六大垄断公司——奥斯汀、福特、莫里斯、标准、渥豪尔、鲁茨，经过战后的发展，到第二次世界大战前夕，几乎占了英国全部汽车产量的9/10，其中前三家占了2/3。

在1929年危机后，一些长期衰落的工业部门在政府的干预和推动下推行“产业合理化”，也开始走上了联合的道路，并大力进行装备更新。

1929 年在国家干预和英格兰银行的参加下组成的兰开夏棉纺织公司，合并了 139 个棉纺织企业；20 世纪 30 年代初期实行“合理化”，将其中 52 个设备陈旧的企业拆毁了。1936 年又由政府收买和拆毁了一部分中小企业的纺织设备，进一步加强了设备较好的企业在纺织工业中的地位。

在造船业中，1930 年在国家干预和银行资本的资助下组成全国造船保险公司，通过收买和废弃大批中小船厂设备的办法，加强了大企业的地位。

在采煤业方面，1930 年政府颁布了采煤业组织区域卡特尔化的法案，分区制定采煤限额和最低售价，并设立煤矿重级委员会，推动采煤业进行合并，实行“生产合理化”。1936 年英国政府又进一步制定采煤业强制合并法案，不遗余力地促进采煤业的垄断联合。

在冶金工业中，1929～1930 年间在高额关税保护和政府的干预下，形成了五大钢铁垄断集团。1932 年又成立了使整个冶金工业卡特尔化的英国钢铁联合会。这个联合会的 10 家大公司控制了冶金能力的 47%、炼钢能力的 60%。

英国政府还进一步强化殖民地、半殖民地国家原料生产的垄断。如在英国所有垄断组织中，按资本额排列，名列前三名的就是英伊石油公司、英荷壳牌石油公司和缅甸石油公司。这三家石油公司在 1939 年控制了中东石油生产的 76%，是美孚石油公司的最大竞争对手。

危机后，银行资本和工业资本的融合空前增长。1929 年危机后，对银行负有大量债务的旧工业部门的破产或亏蚀，直接威胁银行资本的利益。以英格兰银行为首，在 1929 年创立了证券经营托拉斯，控制工业证券的推销工作。1930 年英格兰银行又在大商业银行和投资公司的参加下，成立“银行界工业发展公司”，资助并参与工业“改组工作”，推进了银行资本与工业资本的融合。

随后就出现了银行资本大量涌向工业的浪潮，银行“五巨头”都分别与许多新旧工业部门的大垄断公司建立密切联系，进行积极的投资活动。银行“五巨头”与工业垄断组织互兼领导人的“人事安排”也加强了。1938年五大银行董事会的100多个董事，在各部门的股份公司中兼任了1000多个董事职位，成了英国金融寡头的核心。

由于英国较早实行政策调整，所受损失较小，复苏也较早。1933年英国工业生产开始回升，但进展十分缓慢。1934年，受英国政府开始军备竞赛的刺激，经济得到了发展，持续到1937年上半年。1937年英国工业生产指数较危机前的最高年（1929年）上升了23.7%。钢产量从1929年的979万吨上升到1937年的1319万吨；汽车从24万辆增至50万辆。但这些增长不过是对20世纪20年代落后局面的部分追补。1937年英国钢和汽车产量约占美国的1/4和1/10。而1937年英国这两项产品的产量都还没有恢复到1929年的水平。1937年下半年又爆发了世界经济危机，英国再次被卷入，且工业下降势头比1929年更猛。

煤矿、造船、纺织等旧工业部门，直到1937年末还未恢复到1929年的水平。尽管在国家的干预下，以执行产业合理化的名义，废弃了大量陈旧设备，关闭了不少落后厂矿，但企业开工仍然严重不足，失业率还在20%以上。

传统工业部门的继续衰落，是生产效率低下和出口贸易状况继续恶化的直接结果。帝国特惠制和英镑集团的建立，在一定程度上增强了英国在自治领地和殖民地、半殖民地市场上的地位，但是由于这一时期整个世界市场的萎缩以及美、日、德诸国的激烈竞赛，英国的出口贸易额直到1937年也未恢复到1929年的水平。加上国外投资收入、海运收入继续下降，国际收支几乎年年处于逆差状态。

1929年危机后，帝国主义国家把挽救危机的希望寄托在侵略战争上。20世纪30年代日本、德国先后在国内建立了法西斯政权，扩军备战，加紧侵略活动，使帝国主义国家之间的矛盾进一步尖锐起来。英国是法西斯侵略的积极怂恿者，以使它们的侵略矛头转向苏联，随着也加紧了自己的扩军备战步骤。1935 年起军事支出猛增（1937 年为 1935 年的 2 倍），刺激了钢铁、机器制造、飞机、汽车、化学、建筑部门的发展。1938 年的开支又比 1937 年增加 50%。接着，第二次世界大战全面爆发，这才暂时阻止了这次经济危机的发展。

2. 农业扶持政策

英国自从产业革命以后，专注于工业的发展，农业被置于无足轻重的地位，许多农田已荒废日久。在第一次世界大战中遭封锁，粮食生产几乎继顿。受到了这次教训，英国政府深感有必要使粮食增产，而且各业之中农业仍然是最大的产业，不能继续忽视，因而在战后常可听到“回到土地”的呼声。

当时英国所需的粮食，本国生产的只占 40%，其他都要从领属各地和外国输入。在萧条期间，农产品价格跌落，农民生计困难，需要加以救济。这时国民政府制定农业政策，目的在增加粮食自给的程度，安定农民生活，并使城乡得到平衡发展。实施的办法：一为征收农业保护关税；二为改进农产品推销方法。

关于后者，1933 年曾通过《农产销售法》，这事由农业部长埃利奥特主持，当时称为埃利奥特主义，这体现了政府对农业系统的全面计划控制。

该法规定，各种农产品的生产者与销售者对其产销都有法定的购销集体统制权，农业生产者可拟订农产品推销计划。向政府登记，然后由登记的生产者共同组织销售委员会。对农产品的分级、价格、出售额与推销方法等都有自行决定权。到 1936 年，英国农产品中遵行此种销售计划的有牛肉、马铃薯、牛乳、家禽与禽蛋等。

此外，政府还有其他扶助本国农业生产的办法，如规定面粉厂须购买本国所产小麦的 70%，又规定将小麦价格提到一定高度，如市价低于此数，将由政府给予补贴，另外对于甜菜也定有类似的补贴办法。

由于政府重新采取补助和保护政策，农业生产有了一定恢复，农业技术装备也有较大改善。1932年，渥太华帝国会议后，除对帝国自治领地和殖民地进口的粮食给予“特惠”外，其他国家的农产品进口一律征收关税并规定进口限额。为了保证地主和农场主获得高额收入，对一些主要农产品，如市场价格低于规定的水平，就由政府给予“不足补偿”。

尽管这样，20世纪30年代英国农业产量还未恢复到第一次世界大战结束时的水平。进口谷物仍占国内消费量的70%以上，进口的脂肪和肉类占85%以上。英国的殖民帝国性质和大地主土地所有制，严重地阻碍着农业的发展。

(三) 苏联“大萧条”中产业政策的主要目标

苏联在“新经济政策”推行5年后，1926年，工农业产量已经达到1914年“一战”以前的水平。1928年，苏联开始执行第一个五年计划。在1929年开始的世界经济危机席卷西方各国的时候，苏联正处在社会主义建设的新高潮前期。西方的经济危机恰恰成了苏联大国崛起的良机。当时的苏联产业政策主要聚焦于以下几个目标，成效显著。

1. 强化技术引进

1929年，苏联同西方专家签订的技术援助协定已达70多个项目，涉及冶金、工业机械、金属加工、燃料动力、石油化工、交通运输、农业机械、农业灌溉工程、汽车、轮船和飞机制造等多个重要经济部门。截至1931年，苏联接受技术援助的项目增加到124个，总值为8300万卢布（当时，1卢布约合0.5美元）。第一个五年计划期间建立的一大批现代化骨干企业，尤其是在钢铁、机械、燃料动力、化工、汽车、拖拉机、飞机、造船等新的工业部门，许多是利用西方先进设备技术，甚至是在外国专家的直接帮助下建立的。据美国人萨顿《西方技术与苏联经济的发展（1930～1945 年）》一书介绍，斯大林曾说："在苏联，约有 2/3 的大型企业是在美国的帮助或技术援助下建成的……其余的，也大多是在德国、英国、法国、意大利等国的技术援助下建立的。"

2. 增加机器进口

这个时期，苏联成为世界市场上机器的最大买主。1931 年，美国出口的机器设备中有 50％是卖给苏联的。1929～1930 年，英国机器出口总量的 70％是销往苏联的，到 1932 年这个数字为 90％。1931 年，世界机器出口总量的 30％销往苏联，1932 年这个数字上升到 50％。在苏联的进口总额中，1929 年机器设备的进口占了 30.1％，1932 年则高达 55.7％。1929～1932 年，苏联进口机器设备的资金总计 60.1 亿卢布。

3. 重视延揽技术人才

西方在经济危机中，出现了大量的失业技术人员，他们被招聘到苏联工作。1932 年，在苏联工作的外国专家达 1919 人、技术人员 10655 人，分别比 1928 年增加了 4 倍多和 20 多倍。同时，苏联也通过"技术援助协定"等渠道，派遣人员出国学习。1929～1933 年，仅苏联最高国民经济委员会派往国外学习的管理人员和工程技术人员就达 2000 人。

4. 积极吸引国外贷款

1929 年之前，西方大国都不愿贷款给苏联，即使贷款也附有苛刻的条件。但西方在经济危机中出现了大量的过剩资本，使得苏联在国际金融市场上处于有利地位。1929～1931 年，苏联先后从德国、奥地利、英国、意大利、美国、芬兰、日本、挪威、瑞典、丹麦、比利时、法国等十几个国家的私人银行获得贷款，到 1933 年底，苏联获得的贷款总计已达 14 亿卢布。

5. 着力拓展国际经济关系

1933 年 6 月，苏联在伦敦召开的世界经济会议上，提出一项发展对外贸易，加强国际经济合作的计划，建议西方国家向苏联提供长期贷款，以保证苏联正常出口，苏联则准备在短期内向国外提供总值约为10亿美元的订单，并可能在近期内购买1亿美元的有色金属，2亿美元的黑色金属，约1亿美元的纺织品、皮革原料和橡胶，约4亿美元的设备和5000万美元的消费品。这些建议既有利于苏联的经济发展，也有利于西方国家缓解危机，应该说展现了在国际舞台上负责任的大国形象。

二、20世纪70年代两次石油危机期间日本产业结构调整政策

(一) 20世纪70年代日本产业结构调整背景

1. 以重化学工业为主导的产业格局已然形成

第二次世界大战后的日本百废待兴，为了实现国内经济的快速恢复和发展，日本政府在产业政策上向重工业倾斜。20世纪50年代通产省重点扶植和发展钢铁、煤炭、海运、电力、石化、合成纤维等行业机械；在1961～1970年的“国民收入倍增计划”中，又确立了石油工业在国民经济中的核心地位，要求石油在全部一次能源供应中，从1959年的30%提高到1970年的50%。

在20世纪70年代初期，日本已经形成了以重化学工业为主导的产业格局。从产业结构的变化来看，第二产业在国民经济中的比重由1955年的不到30%迅速上升到1970年的45%，第三产业占比基本不变，第一产业占比大幅下降。同期就业结构的变化是：第一产业就业人口从1955年的40%下降为1970年的不到20%，第二产业从22%上升为35%，第三产业从31%

上升为47%。在制造业内部，以化学、金属、机械为代表的重化工业的发展速度明显快于轻工业。1960～1970年的11年间，轻工业在制造业中的占比从43.6%下降为37.7%，重工业从56.4%上升为62.3%。在出口产品的结构上，也明显表现出向重化工业产品倾斜的特征。

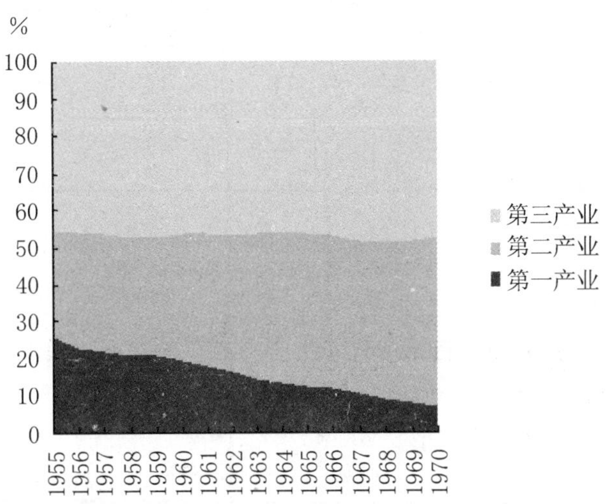

图6－1 第二次世界大战后日本第二产业比重不断上升

资料来源：日本《国民所得统计年报》。

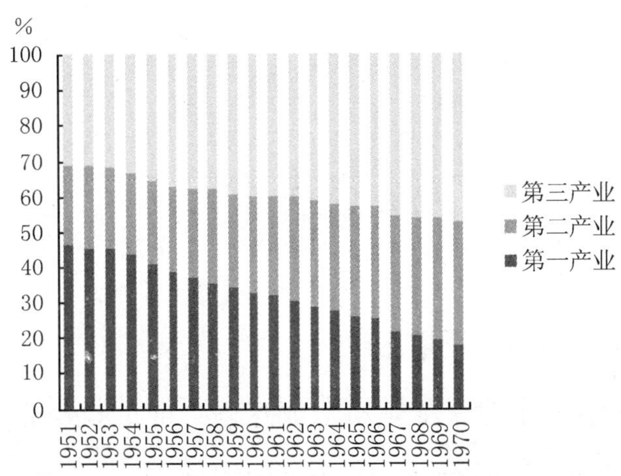

图6－2 日本第二产业就业人数占比逐渐增加

资料来源：日本总务厅《劳动力调查》。

表 6－1　日本重化学工业在 20 世纪 70 年代前高速增长　　单位：%

		制造业	重化学工业				轻工业				
			合计	化学	金属	机械	合计	食品	纤维	其他	合计
比重	1960 年	100	56.4	11.8	18.8	25.8	43.6	12.4	12.3	18.9	56.4
	1965 年	100	56.6	12.3	17.7	26.8	43.4	12.5	10.3	20.6	56.6
	1970 年	100	62.3	10.6	19.3	32.4	37.7	10.4	7.7	19.6	62.3
年均增长	1960～1965 年	13.6	13.7	14.6	12.3	14.3	13.5	13.9	9.6	15.5	13.7
	1965～1970 年	18.5	20.8	15.1	20.6	23.2	15.3	14.1	11.9	17.4	20.8

资料来源：小宫隆太郎等编：《日本的产业政策》，笔者整理。

表 6－2　日本重化学工业产品在出口中占很大比重　　单位：%

		出口总额	食品	纤维制品	化工产品	非金属矿制品	金属及其制品	其中钢铁	机械	其中汽车	其他
比重	1960 年	100	6.3	30.2	4.5	4.2	14.0	9.6	22.9	1.9	17.9
	1965 年	100	4.1	18.7	6.5	3.1	20.3	15.3	35.2	2.8	12.1
	1970 年	100	3.3	12.5	6.4	1.9	19.7	14.7	46.3	6.9	9.9
年均增长	1960～1965 年	17.9	2.6	5.7	28.1	6.3	28.3	31.6	31.7	38.0	10.8
	1965～1970 年	15.1	6.8	7.1	22.9	2.6	13.3	12.7	21.4	41.1	13.1

资料来源：小宫隆太郎等编：《日本的产业政策》，笔者整理。

2. 部分产业产能过剩严重

政策向重化学工业的过度倾斜造成这些行业的设备投资急剧增加，形成了大量过剩产能，造成行业的供给严重大于需求。这种情况在平电炉、纺织纤维、化工等行业表现均很明显。

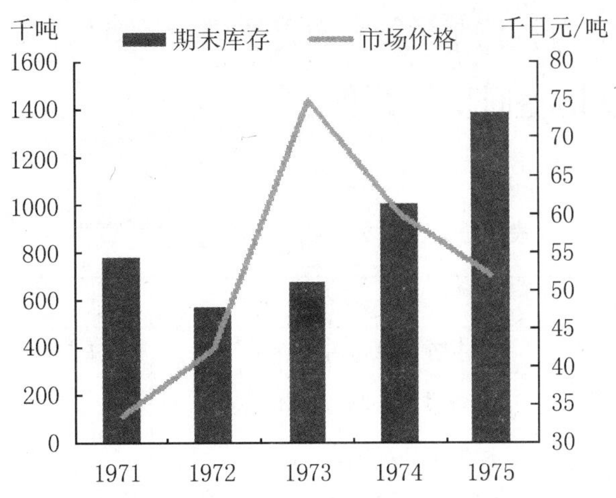

图 6－3　日本小型钢棒严重供过于求

资料来源：日本通商产业省《电炉业现状资料》。

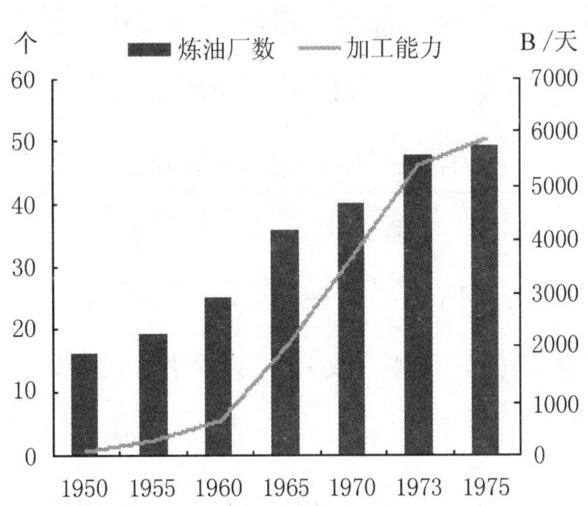

图 6－4　日本原油加工能力迅猛增加

资料来源：日本通商产业省《石油中料》。

3. 经济高速增长导致环境破坏和公害泛滥

由于日本长期不计代价地追求高速增长，结果导致环境的破坏和公害的泛滥，以至于在 20 世纪六七十年代初出现了震惊世界的“四大公害诉讼”事件。“四大公害”所引致的社会反响引起了日本政府的重视，加快了环境立法的步伐，通过制定污染物排放标准、增加环保投资、建设污染控制和处理设施等措施，直接控制污染和改善环境。环境保护成本的增加严重压缩了重化工业的利润空间和生存空间。

表6—3 日本“四大公害诉讼”事件

时间	事件	原因
1967年	三重县哮喘病诉讼案	亚硫酸化物导致的空气污染
1967年	新瀉县水俣病诉讼案	有机水银导致的水污染
1969年	熊本县水俣病诉讼案	有机水银导致的水污染
1972年	富山痛痛病诉讼案	矿厂镉造成水污染和食物中毒

资料来源：《日本通商产业政策史》，中国青年出版社1994年版。

4. 日元升值及国际贸易摩擦给日本出口造成很大压力

进入20世纪70年代后，国际经济贸易环境的变化给日本造成了新的压力。1971年8月15日，美国总统尼克松宣布黄金和美元脱钩，美元开始大幅贬值。1971年12月，在华盛顿史密森博物馆召开的十国会议上确定1美元等于308日元，日元升值16.88%，史称“尼克松冲击”。日元大幅升值给“二战”后实行“贸易立国”政策的日本出口造成了相当的负面冲击。同时，发生于1973～1975年的第一次石油危机使欧美国家陷入严重的经济滞胀，恶化了绝大部分国家的国际收支，一时间贸易保护主义纷纷盛行，日本与美国和欧洲之间的贸易战（汽车战、钢铁战、彩电战）接连不断。

（二）产业结构调整方向和标准

1974年秋，日本经济产业省产业结构审议会发表了题为《中国产业结构调整的方向》，即20世纪70年代产业结构调整指南。该指南提出的结构调整主线是知识密集型产业结构，其基本方向：①改善国民福利、提升国民生活质量；②促进产业结构从资源消费型向资源、能源节省型转化，即向

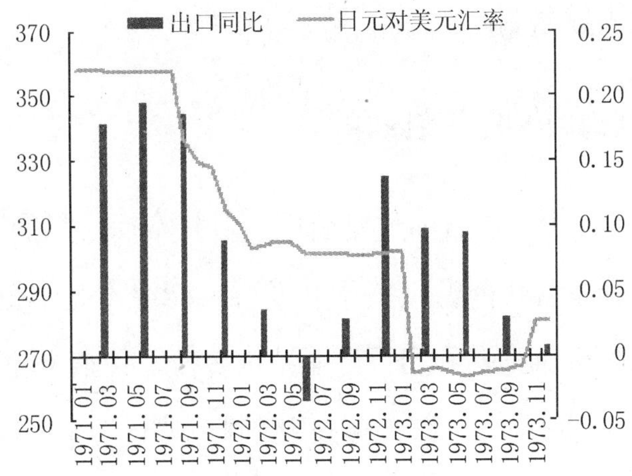

图 6—5 日元大幅升值给日本出口造成严重负面影响

资料来源：CEIC（亚洲经济数据库）。

资源节省型和环保型的产业结构转化；③通过技术密集型产业的发展促进产业结构的高度化；④增进国际合作。同时，该指南也提出了以劳动生产率上升、需求收入弹性、环境（提高能源的利用率、强化社会、防止和改善公害的能力等）和劳动（舒适安全的工作场所和稳定的工作岗位）四项指标，作为产业结构调整，即优先发展产业的选择基准。

根据上面确定的产业发展基本方向和结构调整基准，日本在 20 世纪 70 年代选择了四个重点发展领域。①以电子计算机、产业机器人、汽车、IC（集成电路）、新材料等为代表的研发集约型产业。②以通信设备、办公机械、数控机床、环保机械及大型建筑机械为代表的装备产业。③以高级服饰、高级家具和住宅用具等为中心的时尚产业。④以信息服务、教育、软件、系统工程、咨询等为中心的知识产业。这四个产业的选择符合日本产业政策一贯的“扶老携幼”的核心价值观，既对难以维持且对国民经济有较大影响的衰退产业提供财政、金融、技术、人员培训、税收、设备处理、转产等一系列的帮助，使衰退产业“返老还童”，活力再造（时尚产业）；同时，对现有的幼稚产业、未来的关键产业与关键领域，集中优势资源给予支持，从而抢占战略制高点。

(三) 产业结构调整的主要内容

20世纪70年代第一次石油危机结束后，日本痛定思痛，全体国民在政府的带领下大力开发替代能源（关于开发替代能源不是本报告讨论的问题，故在此不做详细分析讨论）和实行产业结构转换。日本20世纪70年代产业转型主要分为两个部分：一部分，对传统制造业进行转换和整合；另一部分，大力鼓励和扶植新兴技术产业的发展。

1. 处理结构性萧条行业

尼克松冲击后，由于浮动汇率制的实施和阿拉伯国家的石油战略，作为产业活动基础之一的汇率和原料燃料价格发生变动，部分产业陷入结构性萧条。结构性萧条产业的共同点在于，当景气恢复后日本经济走上稳定增长轨道的阶段还继续存在设备过剩。

1978年4月28日，日本参议院商工委员会通过了《特定萧条安定临时措施法案》(简称《特安法》)，于当年5月15日公布实施。所谓《特安法》，是基于有关结构性萧条行业处理过剩设备，以使供需回复平衡，克服萧条，稳定经营为目的的法律。在《特安法》中，特别指定了钢铁、炼铝、纺织纤维、造船、化工等行业为结构性萧条行业，需要进行特别处理。

表6—4　政令指定的结构性萧条行业

特定萧条产业	设备种类
1. 使用平炉或电熔炉的普通钢压适用钢块或钢材的半成品制造业	平炉或电熔炉
2. 炼铝业（高纯度炼铝业除外）	电解炉
3. 尼龙纺长纤维制造业	纺纱机
4. 聚丙烯醇短纤维制造业	纺纱机
5. 聚酯长纤维制造业	纺纱机
6. 聚酯短纤维制造业	纺纱机
7. 能使用总吨数在5000吨以上的船舶的造船台或船坞的船舶制造业	造船台或船坞

续表

特定萧条产业	设备种类
8. 制氨业	原料煤气制造设备、精制设备及合成设备
9. 尿素制造业	合成设备，分离设备及造粒设备
10. 按照湿式法生产的磷	反应设备及过滤设备
11. 棉等纺织业	精纺机
12. 梳毛纺织业	精纺机
13. 硅铁制造业	电熔炉

资料来源：日本《有色金属概况》，1979 年 5 月。

在对结构性萧条行业的政策措施方面，主要有以下几点：

（1）处理过剩设备。通产省认为，过剩设备是妨碍克服结构性萧条产业萧条的最重要因素，因此处理过剩设备、谋求改善产业结构是当务之急。如通产省要求平电炉业在 1978 年底前要废弃 330 万吨的过剩设备；要求棉纱等短纤维纺纱业两年内废弃 12%，约 135 万锭的设备；毛纺纱业两年内废弃 16%，约 34 万锭的设备。

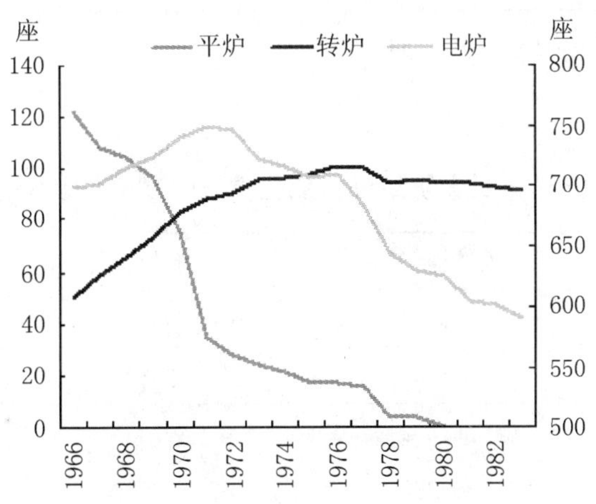

图 6—6　日本炼钢设备不断减少

资料来源：日本《钢铁统计年报》。

表 6-5 日本炼钢设备变化情况（1966～1983 年） 单位：座

年度	炼钢		
	平炉	转炉	电炉
1966	122	50	698
1967	108	59	702
1968	104	66	714
1969	96	73	723
1970	75	83	739
1971	34	88	749
1972	28	90	746
1973	24	95	722
1974	21	96	716
1975	17	98	705
1976	17	101	709
1977	15	100	683
1978	3	94	644
1979	3	95	630
1980	0	94	626
1981		94	604
1982		92	601
1983		91	590

资料来源：日本《钢铁统计年报》。

表 6-6 日本纺织设备变化情况（1966～1983 年） 单位：台

年度	人造棉织机	人造丝织机	毛织机
1966	376508	293553	31772
1967	375769	300398	32875
1968	363542	307251	31399
1969	363387	330083	36591
1970	356956	331123	35281

续表

年度	人造棉织机	人造丝织机	毛织机
1971	336546	322510	35119
1972	307228	298082	33624
1973	308407	302081	33367
1974	339152	316491	33060
1975	333256	311318	32337
1976	326425	309619	32118
1977	322182	300594	32652
1978	294550	286998	31511
1979	290627	279852	30124
1980	281964	279233	28240
1981	271454	277063	26827
1982	266883	258831	26082
1983	262613	242284	25653

资料来源：日本《钢铁纤维年报》。

表 6—7　20 世纪 70 年代末日本高科技行业创造产值占比情况　　单位：%

年度	化工产品	电气设备	运输设备	精密仪器
1971	2.55	0.07	8.21	0.56
1972	3.50	0.46	7.53	0.54
1973	4.13	1.27	6.95	0.52
1974	3.85	1.83	7.42	0.87
1975	3.99	2.48	9.24	1.14
1976	2.20	1.79	9.05	0.86
1977	3.52	2.15	9.78	0.88
1978	4.02	2.81	9.54	1.11
1979	5.11	3.27	9.05	1.17
1980	4.80	4.07	8.75	1.35

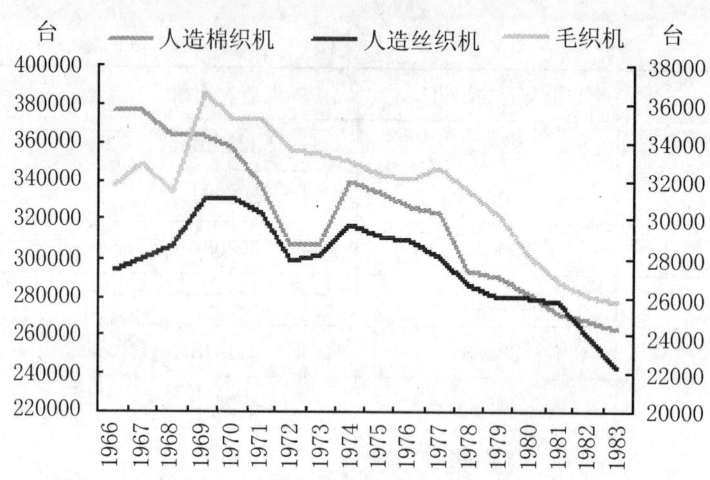

图 6-7 日本纺织设备不断减少

资料来源：日本《纤维统计年报》。

(2) 实行萧条卡特尔。政府鼓励并推进平电炉业、纺织纤维业、化工业的企业联合组成萧条时期的卡特尔，以达到防止恶性竞争、过度投资、控制产量、实现供求平衡的目的。如，平电炉业界在严重萧条情况下，开始探索企业的重新组编，并于 1977 年和 1978 年进行了两次企业合并。1977 年 6 月，高炉制造厂家大阪制钢与平电炉厂家大谷重工业合并形成联合制铁厂；1978 年 4 月，又由联合制铁、日本砂钢铁业和江东制钢 3 个公司合并形成联合制铁厂。1978 年 10 月，大铁工业和大和制钢合并成为大阪制铁(这次合并是以新日本制铁公司，依据作为合营母体而设立的大阪制铁吸收两社合营的方式进行的)。

表 6-8 日本纺织业组成萧条卡特尔

	参加者	限制内容	最初生效期	卡特尔期间
短纤维纺纱	敷岛纺织及其他 119 家企业	生产设备	1974. 12. 28	1974. 12. 28～1975. 2. 28（第一次）
短纤维纺纱	敷岛纺织及其他 119 家企业	生产设备		1975. 3. 1～1975. 3. 31（第二次）

续表

	参加者	限制内容	最初生效期	卡特尔期间
短纤维纺纱	敷岛纺织及其他 119 家企业	生产设备		1975.4.1～1975.4.30（第三次）
短纤维纺纱	敷岛纺织及其他 119 家企业	生产设备		1975.5.1～1975.5.31（第四次）
精纺毛纱	日本毛织及其他 44 家企业	生产设备、生产数量	1974.12.28	1974.12.28～1975.2.28（第一次）
精纺毛纱	日本毛织及其他 44 家企业	生产设备、生产数量		1975.3.1～1975.3.31（第二次）
精纺毛纱	日本毛织及其他 44 家企业	生产设备、生产数量		1975.4.1～1975.4.30（第三次）

资料来源：日本公正交易委员会编《1975 年版公正交易委员会年度报告》。

（3）在财政金融方面提供支持。一方面，组织成立产业信用基金，为企业在处理过剩设备时提供贷款和担保；另一方面，降低政府系统金融机关的以往贷款利率，减轻企业财务负担。

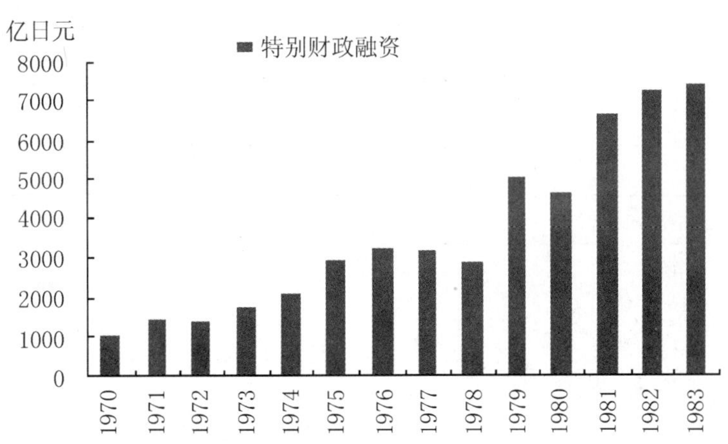

图 6—8　20 世纪 70 年代末之后财政对设备资金的供给大幅增加

资料来源：日本银行《经济统计年报》。

（4）推进制定结构改善计划。在各个结构萧条行业中组织成立产业结构审议会，对每个行业的供求进行预测，制定结构改善计划，指导企业生产。

（5）妥善处理雇佣调整问题。政府还制定了《特别萧条地区产业离职者临时措施法》（特离法·产业）、《特定萧条地区离职者临时措施法》（特离法·地区）。具体措施有：提供就业信息服务；对失业者进行就业指导和职业培训；对雇佣特定衰退产业或地区的失业者的企业提供雇佣开发补助费；为原企业提供劳动者停业补助和训练费用；延长特定产业或地区的失业者的失业保险金等。

2. 扶持新兴技术产业

日本产业结构审议会于1974年和1980年先后发表了“产业结构长期设想”及“80年代通产政策设想”，期望知识密集型产业发挥经济发展的主导作用。由于电子计算机等研究开发产业、高精度组装产业、知识产业等产业部门的风险很大，需要对其采取重点的振兴措施，日本政府制定了《特定机械信息产业振兴临时措施法》。日本政府认为，就机械产业而言，技术显得尤为重要，今后技术革新将成为机械产业政策的核心，日本的机械产业应全力以赴，努力开发并普及新型技术，为此应就未来方向确定明确目标，以有效而灵活地发挥民间与政府两方面的能力。

表6—9　基于机信法的最初指定对象行业

机信法对象机种	振兴对象事业数
电子机器	
促进实验研究	15
促进工业化	8
促进合理化	9
机械	
促进实验研究	20
促进工业化	4
促进合理化	32
合计	88

资料来源：《日本通商产业政策史》，中国青年出版社1994年版。

在具体政策措施方面主要有以下几点：

(1) 环境条件的完善和信息的提供。以政府为主导，为产业发展制定计划或蓝图，为企业收集与提供信息。

(2) 重点加强政府在金融财政方面的扶持措施。为新兴产业的确立和加强生产技术的研究开发给予补助，对其起飞阶段的事业资金提供贷款和信用担保。对具有公共财富或准公共财富的，作为政府的开发项目，对那些某种程度上可由民间应付的部分，应对研发费给予补助，并努力促进其普及。如按照 1970 年设立的电子计算机折旧规定，购买电子计算机的第一年即可提取该机总金额 1/4 的特别折旧，1971 年又规定从购买电子计算机时起 3 年内可免征该机固定资产税的 1/3，1972 年又制定了“电子计算机开发促进费补助金制度”，规定对开发费的 50%进行补助。

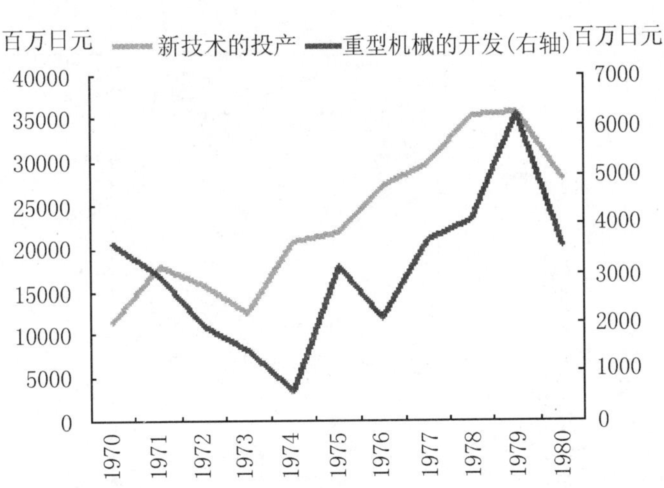

图 6—9 日本国产技术振兴融资推荐的变化

资料来源：《工业技术院年报》。

(3) 鼓励和支持技术开发。通过不同行业的企业协作进行共同研究，把自主技术开发和参与国际共同研究开发或从外国引进技术搭配起来，努力促进技术成果的转让。如，1976～1979 年通产省组织工业技术院的电子研究所和富士通、日立等5家企业，成功开发了大规模集成电路，标志着日本计算机、电子通信、智能元件等新一代产业技术开发起步。

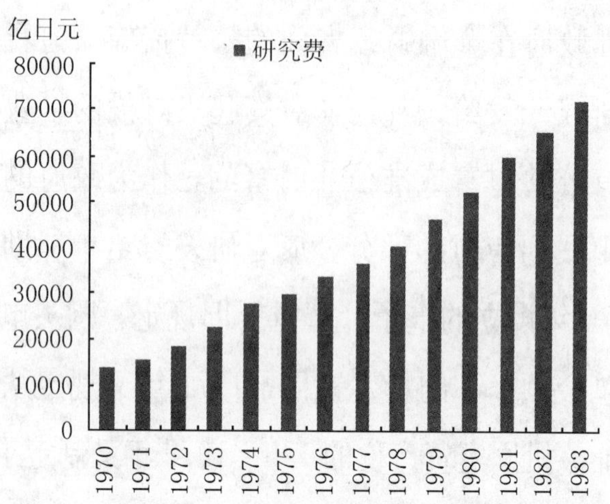

图6—10　研究费用逐年攀升

资料来源：日本《科学技术研究调查报告》。

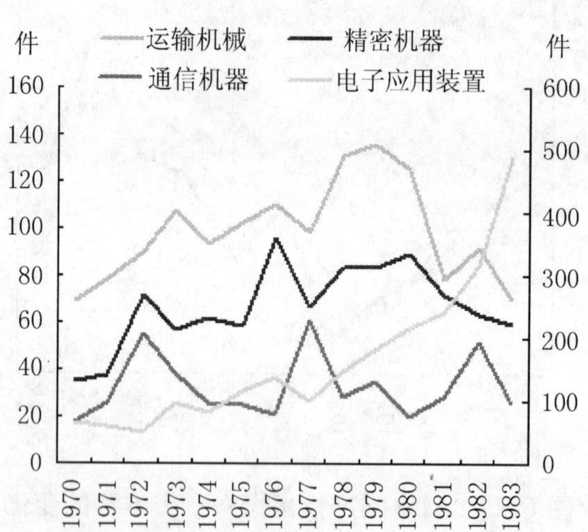

图6—11　20世纪70年代中后期日本外国技术引进件数大增

（4）对行业进行必要的充实指导和限制。指导企业形成卡特尔、集团化、共同化，维护销售竞争公平化，避免通商贸易方面的摩擦等。

（四）产业政策手段及特点

日本政府在20世纪70年代的产业调整政策手段，可谓多种多样。概括起来主要有五大类群：①指南；②制度框架（包括标准）的设定；③政策诱导措施（主要包括金融、财政税收的优惠措施以及政府指导两个方面）；④对外政策措施；⑤具体的法律法规，如对航空工业、机械电子工业的振兴法，工业布局促进法，纤维工业结构改善法、中小企业现代化促进，等等。

这些政策手段在实施过程中的特点是：第一，重视长期指南和制度框架的设计。1974～1988年，日本政府在20世纪70年代和80年代的长期指南基础上，每年都根据对各产业的国内需求和进出口等动向进行分析和预测，制定出年度产业发展总体指南以及各重点产业和各地区的发展指南，并每半年对民间企业的设备投资计划进行分析。第二，在各种诱导政策手段中，除了金融和税收两个重要手段外，政府也重视了补贴、重大技术攻关以及行政手段的作用。第三，加强了对外谈判、特别是对外贸易问题的谈判。第四，从推动产业结构调整角度加强了政府指导的作用，特别是对投资调整问题。在经济产业省产业结构审议中，就造纸、石油化学、合成纤维、水泥、钢铁等行业成立了设备投资调整的“恳谈会”，对其行业的投资进行了调整。第五，通过法律手段，加强对产业结构的调整。

（五）产业政策效果

日本当年的产业结构调整获得了巨大的成功，为日本经济在20世纪80年代的崛起奠定了坚实的基础，也使得日本抵御住了第二次石油危机对其国民经济的冲击，成为西方国家的最大亮点。

1. 日本产业结构发生重大变化

一方面，第一、二产业比重逐渐下降或处于停滞状态，而第三产业比重则逐步上升。第一产业继续着一直以来的下降趋势，1983 年第一产业在 GDP 中的占比不到 4%；第二产业比重开始逐步减少，1983 年第二产业在 GDP 中的占比降至 43%；第三产业的比重明显增长，1983 年第三产业在 GDP 中的占比超过了 50%。另一方面，第三产业在这一时期得到异常迅速发展的原因主要有两点：一是由于第二产业的调整使知识密集型产业发展迅速，对第三产业的需求增大，从而引起资源在产业部门间的重新分配；二是由于第三产业内部一些新兴的信息产业和服务产业迅速发展。

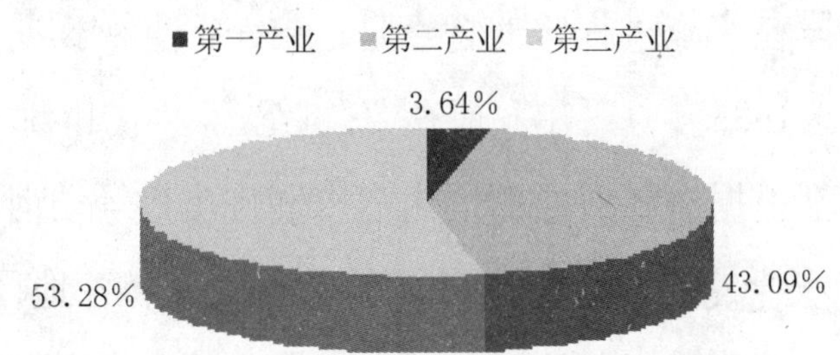

图 6-12　1983 年日本产业结构中三产占比超过一半

资料来源：CEIC（亚洲经济数据库）。

2. 新兴高科技产业重要性不断加强

到 20 世纪 70 年代末，在日本工业部门结构中，金属制品、化学工业等耗能多的劳动密集型产业的比重明显下降，而电气机械、精密机械、电子工业等技术和知识密集型产业的比重则迅速上升，工业结构的重心已转向知识密集型产业部门。

3. 新兴行业产品出口保持较快增长

尽管全球经济在两次石油危机的打击下陷入了长时间的滞胀，尽管日元汇率仍在不断攀升，但日本的出口规模在这样的背景下依然保持了较为快速的增长。

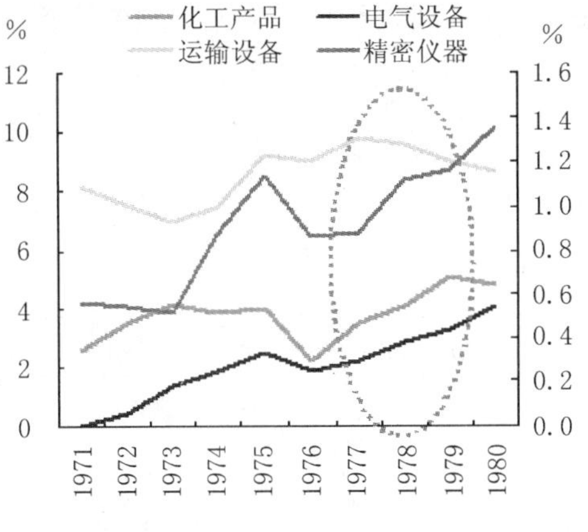

图 6—13 20 世纪 70 年代末日本高科技行业创造产值占比上升

资料来源：CEIC（亚洲经济数据库）。

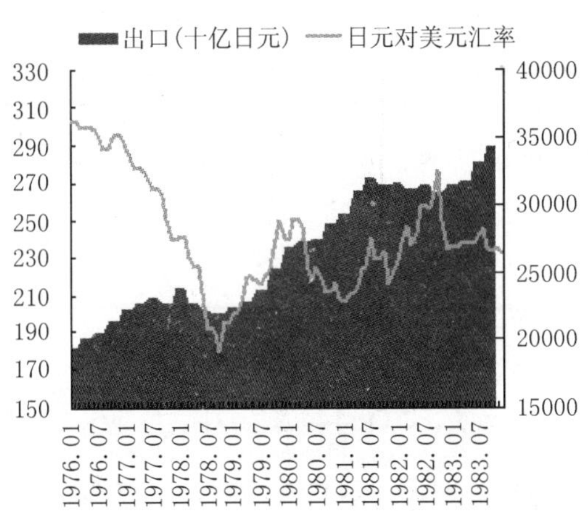

图 6—14 日本出口仍保持快速增长

资料来源：CEIC（亚洲经济数据库）。

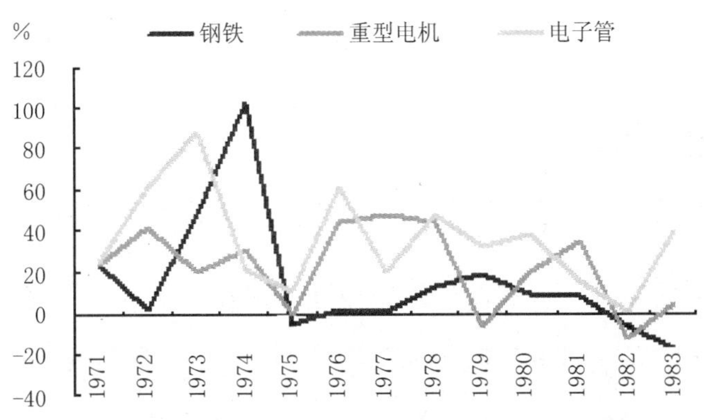

图 6—15 20 世纪 70 年代末日本新兴产品出口增速高于传统行业

资料来源：CEIC（亚洲经济数据库）。

表 6—10　新兴行业产品出口地位不断提高　　单位：亿美元

	1960 年		1965 年		1973 年		1978 年	
	类别	出口额	类别	出口额	类别	出口额	类别	出口额
第一位	钢铁	3.9	钢铁	12.9	钢铁	53.0	汽车	193.4
第二位	棉织品	3.5	船舶	7.5	汽车	48.9	钢铁	118.5
第三位	船舶	2.9	金属制品	3.1	船舶	38.2	船舶	71.4
第四位	服装	2.2	棉织品	3.0	收音机	12.4	科学光学仪器	34.5
第五位	鱼贝类	1.8	服装	2.9	金属制品	12.1	金属制品	31.5
第六位	金属制品	1.6	汽车	2.7	合成纤维织品	10.0	收音机	26.4
第七位	收音机	1.5	鱼贝类	2.3	科学光学仪器	9.7	发动机	23.8
第八位	科学光学仪器	0.9	科学光学仪器	2.2	办公机器	8.0	合成纤维织品	17.6
第九位	汽车	0.8	收音机	2.1	录音机	7.9	录音机	16.6
第十位	合成纤维织品	0.1	合成纤维织品	0.9	塑料	6.5	办公机器	16.5

资料来源：日本大藏省《外国贸易概况》、通产省《通商白皮书》。

三、1997～1998 年亚洲金融危机时期亚洲国家的产业政策

（一）东南亚“四小虎”在经济复苏过程中的产业政策

1. 积极培育市场主体

在财政支出主导的经济复苏进程中，“四小虎”各政府也意识到之前的经济发展模式过于单一，经济氛围过于沉闷。同时，东亚金融危机让各国认识到，经济增长大规模依赖外商投资的模式存在许多潜在的隐患，容易造成经济波动，特别是容易造成管理上的难题。因此，各国纷纷转向寻求培育国内市场主体，尤其是经济活力强劲的中小企业，并通过国内的民间

投资帮助其发展，从而通过借助市场经济的微观力量，以实现经济的快速复苏和持久增长。

在马来西亚，政府首先为中小企业拓展了融资渠道。早在1998年1月，当局就拨款15亿林吉特设立了“中小型工业基金”，重点扶持制造业和服务业方面的中小型企业。此后，当局又拨款7.5亿林吉特，设立了“中小型企业复苏基金”。政府还设立了2%～4%的贷款利差，以鼓励银行向中小企业提供贷款。此外，马来西亚政府还帮助中小企业开拓海外市场。马来西亚政府一方面成立了中小企业发展机构，致力于加强中小型企业与大企业之间的联系，并以此作为通向海外市场的渠道；另一方面致力于促进中小企业与大企业间的技术转让活动，协助中小企业提高竞争力。

泰国政府则首先在法律上保障了中小企业的发展。泰国工业部制定了《中小企业促进法案》，规定将设立政府基金资助与中小企业发展有关的、包括贸易和服务部门在内的项目。工业部和财政部仅1999年就拿出了350亿泰铢贷款用于解决中小企业流动资金不足的问题。首先，在中小企业融资方面，泰国证券交易所计划为上市的中小企业设立一个特别的资本市场，并实行优惠政策，如降低挂牌上市的标准等。其次，在科技创新方面，泰国政府设立了技术革新基金以鼓励企业增加产品的科技含量。最后，政府还引导竞争力不足的中小企业破产和兼并，并设立调解委员会，帮助中小企业与银行之间达成债务重组协议。

菲律宾政府同样建立了中小企业资本市场，帮助中小企业筹集资金。1999年以来，菲律宾政府采取了调低利率和银行准备金率、放松银根、鼓励企业的借贷等配套措施，为中小企业的发展构建宽松的经济环境。同时，政府还鼓励中小企业建立商会作为政府和企业间的桥梁。菲律宾政府甚至在政府工程招标中采取倾斜政策，最大限度地使用劳动密集技术，给中小企业更多的参与机会。一方面，积极扶持中小企业发展；另一方面，当局也鼓励并帮助条件成熟的中小企业与大企业合并，在资金、技术和市场等方面实现优势互补。

2. 大力重振农业和旅游业

“四小虎”国家基本上都是农业大国和旅游资源大国，农业和旅游业在国民经济中都占有重要地位。金融危机爆发后，由于外资抽逃、金融体系瘫痪，农业和旅游业都遭受了重创。

因此，东盟国家为促进农业和旅游业的发展，使它们在国民经济恢复中发挥更大的作用，相继制定了振兴农业、复兴旅游业的政策措施。

马来西亚政府在1998年11月公布了预期执行到2010年的新的长期农业政策。该政策规定，政府将通过增加农业投资、运用现代化的农耕法等措施，提高粮食产量，以确保国家粮食供应并减少粮食进口，从而稳定农产品的价格，提高农产品的市场竞争能力。印度尼西亚在1998年10月提出了优先发展农业的五项原则，要求各地协调行动，通过发展农业、畜牧业和渔业来缓解国家的粮食危机。菲律宾则发行了500亿比索的农业债券，促进农村经济发展。同时，当局还对农用机械的进口实行3%的低关税或免税政策。泰国政府在振兴发展本国农业的同时，还考虑到通过农产品加工吸引外资来促进农业发展。

旅游业一直是“四小虎”国家的支柱产业。以印度尼西亚为例，在金融危机爆发前的正常年份，每年有500万以上的外国游客前往旅游，并给该国带来数十亿美元的外汇收入，使得旅游业成为非石油、天然气行业中仅次于服装和纺织品的第二大创汇行业。金融危机爆发后，各国旅游业遭到重创。除泰国外，1998年其余国家的旅游收入都出现较大幅度的下降。为了促进经济复苏，“四小虎”国家相继采取措施振兴旅游业这个投资见效快、回报率高的产业。总体来说，“四小虎”国家在振兴旅游业方面采取了积极的合作姿态。四国发挥整体优势，通过多元的文化特点吸引更多的旅游消费和投资，共同开拓新的客源市场，将营销重点从亚太地区转向全球。

3. 进一步稳定和振兴出口

出口带动是“四小虎”国家经济增长的重要特征。尤其像马来西亚，出口长期占到GDP的80%以上，同时还拥有年均两位数以上的出口额增长率。金融危机爆发后，曾有人认为货币贬值将促进这些国家的出口增长，进而带动经济复苏。但事实上，这些国家以美元计算的出口额在1998年仍呈下降之势。菲律宾和印度尼西亚的出口额分别在1998年和1999年出现了负增长。为了改变这种状况，1999年以来，“四小虎”各国采取降低原料关税、稳定汇率、扶助中小型出口企业、开拓新兴出口市场等措施，大力振兴出口，并取得了初步成效。1999年以来，各国的出口都相继出现正增长。马来西亚恢复的速度尤其令人称奇，出口占GDP的比重已迅速地超越了100%。出口扩张已成为这些国家带动经济复苏的重要动力。

具体来说，泰国投资委员会规定，凡用于生产出口产品所需要的原材料、部件等的进口都可以免除进口关税。但在此之前，该优惠政策只有那些80%以上产品出口的外商投资企业才能享受。而印度尼西亚则筹备制定了在东盟自由贸易区内共同实施的特惠关税产品减税计划，并宣布对特惠关税涉及的7190个商品中的6451个品种实施零关税。对于东盟之外的中国、日本、韩国三国，印度尼西亚当局也积极开展尝试经贸合作。此外，其政府还整顿了国内有关的经济法规，为积极推进贸易自由化提供规范。

4. 以更宽松的政策吸引外资

金融危机爆发后，“四小虎”纷纷采取各种优惠政策吸引外资。危机爆发前，这些国家广泛采用二分的经济政策：一方面，在鼓励外资投资的行业和部门，对投资者提供优厚的奖励优惠；另一方面，又禁止或限制外资参与投资某些特定的行业或部门。1998年以来，各国为吸引外资纷纷放弃或者弱化了二分的经济政策，这些政策包括：①减少禁止与限制外资投资的行业数目；②放宽外资投资比率的限制；③容许外国公司对当地企业进行兼并；④鼓励外国公司投资参与当地国营企业的民营化改造。

危机后，泰国不仅放宽了对外资投资比例的限制，而且重新划分了投资区域，给予了外资更多的减税优惠措施。马来西亚于1998年7月20日宣布放宽批发通信和零售业外资股权限制。印度尼西亚则通过新修改的投资法下放了利用外资的审批权限，废除了1000万美元以上的投资项目必须报总统批准的规定，使投资部部长有权审批最高金额为1亿美元的投资项目。同时，外国投资者可以在印度尼西亚设立控股公司或收购现有印度尼西亚企业100%的股权。

（二）韩国在经济复苏过程中的产业政策

与东南亚“四小虎”相比，东亚“四小龙”在危机中遭受的冲击较小。只有韩国成为金融危机的重灾国，而新加坡和中国香港、中国台湾受到的影响有限，但“四小龙”所采取的经济复苏政策取得的成就也是引人注目的。虽然在1998年，上述经济体均因为受金融危机的影响陷入经济负增长的困境，但仅仅一年以后，它们都恢复了高速的经济增长。新加坡、韩国和中国香港在经济复苏期间甚至达到了年均10%的增长速度。“四小龙”之所以能如此快速地复苏经济，一方面，由于它们在危机前就具有较“四小虎”更为健全的金融体系；另一方面，也得益于这些经济体所采取的有效的经济复苏政策。

整体看来，“四小龙”在经济复苏过程中的产业政策与“四小虎”有所不同。这是由于“四小龙”的市场化程度更高，早在危机爆发前的数年乃至数十年间，这些地区就已经摆脱了单纯依赖投资拉动的经济发展模式。在“四小龙”中，又以韩国的复苏政策最有成效。因为中国香港、新加坡和中国台湾所受金融危机的影响相当有限，而且其根源主要是外部国际投机资本的攻击，所以，当危机过后，这些经济体的市场很快恢复了往日的功能和活力。为此，对这三个经济体的复苏政策在此不做详述。下面重点介绍和分析危机发生后韩国政府的产业政策。

1997～1998 年亚洲金融危机波及到韩国之后，造成韩国经济和社会的极大动荡，为了应付危机，稳定局势，韩国政府和企业采取了多方面的紧急措施。其中，与产业政策相关的措施主要有以下几方面：

1. 引导并配合企业推行“出口第一”的经营战略与重大结构改革

（1）推行“出口第一”的经营方针。韩国企业界一致认为，渡过这一次金融危机的关键是扩大出口、多创外汇。各大企业重新改编经营体系，提出新的出口目标，加强国外销售网络。现代企业把 1998 年外汇取得目标定为 281 亿美元，这比 1997 年的 121.6 亿美元增加了 48.6％。三星集团也把 1998 年的出口目标定在 280 亿美元，这比原计划高出 30％。为更好地落实出口目标，各大公司确立出口拳头产品与出口重点地区。大宇集团决定充分利用当时韩币贬值造成的韩国产品的价格优势，大规模地组织钢铁、汽车、船舶、半导体等大型产品的出口，集中攻占美国、西欧市场。三星集团决定以 BP 机、移动电话机、计算机软件等作为拳头产品，集中攻占俄罗斯、中国、印度市场，把 20％～30％的销售人员派到上述国家。LG 电子公司就于 1998 年 1 月 6 日向中国深圳中盛大厦出口整个大厦管理的计算机软件系统。

（2）调整投资结构。各大企业集团将大幅度缩小投资规模。韩国的这一次金融危机，实质上是企业经营危机，即企业长期推行外延增长战略、忽略效益增长。韩国各大企业集团纷纷整顿亏损子公司，把资金集中到效益好的项目上。韩国 30 家大公司 1998 年平均缩减 30％的投资规模，相应地延期或取消部分国外的投资计划。如三星集团延缓原准备在英国投资的

72 亿美元规模的电子复合团地二期工程投资。LG 电子公司也延缓准备在英国投资的 28.5 亿美元的家用半导体厂。

(3) 强化主营业务，整顿非主力业种，改善经营结构。韩国大企业集团为了集中攻占主营业务的制高点，纷纷整顿非主力业种。LG 集团把电子、化学、金融三大部门作为主力业种，整顿清理非主力业种的 90 个项目。现代集团放弃对制铁业的进军和对国外商业大厦的建筑计划。三星集团决定把其在美国的 SMS 公司卖给美国的一家公司，其价值达 1000 万美元，又把在葡萄牙的半导体工厂转卖给第三者。问题是，韩国企业不愿放弃盈利性企业，而买主绝对不会购买亏损企业。政府强烈要求企业放弃能卖得出去的企业，以便尽快吸引外资、偿还外债。在这方面，政府与大企业的矛盾冲突十分激烈，有些企业明确表示对政府的政策和干预不满，这种矛盾甚至可能会动摇韩国的政治、经济基础并关系到改革的成败。

(4) 财力结构上，降低负债率，取消大企业内部和关联企业之间的相互贷款保证。韩国大企业在政府的庇护下资产负债率奇高，有的达到 500%。为了改变这种局面，政府强制性地对大型企业集团提出降低企业负债率的要求。现代、三星、LG 集团等企业纷纷提出结构调整方案。主要目标就是降低债率，改善企业财务结构。三星集团在其后五年内将企业负债率下降到 152%的水平上，LG 集团决定到 2002 年为止把当时的 378%的负债率下调到 200%以内，到 1999 年末完全取消各子公司之间的相互贷款保证。

2. 调整科技政策架构

韩国政府和经济界一致认为，摆脱危机困扰、恢复经济发展活力的根本出路在于深化科研体制改革，建立和完善适应新形势发展需要的国家科技创新体制。改革的根本目的是提高创新能力和研究开发效率，依靠科技进步优化产业结构，增强国家整体竞争实力，实现经济稳步高效增长，以能动的姿态迎接21世纪信息社会、知识经济带来的挑战。金大中总统曾强调要通过坚定不移地实施“科技立国”政策重振国家经济，反映出政府加强科研的意志和决心。为此，政府在1997年制定“科学技术创新五年计划”的基础上，1998年又颁布了《科学技术创新特别法》，同时，开始对科研体制和政策进行一系列重大改革和调整。

（1）提高政府科技主管部门地位并扩大其权限基于“高效精干”的改革原则，对某些作用不大或业务重复的政府部门做了取消、合并和降格处理。唯独把科技处升格为科技部，科技部长官的排位从各部长官的末席一跃升到24个部中的第八位，在经济部门中仅次于财政经济部位居第二。

科技部不仅地位提高，管理权限也相应扩大，科技发展政策和计划的制订实施，各部门研究机构的管理、协调、人才培养、信息扩散和成果转化等业务，统一划归科技部实施。同时，建立由总统亲任委员长的“国家科学技术委员会”，负责科技长远发展规划的制订和政策评价，综合协调有关各部的科技政策，决定科技预算的优先顺序和配置原则，审议政府和民间研究所及大学开发范围和资源配置方案等。取消原由财政经济部长官任委员长的“科学技术长官会议”，以增加政策制定和协调管理的权威性。

（2）大力改组和调整政府科研机构。根据公布的“政府资助研究机构经营革新方案”，参照德国的研究会模式，把34家由政府资助的科研院、所从所属政府主管部门中分离出来，按不同领域分别建立基础科学研究会、产业应用研究会和科学技术政策研究会。决定由“国家科学技术委员会”统一管理、监督研究会的工作，办事机构设在科技部。目的在于加强集中统一管理，减少重复投资和浪费，提高资源利用和研究开发效率。

（3）改革研究所内部经营管理体制。一是调整研究机构。当时的研究院所基本保留，但将把某些重复研究领域向专门所集中。对可同民间竞争的研究领域，中期目标是分阶段逐步减少对该领域研究所的政府资助，促其在竞争中提高研究水平和经营效益；长期发展方向是逐步实行民营化或委托民间经营，结余资金集中投向国家战略技术开发。把研究所行政编制压缩10％，保留或适当增加硕士以上研究人员，节省行政开支投向研究开发。二是引入竞争机制改研究院（所）长由上级主管部门任命为社会公开招聘，从包括外国人在内的科研人员中不拘一格地选拔懂技术、会管理的人才担任。采用合同制和分阶段的目标管理责任制，通过由技术专家组成的评价机构，定期对研究所工作进行考察和评价，结果反映到所长任免和经费支持上。同时要求各研究所密切结合产业结构调整的需求，把研究开发重点及时转向为经济服务的主战场。政府的资助科研费除保障重点课题研究外，其余部分将用作研究服务招标费，引导政府研究所同民间研究所展开竞争。三是建立利益保障体系。对研究人员实行“年薪制”，即同每一位研究人员签订合同，根据该研究人员的职务和工作性质、工作能力及成绩决定工资数额；采取效益分成和奖励政策，允许获得专利权的研究人员享有部分专利份额；对以技术成果创业者给予免除技术费和减免各种税收等优惠待遇等。四是强化基础研究和国家重点领域技术开发。计划把研究开发投入在政府预算中所占比重由1998年的3.7％渐次提高到1999年的4％和2002年的5％。政府投资向基础研究和核心产业技术、信息技术、原子能和资源技术、大型系统技术、公共福利技术以及创新型技术等国家重点技术领域大幅倾斜。同时，大量增加“基础科学研究基金”和“科学技术发展基金”等各项技术开发基金额，更新大学及政府资助研究所的研究、试验仪器和设备，到21世纪初把基础科学研究水平提高到世界第10位，并不断推出高新技术成果。此外，通过增加专项政府拨款，建立跨部门、跨地区的全国性机构和网络，加强产学研合作开发和对企业的技术指导、培训等措施，加速科研成果向实际生产力的转化。

（4）加强对高新技术产业的支持。措施包括：加速“G7计划”等高新技术计划的实施和成果扩散；诱导企业增加高新技术开发投入；开展国际合作，促进发达国家高技术转让；建立外企专用高技术投资基地，以各种优惠待遇吸引外商投资等。同时，大力培植和发展高技术风险企业。为此，将继续完善政府综合服务体系，加强对高新技术企业在资金、技术、人才、信息、产品开发和销售等方面的支持。一是通过扩大技术银行资金规模、增建“创业投资公司”和“新技术金融公司”等专门金融机构、增加风险基金额等措施，为高技术企业提供稳定的资金来源。二是计划把“创业培植中心”（高新技术企业孵化器）由1998的12家增至2002年的60家，从项目培植入手支持研究人员创业，加速高新技术成果推广、应用。三是陆续在大田、汉城等理工大学集中的地方建立一批高技术试验园区、“风险企业创业基地”和“大学生企业同窗会”等，拓展高新技术创业空间。四是对高新技术产品免除特别消费税，设常设展销场，实行政府机构收买制，推动高新技术商品进入市场。

（5）扩大高级科技人才培养。通过地方工科大学、以研究为主的理工大学及政府研究机构，增加博士级高级技术人才培养；每年派遣2000名博士后研究生到国外研修和从国外招聘500名高级技术人才来韩工作，把研究人员总数增至19.2万名，使万名人口中的科技人员达到发达国家40名的标准。做好对中小学的科学教育工作，计划建立“科学教育研究中心”，专门从事科技教育系统的研究开发工作；在小学、初高中投资建立现代化的科学试验室和“科学英才教育中心”，对有发展潜力的学生进行重点教育培养，为国家科技发展储备人才。增加科普投入，建立100家科学技术文化团体，通过开展灵活多样的科普和促进公众理解科学的活动，在社会上形成尊重人才，讲科学、爱科学的良好氛围。

四、相关启示与借鉴

世界经济发展的历史经验告诉我们，只要政策得当，经济危机完全可以转化为发展机遇。经济危机转化为机遇的有利因素：一是促使社会各界在改革的方向和路线上更易达成共识，推动改革；二是促使发达国家放松技术壁垒，有利于中国技术水平和产业结构的升级与优化；三是迫使企业实现技术和管理创新，为下一轮经济繁荣奠定微观基础。本文通过历史上几次经济危机期间，几个主要国家将危机转化为发展机遇的案例为我们提供以下几点启示。

（一）经济危机过程中产业政策的五大取向

1. 实现应对经济危机和产业升级的统一

苏联的经验表明，发展中国家可以利用发达国家的经济危机实现产业技术升级。面对经济危机程度的加深，西方国家为了减轻经济危机的冲击，扩大外部需求，对中国的技术封锁会有所减弱，为中国从西方引进先进技术和设备提供了较为有利的条件。当前，中国应当加强装备制造业、新兴战略性产业以及传统制造业高端产品和技术的引进，淘汰落后产能，实现相关设备的更新换代，提高劳动生产率，使中国的整体生产水平上一个新的台阶。

2. 充分利用国际人力资源

经济危机不仅会导致普通工人和职员的失业，也会让一些专家和大量专业技术人员失去工作。在这种情况下，中国可以充分利用国际人力资源，吸收一些发达国家的专家和技术人员到中国企业从事研发、生产和教育、培训工作，加快中国对先进技术的消化吸收过程。

3. 积极开发外部需求，进一步拓展国际市场

在每次爆发经济危机时，西方国家都把相对落后的苏联作为化解产能过剩的市场。“二战”后，持续衰退的美国在欧洲废墟上实施“马歇尔计划”，援助欧洲的同时也促进了本国出口。目前国际金融危机的蔓延导致发达国家需求减弱，中国部分产业面临产能过剩，也需开发外部需求。当前，非洲、拉美等国家和地区缺乏资金、技术和人才，不少国家拥有丰富的资源，具有强烈的发展欲望，这种情形类似大萧条时期的苏联之于西方和“二战”后的欧洲之于美国。中国外汇储备富余，具备支持拉美、非洲发展、实现双赢的可能。

基础设施落后是制约拉美、非洲经济发展的“瓶颈”之一，加快基础设施建设是其经济起飞的必要条件，但欧美国家不愿也无力涉足这一领域。中国处于基础设施建设的高峰期，具有比较优势，不少企业已经在拉美、非洲进行基础设施、资源开采等方面的投资建设，但是受全球经济放缓和自身盈利下降的影响，后续投资可能难以持续，原来对该区域机电类产品的出口有可能也受到影响。进出口银行或相关机构可以增加对出口企业的信贷支持，通过发放卖方信贷或买方信贷，支持机械、电力、通信等行业企业对拉美、非洲的出口。非洲、拉美经济只要持续增长，对中国众多轻工业品也会形成一定需求。这项措施与启动国内投资需求的政策共同作用，内外需求同时发力应该可以较好地解决我们当前面临的需求不足的问题。

另外，借鉴苏联当年实行租让制、兴办合资企业、开展补偿贸易等多种经营模式，在中国具有优势技术的领域在拉美、非洲等地区开展技术和投资合作，也可取得双赢。

4. 重视参与应对危机的国际合作

1997 年亚洲金融风暴爆发时，一些国家外汇储备短缺，不得不向 IMF

寻求紧急援助。IMF提供紧急援助时附加了苛刻的条件，引起相关国家民众的强烈反感。鉴于此，东盟和中日韩“10+3”体制提出了“清迈协议”，意在充分利用亚洲外汇储备的优势，为稳定东亚金融秩序作出有效的应对。面对当前的这场危机，国际社会呼吁各国采取一切必要措施，尽快恢复市场信心，遏制金融危机扩散和蔓延。各国应承担应尽的责任和义务，实施有利于本国和世界经济金融稳定和发展的宏观经济政策，积极稳定自身和国际金融市场。从2008年底G20华盛顿峰会到2009年的G20伦敦峰会，主要大国就加强金融监管、金融体系改革等问题进行了磋商，取得了一定的突破。但各方分歧犹存，国际合作的具体举措和实效还有待观察。

危机发生以后，中国始终坚持“同舟共济、共克时艰”的精神，积极参与国际危机救助合作，与世界各国共同应对危机的挑战。中国还在自己也有困难的情况下，在力所能及的范围内，通过双边或多边方式提供资金支持，以具体行动帮助一些受危机冲击严重的国家克服困难。中国应对这场全球性金融危机的积极作为，受到世界各国的广泛肯定和赞赏。越来越多的人希望中国在国际金融体系中占有更重要的地位，拥有更多发言权，以发挥更大作用。对此，我们要保持冷静的心态，实事求是地估计中国的地位和力量，清醒而客观地对待外界的评述。当前，我们一方面要尽力在应对金融危机的国际合作中发挥积极作用，深化与各方的务实合作，共同遏制危机的蔓延，促使世界经济尽快复苏；另一方面也要量力而行，牢记中国仍然是一个发展中国家，实力不足，国内需要办的事情很多，国际影响力还远不够强大，遏制中国发展的种种国际因素依然存在，一切要从中国人民的根本利益出发量力而为。“发展是硬道理”，只有努力办好自己的事情，才能立于不败之地，也才能为世界作出贡献。

5. 在推动工业振兴时，不应忽视农业的发展

泰国在金融危机发生后农业在国民经济恢复中所发挥的作用还进一步

说明了农业对工业化、对国民经济的增长与发展不仅有产品贡献、市场贡献、要素和外汇贡献，而且还有危机缓冲贡献，可以缓冲金融危机对国民经济带来的冲击，在经济恢复中产生重要和独特的作用。农业是以国内自然资源为基础的生产部门，因而在国际经济联系中保持相对独立性。正是由于这种独立性，使得农业在经济危机中所受的危害要比其他部门轻，并能使农业进一步促进整个国民经济的复苏。从某种意义上说："经济发展长期斗争的成败取决于农业部门"（缪尔达尔，1992）。随着中国工业化水平的不断提高，农业在国民经济中所占的份额也逐步下降，这并不意味着农业不再是国民经济的基础。在金融危机冲击下，保障农民就业不仅是解决"三农"问题的保证，也是中国经济长久稳定发展的保障，还使"内需拉动"的经济模式具有坚实基础。

（二）后经济危机时代产业政策应更加注重产业转型升级

每一次大的经济危机都是产业结构深度调整的有利时机。在当前应对国际金融危机过程中，保增长已经取得了实质性成效。在经济危机的后期，产业政策应更加注重产业转型升级。为此，20 世纪 70 年代日本克服石油危机推动产业转型的经验更值得我们借鉴。

20 世纪 70 年代，日本产业结构在两次石油危机后的能源价格大幅上升、对外贸易摩擦加剧以及日元大幅升值等背景下，比其他发达国家较为顺利地进行了调整和优化升级，在家电、汽车、机械以及半导体等领域增强了国际竞争力。我们认为，可以从以下几个方面借鉴日本的经验，推动金融危机背景下中国产业结构的升级和优化，提升国际竞争力。

一是制定可行性的战略和优先发展产业的选择基准，这是日本产业调整成功的关键。日本自 20 世纪 70 年代以来每十年都制定一个长期产业发展目标，而且每年根据上年的具体实施情况和国内外发展趋势，出台各产业、各地区的发展指南，相应地对投资进行调整。同时，根据国内外的产业发展状况，制定和调整优先发展产业的选择基准。这是日本在两次石油危机和日元升值的背景下，比其他发达国家较为顺利地进行了产业调整的因素之一。

二是重视法律、法规制度建设，通过制定各种“临时法律”（时效性法律），约束和规范政府和企业的行为，加强产业调整的力度。事实上，日本在推动产业结构调整，促进产业结构的升级和优化过程中，各种法律法规的制定和实施起到了巨大作用。如，在发展先进制造业方面指定的法律有：《机械工业振兴临时措施法》、《电子工业振兴临时措施法》、《航空机产业振兴法》等；在产业布局方面有：《全国综合开发计划》、《新产业都市建设法》等；对第一次石油危机后14个衰退产业的调整法律有：《特定衰退产业安定临时措施法》、《特定衰退地区中小企业对策临时措施法》及其相关的《特定衰退行业离职者临时措施法》和《特定衰退地区离职者临时措施法》等。

三是重视中小企业的发展和零部件生产。日本非常重视中小企业的发展，政府除了在税收方面对中小企业有优惠措施外，还有许多专为中小企业提供金融服务的政府和民间金融机构，如国民金融公库、中小企业金融公库等。同时，政府还建立了培训制度、企业诊断制度和中小企业诊断机构等，为中小企业提供各种经营管理服务。上述措施，为中小企业发展营造了一个良好的环境，使许多中小企业在竞争中能迅速成长，索尼、本田便是其中的杰出代表。

日本装备制造业能够在20世纪七八十年代形成比较优势，获取国际市场份额，与其发达的零部件产业是分不开的。日本政府对零部件产业一直都给予了高度重视和支持，如为了提升汽车工业的竞争力，日本早在50年代就制定了高品质汽车零部件认定制度、汽车零部件等生产设备合理化贷款制度以及根据《机械工业振兴临时措施法》而制定的汽车零部件合理化计划等，在生产资金和零部件生产技术等方面给予了大力支持。

（执笔人：郑胜利）

参考文献

1. H. N. 沙伊贝、H. G. 瓦特、H. U. 福克纳：《近百年美国经济史》，中国社会科学出版社 1983 年版。

2. 薛伯英、曲恒昌：《美国经济的兴衰》，湖南人民出版社 1988 年版。

3. 慕海平：《寻找竞争力的支点》，中国经济出版社 2001 年版。

4. 丁敏：《日本产业结构研究》，世界知识出版社 2006 年版。

5. 谢世清：《东亚金融危机的根源与启示》，中国金融出版社 2009 年版。

6. 陆甦颖：《经济衰退的历史答案》，上海三联书店 2009 年版。

7. 林晨辉：《危机时刻：200 年来的经济大动荡》，中央文献出版社 1998 年版。

8. 安毅、常清、付文阁：《历次国际金融危机与世界经济格局变化探析》，《经济社会体制比较》2009 年第 5 期。

9. 申万研究课题组：《日本的影子，中国的样子》，http://www.sw108.com，2009 年 2 月 26 日。

10. 雷新军：《借鉴经验加快产业结构调整》，上海社科院社科论坛网站（http://www.sass.org.cn）2005 年 5 月 31 日。

11. 日本通商产业省《通商产业政策史》编纂委员会编：《日本通商产业政策史》，中国青年出版社 1994 年版。

分报告七

中国应对亚洲金融危机的产业政策及其借鉴[①]

内容提要：亚洲金融危机是继20世纪30年代世界经济大危机之后，对世界经济有深远影响的重大事件。本报告在全面回顾亚洲金融危机爆发前中国产业发展特征和面临的主要矛盾，以及亚洲金融危机对中国出口导向型产业和外资依赖型产业发展影响的基础上，深入分析了中国应对亚洲金融危机的产业发展政策及其成效，指出了其中存在的主要问题，最后得出了若干启示。研究认为，国际金融危机对中国产业发展的冲击远远大于亚洲金融危机。当前，如何借鉴应对亚洲金融危机的经验，从容应对国际金融危机对中国产业发展的影响有重大的现实意义：一是在注重投资的同时，适当向消费领域倾斜；二是着眼于产业结构升级，实施政策创新；三是着力稳定外资流入。

① 大多学者认为，到1999年底亚洲金融危机对中国的影响基本结束。也有学者认为，亚洲金融危机对中国经济的影响一直延续到2002年。本报告考虑到中国自1998年开始实施积极的财政政策，一直到2003年才实现转型，故将研究时间段界定在1998～2003年间。

亚洲金融危机是继20世纪30年代世界经济大危机之后，对世界经济有深远影响的重大事件。自1998年初，亚洲金融危机开始对中国的出口导向型产业和外资依赖型产业形成较大冲击。为了有效抑制亚洲金融危机对中国经济发展的负面影响，中国实施了积极的财政政策和稳健的货币政策，出台了一系列刺激产业发展的政策和措施，对国民经济持续、健康、快速发展发挥了重要的作用。当前，有效降低国际金融危机的冲击，促进国民经济又好又快发展是中国面临的最为艰巨的任务之一。如何汲取和借鉴当年的经验，制定切实有效的政策措施，对中国产业发展有重要的现实意义。

一、亚洲金融危机爆发前[①]中国产业发展特征和面临的主要矛盾

20世纪90年代初，由于投资和消费需求扩张过快，生产资料价格迅速攀升，中国经济运行出现明显的过热态势和通货膨胀。[②] 自1993年7月起，中国开始通过缩减国有投资实施宏观紧缩政策，即所谓的财政政策和货币政策“双紧政策”。此后，经济过热开始受到有效控制，国内生产总值增速逐年下降，从1992年的14.2%和1993年的14.0%下降到1994年的13.1%和1995年的10.9%，再下降到1996年的10.0%和1997年的9.3%。居民消费价格指数（CPI）由1993年的114.7%和1994年的124.1%下降到1997年的102.8%。到1996年底，基本成功实现了经济“软着陆”，整个宏观经济呈现出由高通胀、“过热”向低通胀、稳定增长平稳过渡的发展态势

① 自1993年中国进入新的经济周期，到1996年、1997年经济成功实现“软着陆”。本研究将亚洲金融危机爆发前时间段界定在1993～1997年间。

② 1991年下半年，国有投资以超过非国有部门10个百分点以上的增长率增长，并带动非国有部门投资的增加，到1993年，固定资产投资增长率达到72%。

(见图 7—1、表 7—1)。

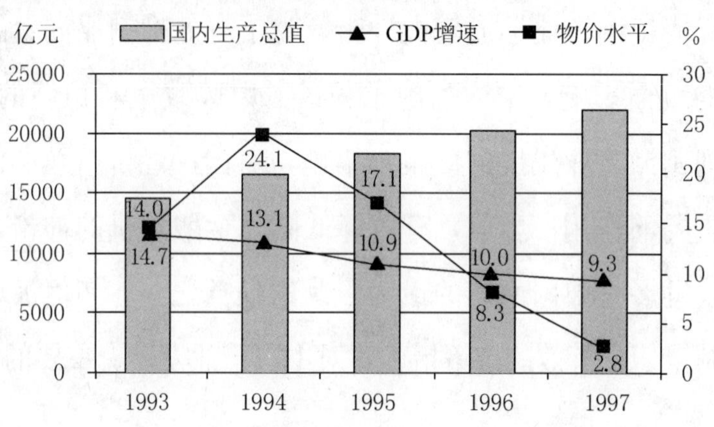

图 7—1 亚洲金融危机前中国宏观经济走势*

资料来源：根据《中国统计年鉴》(2008) 相关数据绘制。

注："*"为国内生产总值以 1978 年不变价格折算，物价水平以上一期为基期。

表 7—1 1992～1999 年各类价格指数

年份	居民消费价格指数	商品零售价格指数	工业品出厂价格指数	原材料、燃料动力购进价格指数	固定资产投资价格指数
1992	106.4	105.4	106.8	111.0	115.3
1993	114.7	113.2	124.0	135.1	126.6
1994	124.1	121.7	119.5	118.2	110.4
1995	117.1	114.8	114.9	115.3	105.9
1996	108.3	106.1	102.9	103.9	104.0
1997	102.8	100.8	99.7	101.3	101.7
1998	99.2	97.4	95.9	95.8	99.8
1999	98.6	97.0	97.6	96.7	99.6

资料来源：《中国统计年鉴》(2008)。

（一）工农业生产持续稳定增长，需求制约取代供给制约成为抑制经济发展的主要因素

1993～1997年间，中国主要农产品实物产量快速增长，主要农产品供给丰年有余，开始出现结构性过剩。第一产业增加值由5682.31亿元（1990年不变价，下同）增长到6749.91亿元，增长了18.8%。工业化进程快速推进，工业增加值由11415.4亿元增长到19387.8亿元，增长了69.8%。到1997年底，钢铁、煤炭、化肥、水泥、电视机、程控交换机产量均居世界首位。从1997年开始，国内市场由短缺转为相对宽裕，国内基本没有供不应求的商品品种，供过于求的商品占86%以上。[①] 与社会总供给相比，社会总需求明显不足，成为制约经济发展的主要因素。社会消费品零售总额增速持续下降，由1996年的20.1%下降到1997年的10.2%，1年内下降9.9个百分点；1997年，全社会固定资产投资同比增长8.8%，比上一年回落了6个百分点。

（二）服务业供给水平显著提升，服务消费和投资环境进一步改善

1993～1997年间，中国服务业增加值由11915.73亿元增长到26988.15亿元（当年价），年均增长22.7%，高于国内生产总值0.4个百分点，占国内生产总值的比重由33.7%上升到34.2%。服务业发展与服务消费、投资环境的改善有直接关系。1992年中共中央、国务院下发《关于加快发展第三产业的决定》，提出20世纪90年代服务业增长速度要快于第一、第二产业的发展目标，“要充分调动各方面的积极性，国家、集体、个人一起上，放手让城乡集体经济组织和私营企业，个人兴办那些投资小、见效快、劳动密集、直接为生产和生活服务的行业”。在这一政策的刺激下，服务业市

① 据国家经贸委调查资料（央视国际，2002）。

场化和社会化程度进一步提高。服务业投资迅速增加，占三次产业投资的比重由1992年的41.20%上升到1993年的44.86%和1994年的47.24%，经过1995年的短期下调后，1996年上升到47.74%，到1997年提高到50.46%，首次超过第二产业。同时，随着医疗、教育、住房制度改革的不断深入，服务消费成为拉动服务业增长的主要动力之一。

（三）出口贸易和外商直接投资增长迅速，产业对外开放度日益提高

出口贸易快速发展，成为拉动经济增长的主要动力。1993～1997年间，中国出口贸易总额由917.4亿美元上升到1827.9亿美元，增长99.8%；对经济增长的拉动率由-5.3%提高到4.2%。出口依存度由1993年的15.0%提高到1997年的19.2%，增加了4.2个百分点。贸易结构不断优化，以轻纺产品、橡胶制品、矿冶产品及其制品、机械及运输设备等工业制成品为主的出口额不断增加，由1993年的750.8亿美元增加到1997年的1588.4亿美元，增长111.6%。初级产品所占比例从1993年的18.2%下降至1997年的13.1%（见表7-2）。外商直接投资（FDI）有效弥补了国内资本不足的缺口，1993年，中国实际利用外资额为275.2亿美元，到1997年增长到452.6亿美元，增长64.5%。外商直接投资的重点领域主要是制造业和房地产业，1995年、1996年和1997年制造业和房地产行业外商投资总额占所有外商投资总额的比例分别为87.1%、86.4%和72.8%。

表7—2　亚洲金融危机爆发之前中国的对外贸易状况　　单位：亿美元

指　标	1993年	1994年	1995年	1996年	1997年
货物进出口总额	1957.0	2366.2	2808.5	2898.8	3250.6
出口总额	917.4	1210.1	1487.7	1510.5	1827.9
初级产品	166.6	197.1	214.9	219.3	239.5

续表

指　标	1993 年	1994 年	1995 年	1996 年	1997 年
工业制成品	750.8	1013.0	1272.8	1291.2	1588.4
进出口差额	−122.2	54.0	166.9	122.2	404.2
实际使用外资额	389.6	432.1	481.3	548.0	644.1
外商直接投资	275.2	337.7	375.2	417.3	452.6
对外经济完成营业额	45.4	59.8	65.9	77.0	83.8

资料来源：根据《中国统计年鉴》(2008) 相关数据整理计算。

(四) 内需不足、结构升级缓慢、基础设施落后、体制改革滞后等，仍是影响国民经济和产业发展的主要矛盾

一是居民最终消费率偏低且增长缓慢。1993～1997 年间，中国城镇居民收入增长 100.2%，农村居民收入增长 126.8%。而居民最终消费率仅由 44.4%上升到 1997 年的 45.2%，仅上升了 0.8 个百分点。1997 年，居民最终消费率低于世界一般水平 20 个百分点以上。二是产业结构升级缓慢，服务业比重由 1993 年的 33.7%上升到 34.2%，尽管增长速度高于国民经济总体增长速度，但慢于第二产业 0.2 个百分点。从工业内部结构看，1997 年，原材料工业占工业总产值的 21.55%，明显高于发达国家；机电设备工业大大低于发达国家同期水平。工业企业行业集中度较低，大中型企业数占全行业的 5.1% (1997 年)。三是基础设施“瓶颈”制约，尚未建立起与市场经济体制相适应的全国统一的、与市场体系相配套的基础设施网络等。四是市场配置资源的体制机制尚未健全，行业进入管制仍是阻碍民间资本投资的主要因素。五是企业融资难的问题尚未得到有效解决，中小企业授信额度总体偏小，国家减轻企业经营负担的政策在一些地方还没有落实到位。

二、亚洲金融危机对中国国民经济和产业发展的影响

总体上看，中国经济发展受亚洲金融危机的影响相对较轻。1998～2003年，中国国内生产总值平均增速为8.7%，最低增长年份（1999）也在7.5%以上，经济仍在较高增长通道之中。[①] 亚洲金融危机主要通过影响出口贸易与外商直接投资增长，进而影响到中国的出口主导型产业和外资依赖型产业，形成对中国经济的冲击。影响主要体现在三个方面：①经济增长速度有所放缓，1998～2003年周期比上一周期（1993～1997年间）年均增速平均下降2.1个百分点。②社会总供需矛盾开始显现，有效需求徘徊不前，结构性过剩使得企业经营困难，出现大面积亏损。[②] ③通货紧缩压力加大，[③] 居民消费价格指数、商品零售价格指数、工业品出厂价格指数等直线下行，直到2000年才开始好转。

（一）亚洲金融危机对中国出口主导型产业的影响

亚洲金融危机发生前，中国进出口贸易额在亚洲国家中处于首位，约占总额的60%，欧洲和北美国家约占40%。由于亚洲金融危机主要对亚洲

① 主要原因在于三个方面：第一，当时中国的资本市场和货币市场尚未开放，国外金融危机缺乏向中国以商业银行为主的金融体系传导的途径；第二，当时中国实行以供求为基础、单一的、有管理的人民币浮动汇率制度，资本项目没有实行自由兑换，有利于稳定币值；第三，1998年，中国出口依存度只有18%，拉动经济增长的主要动力是投资和消费，外需减弱尚难撼动中国经济发展的基本面。

② 1998年工业经济效益有所下滑，工业企业经济效益综合指数为91.0，比上一年下降4.2。全年工业企业实现利润1473亿元，比上年同期下降了17.0%；亏损企业亏损额1556亿元，比上年多亏22.1%，其中，国有及国有控股企业亏损1023亿元，增加21.9%；年末产成品库存达6094亿元，比上年末增加320亿元，增长5.5%。

③ 其中与1993～1997年间所实施的财政货币"双紧"政策有较大关系。

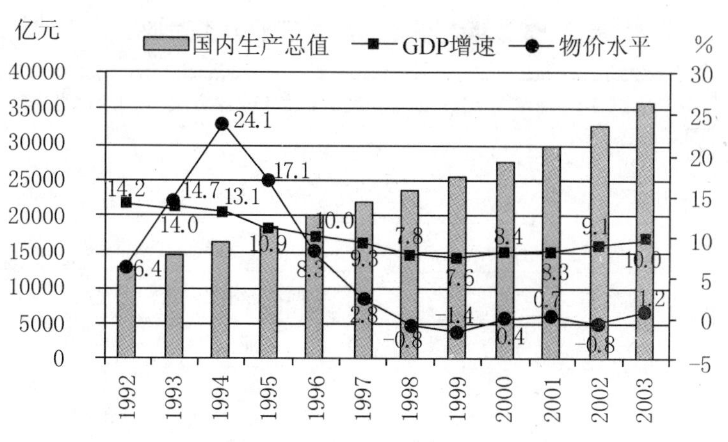

图 7—2 金融危机对宏观经济的影响示意图

资料来源：根据《中国统计年鉴》（2008）相关数据绘制（1978 年不变价）。

国家形成较强冲击，1998 年，中国对亚洲出口同比下降 9.8%。同年，中国进口和出口同比分别上涨—0.4%和 0.5%，分别比上一年下降 12.6 和 20.5 个百分点。自 1998 年 5 月始，中国出口出现负增长，一直持续到 1999 年 6 月，到 1999 年 7 月才出现回升迹象（见图 7—3）。从出口商品种类看，主要出口商品（1997 年 SITC 标准）占总出口商品的 67.3%。本研究将这类产业称为“出口导向型产业”（见表 7—3），主要包括纺织原料及纺织制品，塑料及其制品等。

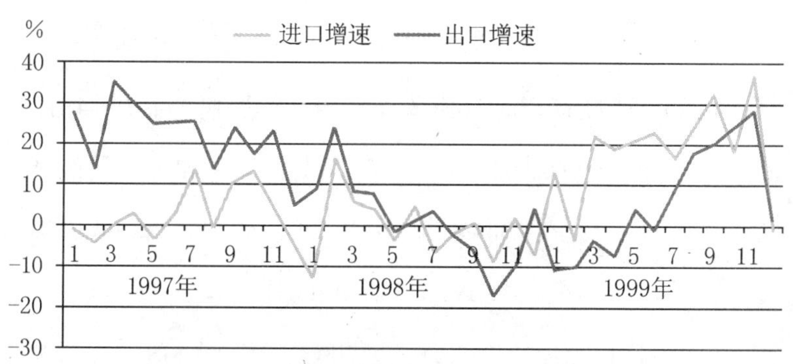

图 7—3 亚洲金融危机对中国出口的影响

资料来源：根据《中国海关》相关年月进出口简况数据整理绘制。

表 7—3　两大统计标准的行业分类对应

国际贸易标准分类（SITC）中主要进出口商品	国民经济行业分类（GB/T4754-2002）对应行业
纺织原料及纺织制品	纺织业
鞋、帽、伞、杖、鞭及其零件	纺织服装、鞋、帽制造业
矿物燃料、矿物油及蒸馏产品；沥青物质；矿物蜡	石油加工、炼焦及核燃料加工业
化学工业及其相关工业的产品	化学原料及化学制品制造业
塑料及其制品	塑料制品业
贱金属及其制品	金属制品业
机器、机械器具、电气设备及零件；录音机及放声机、电视图像声音的录制和重放设备及零附件	通用设备制造业
	专用设备制造业
	电气机械及器材制造业
	通信设备、计算机及其他电子设备制造业

资料来源：根据两大统计标准分类整理对应。

亚洲金融危机对中国出口导向型产业形成了较强冲击，亏损率高于全行业，经济效益大幅下降。为了减轻出口导向型企业的压力，中国加大了对欧洲和北美地区的出口力度，当年同比分别增长 15.4％和 15.9％，在一定程度上缓解了对亚洲地区出口减少的损失。[①] 1999 年中国出口导向型产业的企业数为 63315 家，其中企业亏损率达 25.5％，亏损企业数占工业企业亏损总数的比例高达 42.4％。从经济效益指标来看，1997 年全国工业行业的工业增加值率和工业成本费用利润率分别为 29.02％和 3.17％，同期出口导向型产业的指标分别为 24.89％和 2.43％，显著低于非出口导向型产业的 32.53％和 4.15％，前者分别为后者的 76.5％和 58.6％；1998 年中国外贸影响型产业的这两个指标分别降为 24％和 1.79％，分别是其他产业的

① 从出口商品结构看，中国之所以能在当时扩大对欧美国家和地区的出口，主要原因是与东南亚各国出口商品结构的差距。中国出口的产品中，有 11％～15％在数量上重叠，更多的产品东南亚国家并不生产。它们以生产日本品牌的消费电子产品为主，而中国出口与韩国在档次上又存在一定的差距。在主要的出口产品中，服装和纺织品有配额限制，汇率贬值在短期内无法起到迅速扩大出口的作用。同时，在中国的出口中，48％以上属于加工贸易，基本不受人民币汇率高低的影响。

73.3%和58.3%，差距进一步拉大（见表7—4、表7—5）。

表7—4　亚洲金融危机对出口导向型产业的影响　　单位：%

年份	行业	工业增加值率	工业成本费用利润率	产品销售率
1997	工业全行业	29.02	3.17	—
	外贸影响型产业	24.89	2.43	—
	其他产业	32.53	4.15	—
1998	工业全行业	28.67	2.35	96.52
	外贸影响型产业	24.00	1.79	96.08
	其他产业	32.72	3.07	96.83
1999	工业全行业	29.66	3.42	97.15
	外贸影响型产业	24.60	2.77	96.80
	其他产业	34.07	4.28	97.02

资料来源：根据《中国统计年鉴》（1998～2000）整理计算。①

表7—5　1997～1998年中国出口贸易发展情况　　单位：亿美元，%

地　区	1997年	1998年	增　速
总计	1826.97	1838.09	0.6
亚洲	1089.21	982.47	−9.8
非洲	32.07	40.56	26.5
欧洲	289.65	334.25	15.4
拉丁美洲	46.06	53.23	15.6
北美洲	346.01	401.04	15.9
大洋洲及太平洋岛屿	23.98	26.61	11.0

资料来源：根据《中国统计年鉴》（1998～1999）相关数据整理计算。

中国对外出口的降低与东亚各国的进口需求下降有直接关系。中国对亚洲各国市场有较高的依赖度，其中中国香港为0.89，印度尼西亚为0.57，

① 1997年数据为独立核算工业企业的相关指标，1998年以后指标为规模以上工业企业。其他产业系指除外贸影响型产业之外的其他产业，表中数据均为各产业的平均值。

日本为0.76，韩国为0.64，马来西亚为0.54，菲律宾为0.54，新加坡为0.58，泰国为0.60。据估算，中国当时对东亚各国市场的依赖度在35%～40%（1994年）。亚洲金融危机的爆发，使亚洲各国货币大幅贬值，增加了进口成本，抑制了这些国家的进口，进而影响到中国的出口增长。出口的下降也与实际汇率升高，降低了出口产品竞争力有一定关系。[①] 另外，1998年，出于大国责任，中国宣布人民币不贬值，也从一定程度上影响到中国对其他亚洲国家出口的增长。

（二）亚洲金融危机对外资依赖型产业[②]发展的影响

1998年之前，东亚地区一直是中国外商直接投资的主体。1978～1998年间，来自东亚的直接投资占中国全部引进外资的80%。1998年，中国实际利用外商直接投资额为454.6亿美元，同期增长仅为0.5%，比1993～1997年间平均增速下降12.7个百分点。1999年，中国吸引外商直接投资的项目数（16918个）、合同利用金额（412.23亿美元）和实际利用金额（403.19亿美元）均达历史最低点（见表7－6）。外商直接投资的减少对外资依赖型产业造成了较大的冲击。所谓外资依赖型产业，是指外资企业工业总产值占比超过20%的行业（见表7－7），[③] 具体包括制造业行业中的电子及通信设备制造业、皮革毛皮羽绒及其制品业等17个产业。

---

① 金融危机影响一国产业发展的传导机制是：通过不同货币之间汇率的相对变化，进而将压力或激励传导至相关产业，引起生产要素在不同产业间的流动。

② 根据1997年对全部独立核算的“三资”工业产业的统计指标测算，若以某产业中外资企业数量占比为标准，则外资企业数占产业比重超过20%的有电子及通信设备制造业、皮革毛皮羽绒及其制品业、文教体育用品制造业、服装及其他纤维制品制造和化学纤维制造业五大产业；若以产业中的外资企业工业总产值占比为标准，则可以确定出表中总产值占产业比重达30%以上的电子及通信设备制造业、皮革毛皮羽绒及其制品业等八大产业，以及占比为20%～30%的家具制造业、金属制品业等九大次重点产业。

③ 1997年，中国共吸引外商直接投资约452.57亿美元，其中投向工业制造业行业金额达347.52亿美元，占FDI总额的76.8%；其次投向房地产的外资金额为51.69亿美元，占吸引外资总额的比重约11.4%。

表 7—6 金融危机对外商直接投资的影响

项 目	1997 年	1998 年	1999 年	2000 年
外商直接投资合同项目数（个）	21138	19850	17022	22347
外商直接投资（亿美元）	452.57	454.63	403.19	407.15
增速（%）	8.5	0.5	−11.3	1.0

资料来源：根据《中国统计年鉴》（2002、2003、2008）相关数据整理计算。

表 7—7 1997 年制造业行业中外资依赖型产业的发展情况 单位:%

外资依赖型产业	企业数占比	总产值占比	增加值占比
电子及通信设备制造业	35.0	63.1	61.3
皮革毛皮羽绒及其制品业	23.5	49.9	47.3
文教体育用品制造业	22.2	47.3	42.1
仪器仪表文化办公用机械	17.6	47.3	39.3
服装及其他纤维制品制造	28.4	43.3	43.7
食品制造业	11.8	33.6	35.5
其他制造业	15.9	32.7	33.9
塑料制品业	15.0	32.2	31.6
家具制造业	9.2	28.3	24.3
金属制品业	7.8	27.8	22.9
电气机械及器材制造业	11.5	26.9	23.2
木材加工及竹藤棕草制品业	8.3	26.0	23.2
饮料制造业	7.3	25.6	24.4
交通运输设备制造业	7.0	23.1	23.9
医药制造业	14.7	22.2	24.7
食品加工业	6.2	22.0	19.0
橡胶制品业	8.9	21.9	20.1

资料来源：根据《中国统计年鉴》（1997）相关数据整理计算。

亚洲金融危机造成外资依赖型产业企业数锐减，工业产值急剧下降。

金融危机之前，投向制造业行业的外资占中国吸引外资总量的60%以上，其中1997年外资投向以电子及通信设备制造业等为主的七大产业总产值占外资行业总产值的比重为37.1%，外资工业总产值占全国该产业工业总产值比重达20%以上的十六大制造业产业的产值则占所有制造业外资产业总产值的67.9%。但是，在亚洲金融危机的冲击下，外资在固定资产投资上的投资增速迅速下降，从1997年的2683.89亿元一直减少到2000年的1696.3亿元，四年间同期增长率分别为－2.3%、－2.5%、－23.3%和－15.5%。到1999年，外资企业工业产值占比最高的七大产业企业总数比亚洲金融危机前的1997年减少近68%，两年间的工业总产值同比仅增长2.2%；而前十六大产业企业数则减少近69%，工业总产值下降了3.8个百分点（见表7－8）。[①]

表7—8 金融危机对制造业行业中外资依赖型产业的影响 单位：亿元

指标		1997年	1999年
前七大外资依赖型产业[②]	企业数	75452	24333
	工业总产值	10787.9	11020.2
前十六大外资依赖型产业	企业数	211980	65463
	工业总产值	28757.8	27655.9

资料来源：根据《中国统计年鉴》相关年份数据整理计算。

房地产业也是对外资依赖程度较高的一个产业。1997年，中国房地产业外商直接投资额327.9亿元，占外商直接投资总额的比重为11.4%；实际利用外资额460.86亿元，占当年全国房地产开发投资总额（3178.4亿

① 需要说明的是，外资依赖型企业一般具备较为先进的生产技术和较高的管理水平，因而在金融危机的环境下显示出较强的生存能力。1999年外资企业数量及其工业总产值在相关行业中所占比重有非常明显的提高。

② 不含前文确定的“其他制造业”。

元）的 14.5%。1998 年，实际利用外资额下降为 361.76 亿元，同比下降 21.5%，占全国房地产开发投资的比重下降为 10%。到 2003 年，中国房地产业中外商直接投资额和行业中利用的外资额分别降为 116.27 亿元和 170 亿元，占全行业的比重也降至 1.1%和 1.7%。

外商直接投资的减少与区域经济环境恶化影响外资产业投资信心有直接关系。亚洲金融危机从 1997 年 7 月泰铢对各主要货币贬值 19%开始，到 1998 年 5 月，泰国、新加坡、印度尼西亚和韩国的货币分别贬值 37%、13%、77%和 38%。四国的股市指数分布下跌了 30%、33%、45%和 53%。此外，日本、菲律宾、中国香港和中国台湾地区的汇市和股市均受到了不同程度的影响。币值大幅贬值与金融机构的关闭等对外商投资造成了很大的损失，东南亚整体投资环境恶化，资本外逃现象突出，同时也对各国稳定币值加大了难度。东南亚整体经济环境和投资环境的恶化使得投资者的未来预期带有很大的不确定性，在很大程度上影响了中国外商直接投资的流入。

三、中国应对亚洲金融危机的产业发展政策及其成效

为积极应对亚洲金融危机带来的负面影响，中国实施了积极的财政政策和稳健的货币政策，出台了一系列的产业发展政策。实践证明，这些应对措施取得了良好的成效，较为成功地规避了亚洲金融危机的冲击，保持了经济的平稳较快增长。自 1999 年底，中国经济就表现出明显的回暖形势。关于当时财政政策和货币政策转型方面的研究，已非常丰富。本报告根据研究的需要重点阐述当时的产业发展政策。

表 7—9 亚洲金融危机时期中国主要年份金融机构法定贷款利率 单位:%

日期	短期贷款			中长期贷款		
	6 个月	1 年	1 年以内（含 1 年）	1～3 年（含 3 年）	3～5 年（含 5 年）	5 年以上
1997.10.23	7.65	8.64	8.64	9.36	9.90	10.53
1998.03.25	7.02	7.92	7.92	9.00	9.72	10.35
1998.07.01	6.57	6.93	6.93	7.11	7.65	8.01
1998.12.07	6.12	6.39	6.12～6.39	6.66	7.20	7.56
1999.06.10	5.58	5.85	5.58～5.85	5.94	6.03	6.21
2002.02.21	5.04	5.31	—	5.49	5.58	5.76

资料来源：《新中国 55 年统计汇编 1949～2004》。

（一）增加投资、刺激消费，着力扩大内需

1. 以增发国债、扩大基础设施建设为手段，扩大国内投资需求

1998～2002 年间，中国累计发行长期建设国债 6600 亿元，“立足扩大国内需求，加强基础设施建设，重点投资领域包括：加强农林水利、铁道、公路通信、城市设施和环保等基础设施建设”。通过商业银行与地方政府的配套资金，发挥了国债投资的杠杆效应。据测算，国债投资分别拉动 1998 年、1999 年、2000 年经济增长 1.5、2.0 和 1.7 个百分点。基础设施投资增速逐年提高，由 1999 年的 29854.7 亿元增至 2003 年的 55566.61 亿元，年均增速达 16.8%。

实施鼓励投资的税收政策。2000 年，暂停征收固定资产投资方向调节税（每年减少税收 100 亿元），对启动房地产市场起到了重要作用。从 1999 年 7 月 1 日起，各类企业用于符合国家产业政策的技术改造项目的国产设备投资，按 40%的比例抵免企业所得税。2002 年，对中小企业在一定期限内

减征、免征所得税、实行税收优惠。[①] 同时实行对国有大中型企业改制分流经济实体的企业所得税实行优惠政策。对于外商直接投向中西部地区农牧业产品加工、发展旅游、植树造林、开发矿产资源、交通基础设施建设和新型电子元器件开发制造等领域，外商项目享受在投资总额内进口的自用设备免征关税和进口环节增值税等优惠政策。[②]

2. 以直接增加财政负担范围内的居民可支配收入为手段，培育和扩大消费需求

1999～2002 年，中国连续三次提高机关事业单位职工工资标准，实施了年终一次性奖金制度，使机关事业单位职工月人均基本工资水平翻了一番。1998～2002 年，中央财政共安排资金 1937 亿元，增加了企业困难职工和城镇低收入者的收入，加快了社会保障体系建设。完善费税收入政策，减轻企业和社会负担。1998～2002 年间，中国共取消收费项目 1965 项，减轻企业和社会负担 1332 亿元。通过退耕还林、调整农业结构、农村税费改革和按保护价收购农民余粮等措施，增加了农民收入。2000 年开始的农村税费改革试点到 2002 年扩大到 20 个省（直辖市、自治区），其他 11 个省份也在部分县（市、区）开展了试点工作，农民负担减负率一般在 30％以上。收入分配政策的调整发挥了重要的作用，社会消费品零售总额从 1998 年和 1999 年 6.8％的增速提高到了 2000 年的 9.7％和 2001 年后的 10％以上。

3. 实行刺激消费的税收政策

1999 年，恢复对储蓄贷款所得税征收个人所得税。1999 年，出台房地产契税、营业税、土地增值税的优惠政策等。

---

① 见 2002 年 6 月《中华人民共和国中小企业促进法》。

② 见国家经贸委、国家发展计划委、外经贸部令第 18 号《中西部地区外商投资优势产业目录》。

(二) 实施产业引导政策，提高出口导向型产业和外资依赖型产业的竞争力，稳定外需

1. 实施鼓励出口的税收优惠政策

1998年初，国家将纺织品出口退税率由9%提高到11%，同时纺织机械产品的出口退税率从1月1日起由9%提高到17%，船舶、钢铁、水泥、煤炭行业的出口退税率从6月1日起分别提高到14%、11%、11%和9%。从1998年7月1日起，将七类机电产品、五类轻工产品的出口退税率从9%提高到11%。同时，对出口货物退（免）税实行按企业分类管理，简化退税申报凭证。

2. 培育重点行业，促进产业结构升级的政策

1999年，财政部和国家税务总局出台了《关于贯彻落实〈中共中央国务院关于加强技术创新，发展高科技，实现产业化的决定〉有关税收问题的通知》，该通知对增值税、营业税、所得税、进出口税收和科研机构转制问题等问题做出了具体规定。其中，对生产和销售计算机软件的一般纳税人和小规模纳税人的实际税负控制在6%以下；对从事技术转让、技术开发业务和与之相关的技术咨询、技术服务业务取得收入的单位和个人，免征营业税；社会力量资助非关联的科研机构和高等学校研究开发新产品、新技术、新工艺所发生的研究开发经费可抵扣；对符合《国家高新技术产品目录》的进口产品和先进技术免征关税和进口环节增值税；中央直属科研机构以及省、地（市）所属的科研机构转制后，自1999～2003年的5年内，免征企业所得税和科研开发自用土地的城镇土地使用税。另外，还专门制定了鼓励软件产业和集成电路产业发展的税收优惠。配合以上政策的实施，1999年和2000年，国债投资专项用于增加重点行业技术改造贴息和重大项目装备国产化、高技术产业化方面的投资。同时，为了淘汰生产方式落后、

产品质量低劣、环境污染严重、原材料和能源消耗高的落后生产能力、工艺和产品，国家相关部门从1999～2002年分三批对落后产能、工艺和产品进行了淘汰。[①] 包括用3年的时间压缩淘汰落后棉纺锭1000万锭政策（见表7—10）。

表7—10　中国应对亚洲金融危机的主要产业结构政策

时间	产业结构政策项目	主要内容
1999年1月22日	《淘汰落后生产能力、工艺和产品的目录》（第一批）	该目录包括煤矿、水泥等落后生存能力20项，落后生产工艺装备36项和落后产品58种，规定了淘汰期限
1999年8月9日	《工商投资领域制止重复建设目录》（第一批）	该目录主要包括了钢铁、有色金属、煤炭等17个行业，共201项制止重复建设的内容
1999年12月30日	《淘汰落后生产能力、工艺和产品的目录》（第二批）	涉及钢铁、有色金属、轻工、纺织、石化、建材、机械、印刷业（新闻）8个行业，共119项，规定了淘汰期限
2002年6月2日	《淘汰落后生产能力、工艺和产品的目录》（第三批）	涉及消防、化工、冶金、黄金、建材、新闻出版、轻工、纺织、棉花加工、机械、电力、铁道、汽车、医药、卫生共15个行业，120项内容，规定了淘汰期限

资料来源：笔者整理。

3. 鼓励成立大集团，提高行业竞争力的政策

1998年继续在有限范围内推行企业兼并、破产、减员的试点，并加大了政策力度。[②] 1998年编制的兼并破产和减员增效计划共涉及项目2721项。相继组建了中国石油天然气集团、中国石油化工集团、上海宝钢集团等一

① 详见国家经贸委于1999年8月《工商投资领域制止重复建设目录》。

② 国务院于1997年3月下发了《国务院关于若干城市试行国有企业兼并破产和职工再就业有关问题的补充通知》（国发［1997］10号），明确提出了“鼓励兼并、规范破产、下岗分流、减员增效，大力实施再就业工程”的方针和政策。

批特大型企业集团，[①] 有效提高了行业竞争力。

(三) 产业发展政策的主要成效

在一系列经济政策的刺激下，中国宏观经济形势于1999年底明显转好，经济增长、外贸、投资和物价等指标快速回暖。1999年和2000年经济增长速度分别为7.6%和8.4%，1999～2003年间实际经济增长率[②]达8.7%。出口于1999年开始回升，全年出口总额1949亿美元，增长6.1%，其中一般贸易出口增长6.6%，加工贸易出口增长6.1%。鼓励出口的机电产品出口增长了14.7%，占出口总额的比重由上年的36.5%上升到39.5%（见表7－11）。全社会固定资产投资增速由1997年的8.8%逐年上升到2004年的26.6%。全社会消费品零售总额同比增长由1998年的6.8%上升到9.1%，提高了2.3个百分点。依靠大量发行国债和大规模公共投资，1998～2003年内需增长对中国国内生产总值增长的贡献率分别为58%、74%、94%、89%和103%。通货紧缩压力得到缓解，物价水平逐渐回升并渐趋稳定，到2000年居民消费价格指数，工业品出厂价格指数，原材料、燃料动力购进价格指数和固定资产投资价格指数等均已转负为正（见表7－12）。

表7－11　产业政策和宏观政策的外贸效应

指　　标	1998年	1999年	2000年	2001年	2002年	2003年
货物进出口总额（亿美元）	3239.5	3606.3	4742.9	5096.5	6207.7	8509.9
出口总额（亿美元）	1837.1	1949.3	2492.0	2661.0	3256.0	4382.3
初级产品（亿美元）	204.9	199.4	254.6	263.4	285.4	348.1

① 1998年7月27日，中国石油天然气集团公司和中国石油化工集团公司正式成立；上海钢铁企业以宝钢为主体进行宝钢、上海冶金控股（集团）公司、上海梅山（集团）有限公司的联合重组。

② 经济增长率（RGDP）是末期国内生产总结与基期国内生产总结的比较。以末期现行价格计算末期GDP得出的增长率是名义经济增长率。以不变价格（即基期价格）计算末期GDP得出的增长率是实际经济增长率。在量度经济增长时，一般都采用实际经济增长率。

续表

指　　标	1998年	1999年	2000年	2001年	2002年	2003年
工业制成品（亿美元）	1632.2	1749.9	2237.4	2397.6	2970.6	4034.2
外商直接投资合同数（个）	19850	17022	22347	26140	34171	41081
实际使用外资额（亿美元）	585.57	526.59	593.56	496.72	550.11	561.4
外商直接投资（亿美元）	454.63	403.19	407.15	468.78	527.43	535.05
年底登记户数（户）	227807	212436	203208	202306	208056	226373

资料来源：根据《中国统计年鉴》（2008）相关数据整理。

表7—12　宏观政策的物价水平效益

年份	居民消费价格指数	商品零售价格指数	工业品出厂价格指数	原材料、燃料动力购进价格指数	固定资产投资价格指数
1998	99.2	97.4	95.9	95.8	99.8
1999	98.6	97.0	97.6	96.7	99.6
2000	100.4	98.5	102.8	105.1	101.1
2001	100.7	99.2	98.7	99.8	100.4
2002	99.2	98.7	97.8	97.7	100.2
2003	101.2	99.9	102.3	104.8	102.2

资料来源：《中国统计年鉴》（2008）。

1. 出口导向型产业逐步摆脱危机影响

随着各种鼓励出口的税收优惠政策出台和鼓励先进技术引进政策力度的加大，企业亏损率呈明显下降趋势，到2003年已降低为17.5%，比1999年下降8个百分点。从经济效益指标来看，1997年，全国工业行业的工业增加值率和工业成本费用利润率分别为29.02%和3.17%，同期出口导向型产业分别为24.89%和2.43%，分别为全国工业行业的85.8%和76.7%。1998年，中国出口导向型产业的这两个指标分别降为24%和1.79%，是全国工业行业的83.7%和76.2%，随后全国工业行业和外贸影响型产业的工业增加值率、工业成本费用利用率和产品销售率等经济效益指标都趋于好转。到2003年，出口导向型产业的工业增加值率上升到了25.1%，工业成本费用利润率上升到4.47%，产品销售率也提高到了97.7%，与工业全行业的差距明显缩小（见表7—13）。

表7—13　产业发展政策对出口导向型产业的发展效果　　单位：%

年份	行　业	工业增加值率	工业成本费用利润率	产品销售率
1998	工业全行业	28.67	2.35	96.52
	外贸影响型产业	24.00	1.79	96.08
1999	工业全行业	29.66	3.42	97.15
	外贸影响型产业	24.60	2.77	96.80
2000	工业全行业	29.64	5.56	97.67
	外贸影响型产业	24.50	3.59	97.17
2001	工业全行业	29.68	5.35	97.63
	外贸影响型产业	24.90	3.57	97.08
2002	工业全行业	29.78	5.62	98.02
	外贸影响型产业	25.16	4.13	97.92
2003	工业全行业	29.51	6.25	98.02
	外贸影响型产业	25.10	4.47	97.70

资料来源：根据《中国统计年鉴》相关年份数据整理计算。

2. 外资依赖型产业稳定发展

在政策鼓励之下，外资依赖型产业均从2000年开始在各相关产业中的比重持续稳定提高，工业总产值增长速度均保持在14%以上，特别是在2003年全行业增长速度更是高达53.8%。在这些产业中，外资独资企业或合资企业的增长速度一般都高于全行业增速（见图 7—4），主要原因在于更高的技术、管理水平和较强的市场竞争力。到 2003 年，中国电子及通信设备制造业中外资企业数量已经占据 50%以上，产值占 77.1%，较 1999 年分别提高了 6.4 和 8.7 个百分点（见表 7—14）。而且，在国家调整优先和重点引进的外资项目政策之后，中国外资依赖型产业结构也有所调整，外资企业在高科技企业中所占比例越来越高。1999 年，中国制造业产业中外资企业工业总产值占比高于 20%的产业有 21 个，高于 30%的有 14 个，其中总产值占比最高的为通信设备、计算机及其他电子设备制造业行业，产业内外资企业数量占比最高的则为文教体育用品制造业，比例高达 48.6%。到 2003 年，外资企业数占比超过 40%的行业有 4 个，其中占比最高的为通信设备、计算机及其他电子设备制造业行业，比例为 50.2%；外资企业工业总产值占比超过 20%的产业有 25 个，超过 30%的有 16 个，其中占比最高的也是通信设备、计算机及其他电子设备制造业行业，比例高达 77.1%。到 2003 年，中国重要的机械装备制造业、通信、计算机等高科技行业中外资企业工业产值均在 20%以上。

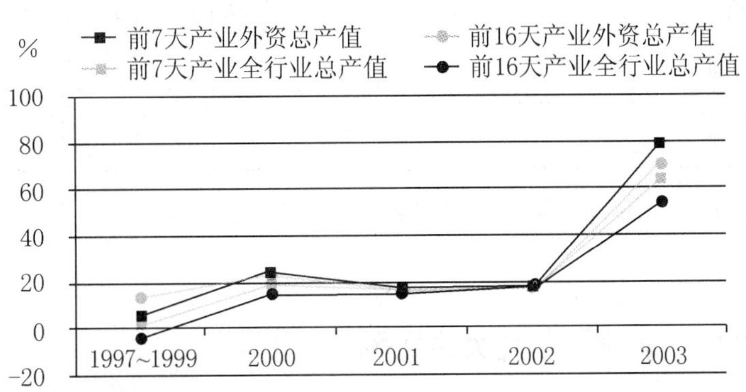

图 7—4　外资依赖型产业工业总产值增速

资料来源：根据中国统计数据应用支持系统相关年份数据整理计算。

表 7—14　产业发展政策对外资依赖型产业的效果　　单位：%

外资依赖型产业 \ 年份	1999		2000		2001		2002		2003	
	外资企业数占比	外资总产值占比	外资企业数占比	外资总产值占比	外资企业数占比	外资总产值占比	外资企业数占比	外资总产值占比	外资企业数占比	外资总产值占比
电子及通信设备制造业	43.8	68.4	45.2	71.1	44.6	73.6	44.3	72.7	50.2	77.1
皮革毛皮羽绒及其制品业	38.9	56.9	39.0	55.8	38.2	53.7	38.9	52.1	40.9	51.0
文教体育用品制造业	48.6	61.9	49.6	60.3	47.5	61.1	47.6	59.5	47.5	59.3
仪器仪表文化办公用机械	28.5	60.0	29.2	60.0	32.7	62.2	33.3	64.2	33.2	67.6
服装及其他纤维制品制造业	43.4	47.8	43.4	48.3	41.5	45.6	40.6	45.1	41.5	46.4
食品制造业	18.4	37.0	20.2	39.3	21.8	42.5	23.6	42.0	23.3	38.6
塑料制品业	28.9	41.1	29.7	43.1	29.9	43.3	29.0	41.6	29.1	42.8
家具制造业	27.0	42.0	28.1	44.9	29.5	45.7	30.2	47.3	30.1	49.9
金属制品业	17.2	34.5	18.4	37.9	19.1	35.8	18.7	34.8	19.8	34.9
电气机械及器材制造业	20.1	32.8	20.8	35.0	21.2	34.6	21.5	33.9	22.4	35.2
木材加工及竹藤棕草制品业	17.5	29.3	16.9	26.8	16.7	26.8	16.0	22.0	19.7	26.5
饮料制造业	11.9	27.7	12.7	29.4	13.3	29.9	14.1	30.1	16.0	31.9
交通运输设备制造业	12.2	31.2	13.1	32.3	14.1	32.9	15.3	33.7	15.9	40.4
医药制造业	17.9	25.0	17.6	24.0	18.4	24.9	18.7	26.4	17.3	22.0
食品加工业	9.8	23.4	10.8	23.6	12.1	24.3	13.4	25.3	14.2	26.9
橡胶制品业	17.5	33.0	18.5	35.0	20.3	35.2	20.6	36.6	20.9	36.8

资料来源：根据《中国统计年鉴》相关年份数据整理计算。

3. 基础产业“瓶颈”制约大为缓解

在国债投资的支持下，中国对大江、大河、大湖进行了大规模的堤防工程建设和水毁工程修复。1998～2001 年间，全国共完成堤防加固 16369 公里，完成江河控制性枢纽工程 25 个、病险水库除险加固工程 5 项、蓄滞洪区安全区建设 22 个，并拓展节水灌溉面积 6500 万亩。在改善交通运输条件方面，1998～2001年间，中国公路、铁路、民航建设发展迅速，公路新增通车里程17.4万公里（其中新增高速公路10230公里），铁路新增长度2070公里（其中复线里程586公里），水运航线、民航机场建设等也完成了一批新的工程项目。此外，粮食仓储设施、农村供电设施、城市基础设施、环境和生态保护等方面的建设，也取得重大进展。

（四）产业发展政策存在的主要问题

产业政策的效果，不应单纯以产业增长或经济增长的幅度来判断，而应考虑政策实施对产业可持续发展的效果。就此来看，中国1998～2003年间实施的各项政策存在以下三个方面的问题。

1. 过分强调了"保增长"目标，没有对结构调整给予应有的重视

刺激内需的宏观调控政策虽然也提出了产业结构调整政策，但当时结构调整不是重点。但产业结构和产业升级的目标未能很好实现。1997年，中国第一、二、三产业占国内生产总值的比重分别为16.71%、53.23%和30.06%；2002年分别为12.96%、54.96%和31.93%。工业内部结构的优化升级也不明显，外贸依存型的经济没有改变。2005年，中国净出口对国内生产总值的贡献率为51%，经济对外依存度超过70%。

2. 更为注重投资驱动，消费拉动措施缺乏操作性

国债投资主要用于基础设施建设，用于改善民生的投资相对较少。由于过度强调投资的驱动作用，各地上马了一批高耗能、高污染企业，为以后的生态建设和环境治理造成了较大的困难。在财政负担范围内，提高了居民的收入水平，但居民消费支出并没有明显增加。1998～2002年间，城镇居民家庭平均每人全年消费性支出由4331.61元增加到6029.88元，年均增长8.62%；农村居民家庭平均每人全年消费性支出由1590.33元增加到1834.31元，年均增长3.63%。同期全社会消费品零售总额由29152.5亿元增加到40910.5亿元，年均增长8.84%。之后，居民最终消费需求不足一直成为中国经济发展和结构调整的主要障碍之一。

3. 市场体制改革没有取得突破性的进展

在积极的财政政策的实施过程中，中国出现了行政控制明显加强的趋向。如在粮棉购销体制改革后，由于个别地方出现抢购现象，国家曾经又恢复了对粮食和棉花的收购体制，取缔和禁止私商的相关活动，由粮食部门和供销社垄断粮食和棉花的经营；当一些产业部门出现生产能力过剩时，价格的下跌本是正常现象，但国家在此情况下不是通过鼓励正常竞争促进产业集中和产业进步，而是倡导所谓行业“自律价格”，实际上是通过价格卡特尔来抑制竞争等。

四、相关启示与借鉴

（一）国际金融危机对中国经济发展的冲击远远大于亚洲金融危机

一是亚洲金融危机发端于东南亚，且蔓延于东南亚和东亚国家，对发达国家影响不大，对中国主要影响出口导向型产业和外资依赖型产业。关于出口导向型产业，由于东亚和东南亚国家让出了部分市场，实际上对中国开拓欧美市场起到了一定的推动作用。本次国际金融危机爆发于发达经济体，在欧美市场已成为中国出口主体市场的情况下，无异于釜底抽薪。关于外资依赖型产业，由于当时中国外资占全社会固定资产投资的比重较小，且当时外资依赖型产业远未像现在已成为主导宏观经济走势的主要力量，也远未像本次国际金融危机的影响大。据联合国贸发组织的报告(2009)，国际金融危机对全球投资者都构成了严重的影响，对外商直接投资的影响更大。[①] 2008 年，40%的跨国企业受到了金融危机的影响，2009 年则达到了 85%。由于投资贸易环境不稳定，58%的跨国企业表示将减少 2009 年的国际直接投资，近 50%的跨国企业预测它们将在 2011 年的投资规模达到 2008 年的水平。

二是外需对中国当前产业发展中的作用大为提高，国际金融危机对中国出口需求影响程度更深。[②] 2007 年，中国外贸依存度已由 1997 年的 34.1%升高到了 64.8%，出口依存度由 19.2%提高到 36.3%。而且本次国际金融危机发端于世界最大的经济体（美国），对全球经济的负面影响远大于亚洲金融危机，通过调整出口国别结构，实现出口的稳定增长不现实。另外，受本次金融危机打击最为严重的美欧日是中国出口商品的需求国和地区，[③] 其中，美国已经成为中国最大的商品出口国，2007 年，对美国出口占中国全部出口的 19.1%。[④]

三是本次国际金融危机除了通过外贸、汇率等因素影响中国出口主导型产业和外资依赖型产业外，还通过债券、股市等因素对国内其他产业造

① 根据商务部统计，美国对华投资 2003 年以来开始收缩，2007 年美国企业对中国实际投资仅为 26.2 亿美元，不到 2002 年的 50%。江锦凡利用经济增长模型分析了外商直接投资在中国经济增长中的作用机理。他认为，中国国内生产总值每增长 1 个百分点，就有 19.3%是由外国直接投资贡献的；外国直接投资在中国经济增长中同时存在资本效应和外溢效应；外溢效应包括产业结构效应、技术溢出效应和制度变迁效应。

② 华而诚等人认为如果美国全年经济增长仅为 1%，则中国经济增长有可能减速至 8%。吴海英在数量分析的基础上认为，2008 年、2009 年美国 GDP 增速每下降 1 个百分点，中国国内生产总值将分别下降 2.28 个和 2.18 个百分点。汪同山等人根据 2002～2007 年数据估算，中国出口增长率与美国 GDP 之间存在较强的正相关关系，美国 GDP 增长率每下降 1 个百分点，中国出口增长率平均将下降 5.2 个百分点。张汉东分析了美国经济减速对中国出口的影响。他认为美国经济减速对浙江出口的直接影响很大，美国经济下滑 1 个百分点，中国对美国出口将下降 5～6 个百分点；中国出口将下降 1.5～2.0 个百分点。同时，美国经济减速还会影响其他国家，进而通过扩散效应影响中国出口。

③ 2007 年，中国对欧美地区的出口已从 1997 年的 33.8%上升为 44.3%，提高了 10.5 个百分点。

④ 据中国人民银行 2007 年第三季度企业调查问卷显示，中国出口订单指数为 7.2%，比上一季度下降 2.6 个百分点，创 2005 年以来单季最大降幅。2008 年同期出口订单指数已下降到 2.6%，下一季度出口订单预期指数为 4.0%，分别比上季度回落了 2.6 个和 2.2 个百分点，均跌至 2005 年 7 月汇率形成机制改革以来的最低值。

成冲击。如工商银行、中国银行、招商银行等八大银行因持有大量已破产公司——雷曼兄弟的债券而损失惨重，据不完全统计在8亿美元左右。中国政府持有大量的美国国债，随着美元的持续走软，政府投资也面临大幅亏损。美国股市的大幅下跌，通过香港H股传导到国内A股市场，导致了中国股市经历了2008年的持续暴跌。[①] 金融行业、股市等的不景气对国内相关行业造成直接影响，企业的经营环境持续收紧，77.8%的行业订单指数在2008年第三季度较上季度大幅下降了3.7个百分点，是10年来最大降幅（中国人民银行，2008）。

四是汇率变化对中国出口的影响更大。此次全球金融危机中人民币对主要货币的汇率升值明显快于亚洲金融危机，中国出口导向型产业的压力更大（见表7—15）。

表7—15　两次危机期间人民币汇率比较（年平均价）　单位：人民币元

年 份	100美元	100日元	100港元
1997	828.98	6.86	107.09
1998	827.91	6.35	106.88
1999	827.83	7.29	106.66
2006	797.18	6.86	102.62
2007	760.40	6.46	97.46
2008	694.50	6.74	89.19

资料来源：《中国统计年鉴》(2008)。

（二）以增加投资为主的扩大内需政策实施环境发生了重大变化

一是经济环境和经济结构发生重大变化。1997年，政府和国有企业可

① 其中，上证指数从2007年10月16日的6124点一路下跌，最低时跌至2008年10月28日的1664点，跌幅高达72.83%，成为全球下跌最严重的股票市场之一。

以支配的资源占整体经济的比重超过50%，到2008年，随着民营经济的高速发展以及国有企业的股份制改革，非公有制经济已占到70%，政府和国有企业投资的带动作用相对较低。

二是固定资产投资高位增长，扩大投资的拉动效果将有所降低。1995～1998年间，中国年度投资总量在2.0万亿～3.0万亿元，且增长基本维持在10%上下。从1999年起，积极财政政策极大地推动了固定资产投资的增长，2003年投资总额达到了5.5万亿元，同比增幅达27.7%。之后，由于固定资产投资的惯性，再加上房地产投资的不断增长，固定资产投资依然保持着较快的增长速度。2008年1～10月，固定资产投资113189亿元，同比增长27.2%（见图7—5）。如此情况下，过度依靠增加投资，可能降低经济增长效果，甚至造成一定的资源浪费。过度依赖房地产业的拉动也可能造成诸多负面影响。本次金融危机发生时，中国房地产业已经处于历年增长的高位，政策可为空间很小。

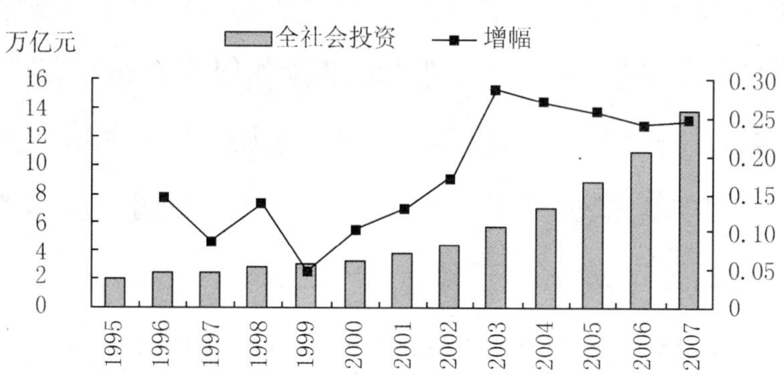

图7—5 1995～2007年间中国固定资产投资及增幅变化

三是过度依赖投资和投资的高速增长可能对消费形成挤压。在世界主要经济体中，中国的投资占国内生产总值的比例已经是最高的国家之一，而且曾经出现严重的产能过剩问题。如果按照1998年实施的政策，将可能形成新的产能过剩。

四是利率连续下调，货币政策操作空间缩减，影响到利率下调的有效性。

（三）若干经验借鉴及启示

如何借鉴应对亚洲金融危机的经验，从容应对国际金融危机对中国产业发展的影响，关键有三：一是加强国际合作，营造良好的国际经贸环境；二是如何发挥当前经济和社会发展的有利条件，找准扩大内需的着力点；三是如何保证出口导向型产业和外资依赖型产业的平稳增长，不至于大起大落。

第一，加强国际合作，营造良好的国际经贸环境。这次由美国次级债危机引发的国际金融危机已逐步发展演变成为全世界的经济危机，全球经济特别是发达国家经济可能由此进入衰退期。加强国际合作，不仅有利于促进发达国家尽快走向复苏，也有利于维护中国的国家利益，而中国利益的维护又有利于全球经济的复苏。当前及今后一段时期，中国要加强与发达国家合作，呼吁发达国家，中国经济是世界经济的重要组成部分，中国经济的发展将对全球经济的复苏有强劲的带动作用。要按照 WTO 相关规则的要求，遏制贸易保护主义的抬头，促进高端服务资本和高新技术产业资本流向中国，加强技术转移和交流，共同促进清洁能源，生物产业能战略性新兴产业的发展。另外，要加强与广大发展中国家的合作，在发达经济体市场需萎缩的情况下，开辟新的贸易出口和国内过剩产业转移通道。

第二，在注重投资的同时，适当向消费领域倾斜。发挥中央财政连年盈余的优势，着力扩大内需。从 2002 年开始的新一轮经济增长周期中，国家财政收支增幅全面上涨，其中财政收入增幅大于财政支出，特别是中央财政的收入要远大于财政支出，2008 年上半年国家财政盈余达到了 1 万亿元的规模，明显好于 1997 年。[①] 国家扩大内需的财力条件的改善是中国从容应对国际金融危机的基础和前提。在投资带动作用可能下降的情况下（1998 年，财政资金和带动的社会资金的投资比例是 1∶2，考虑到投资回报和风险的不同，目前财政资金和带动的社会资金投资比例是 1∶1。王志浩，2009），要重视投资的同时，适当向消费领域倾斜，对社会保障和收入分配等基础制度框架进行改革创新，完成亚洲金融危机时期未能完成的任务。

第三，着眼于产业结构升级，实施政策创新。研究表明，即使全球经济复苏，主要经济体也将对消费和储蓄做出重大调整，中国出口导向型产业维持年均 20%以上的增速的难度进一步加大。国际制造业资本也将随着发达经济体对“产业空心化”问题的日益重视，增长速度将有所放缓。如此情况下，中国应顺应国际资本流动的趋势，发挥人才优势，着力引进 FDI，发展服务外包业。另外，引导企业开发研发市场，向国际产业链上游迈进，在实施一般出口退税优惠政策基础上，对出口产业链升级给予支持。制定全国统一的产业结构优化政策，地方不再单独制定产业政策，[②] 使产业转移协调进行。制定产业组织政策，鼓励兼并重组、规范破产、减员增效等一系列产业组织政策的有效实施，进一步提高行业的集中度与竞争力。重点支持培育大型国有、民营企业，并引导他们的产业升级，发挥其带动、示范作用。[③]

（执笔人：刘中显）

---

① 1993～1998 年间，国家财政收支增幅都是下降的，1997 年基本上可以实现财政收支平衡，到 1998 年则出现财政赤字。

② 中国地方政府有独立制定产业政策的职权，这与很多发达市场国家的产业政策不同。

③ 亚洲金融危机期间，中国通过鼓励企业间的兼并重组，并组建了一批国有特大型企业集团，大大提高了行业的集中度，相关行业的国际竞争力得到极大提升。当前中国的很多行业都存在着不同程度的过度竞争，导致了行业整体竞争力的低下，无法参与到国际竞争中去。由于无法发挥规模经济的优势，分散的中小企业难以应对金融危机的冲击，最终出现行业的大面积亏损。中国在本轮全球金融危机的冲击下，出台此类产业组织政策也将引导行业集中度的提高，增强行业应对危机的能力。

参考文献

1. 王梦奎：《中国：直面金融危机——亚洲金融危机中的中国经济对策与走势》，外文出版社 1999 年版。

2. 洪涛：《东南亚金融危机的经济学分析——世纪之交会出现全球性的金融危机吗?》，中国商业出版社 1998 年版。

3. 史忠良：《新编产业经济学》，中国社会科学出版社 2007 年版。

4. 钟瑛：《20 世纪 90 年代以来的中国宏观经济政策调整》，《当代中国史研究》2005 年第 12 卷第 4 期。

5. 贾康：《1998 年以来中国的积极财政政策及其效果评析》，《上海社会科学院学术季刊》2002 年第 1 期。

6. 毕海霞、岑祎：《中国货币政策与财政政策配合实践研究》，《金融教学与研究》2006 年第 2 期。